일제강점기 지방의회 회의록 번역·해제집 8

전시체제기 강원·경상·황해 편

동국대학교 대외교류연구원 · 인간과미래연구소 번역해제집 018

일제강점기 지방의회 회의록 번역 · 해제집 8
전시체제기 강원·경상·황해 편

초판 1쇄 발행   2024년 3월 31일

편역자 | 김윤정
펴낸이 | 윤관백
펴낸곳 | 선인

등 록 | 제5-77호(1998.11.4)
주 소 | 서울시 양천구 남부순환로 48길 1
전 화 | 02) 718-6252 / 6257
팩 스 | 02) 718-6253
E-mail | sunin72@chol.com

정가   24,000원
ISBN   979-11-6068-803-0   94910
ISBN   979-11-6068-795-8   (세트)

· 잘못된 책은 바꿔 드립니다.

이 저서는 2017년 대한민국 교육부와 한국학중앙연구원(한국학진흥사업단)을
통해 한국학 분야 토대연구지원사업의 지원을 받아 수행된 연구임
(AKS-2017-KFR-1230007).

동국대학교 대외교류연구원
인간과미래연구소 번역해제집 018

일제강점기 지방의회 회의록 번역 · 해제집 8

전시체제기 강원·경상·황해 편

김 윤 정 편역

 선인

▌ 발간사 ▐

이 책은 동국대학교 대외교류연구원이 한국학중앙연구원의 지원을 받아 2017년 9월부터 2020년 8월까지 진행한 〈일제강점기 '지방의회 회의록'의 수집·번역·해제·DB화〉 사업의 결과물을 간행한 것이다.

우리나라에서 지방자치제도가 본격적으로 도입된 것은 1948년 대한민국 헌법에서 지방자치를 명시하고, 이듬해인 1949년 최초의 「지방자치법」이 제정되면서부터였다. 그러나 6·25전쟁의 발발로 1952년에 와서 비로소 최초의 지방의회가 구성되었다. 이후 1960년 4·19혁명과 함께 제2공화국이 수립되면서 장면 정부(1960~1961년)는 「지방자치법」을 개정하여 지방자치제를 실시하였으나, 1961년 군사 쿠데타로 집권한 박정희 군사정부는 지방의회를 해산하고 「지방자치에 관한 임시조치법」을 제정하여 「지방자치법」의 효력을 정지시켰다. 1972년 유신헌법은 지방의회의 구성을 조국의 통일 때까지 유예한다는 부칙 규정을 두었고, 1980년 헌법도 지방의회의 구성을 지방 자치 단체의 재정자립도를 감안하여 순차적으로 하되, 그 구성 시기는 법률로 정한다는 부칙조항을 두었다. 그러다 1987년 6월 항쟁으로 개헌이 이루어지면서 1987년 헌법에서야 비로소 지방의회의 구성에 관한 유예 규정이 삭제되었고, 1988년에는 「지방자치법」이 전면 개정되었다. 이에 따라 1991년 상반기 각급 지방의회가 구성되었고, 1995년 광역 및 기초단체장과 광역 및 기초의회 의원선거를 실시하게 되었다.

그러나 우리나라에 지방자치의 전신제도가 싹트기 시작한 것은 1895년 「향회조규」 및 「향약판무규정」이 시행되면서부터라고 할 수 있다. 이 조규와 규정은 지방 공공사무를 처리할 때 주민의 참정권·발언권을 인정한 획기적인 것이었으나, 1910년 이후 모두 소멸되었다.

근대적 의미의 지방자치제도가 불완전하나마 실시된 것은 일제가 식민지정책의 일환으로 1913년 10월에 제령(制令) 제7호로 부에 「부제(府制)」를, 제령 제8호로 재한 일본인의 교육을 위한 「학교조합령」을 제정하고, 1917년에 제령 제1호로서 「면제(面制)」를 공포·시행하면서부터였다. 또한 일제는 1920년 제령 제15호로 「도지방비령(道地方費令)」, 제령 제14호로 「학교비령(學校費令)」을 제정·시행하였는데, 학교조합을 제외하고 의회는 없었고, 자문기관만이 있었으나, 그 심의사항도 극히 제한되었다.

그 후 1931년 「부제」·「읍면제」·「학교비령」의 개정 및 「학교조합령」의 개정이 있었고, 「도제(道制)」 등이 제령 제13호 내지 제15호로 공포되어 「부제」와 「읍면제」는 1931년 4월부터, 「도제」는 1933년 4월부터 시행되었다.

도·부·읍의 조직은 의결기관과 집행기관으로 구분되었는데, 의결기관으로는 도회(道會)·부회(府會)·읍회가 있었고, 그 의장은 각각 도지사·부윤(府尹)·읍장이 맡았다. 의결기관이라고는 하나 자문기관의 지위를 겨우 면한 정도였고, 권한도 도정 전반이 아니라 법령에 열거된 사항에 한정되었다.

식민지 시기에 실시된 '지방의원'의 선거는 일정액 이상의 세금을 납부한 자에 대해서만 투표권을 부여하였기에 그 요건을 충족하는 부유층, 일본인, 지역 유지만 참가할 수 있는 불공평한 선거였다. 그나마 식민지 시기의 종식과 함께 일제 강점기의 지방의회제도는 역사에서 삭제되었고, 국민으로부터도 외면당하였다. 일제에 의하여 도입·시행된 지방의회제도에 어떤 식으로든 참여하였다는 것은 일제 통치에 '협력'하였음을 의미할 수 있으므로, 드러낼 수 없는 수치스러운 과거로 인식되었기 때문이다. 이로 인하여 상당 기간 이 분야의 연구는 진척되지 못하였고, 역사의 공백기로 방치되어 있었다.

그러나 식민지기 '지방의회' 연구는 다음과 같은 이유로 볼 때 학문적 가치가 높다 할 것이다. 첫째, 일제 강점기 지방의회에 참여한 '지역 엘리트'는 해방 후에도 지방의회에 참여하여 일제 시대의 지방의회 제도를 상당 부분 계승하였기에, 일제 강점기 지방의회 제도의 연구는 해방 전후 지역사를 탐색하기 위한 필수적인 작업이 될 수밖에 없다. 둘째, 일제 시대의 '지방의회'는 '식민지적 근대'가 집약되고 농축되어 있는 대표적 영역 중의 하나다. 전근대부터 형성된 사회관계의 동태적인 지속과, 근대의 불균등성 및 모순과 대립이 고스란히 '지방의회'를 둘러싼 지방 정치에 녹아있기 때문이다. 셋째, 회의록에 담긴 내용은 그 시기 그 지역 주민들의 삶을 고스란히 보여주고 있다는 점에서 일제 강점기 '민초'들의 일상을 엿볼 수 있는 귀중한 자료가 된다.

특히 지방의회 회의록은 지방행정 실태와 지역 권력 구조의 실상을 밝히는 데 필수적 자료라고 할 수 있다. 지방의회는 그 지역의 산업·경제, 문화, 환경, 관습, 제도, 지역민의 욕구, 취향 등 지역민의 생활과 직결된 다양한 영역이 총체적으로 동원된 네트워크였다. 지방의회는 그 지역의 역사적 고유성과 차별성이 빚어낸 집단적 사고방식, 생활습관 등에 따라 매우 다양하게 운영되었는데, 지역의 역동성을 가장 실체적으로 드러내는 자료는 지방의회 회의록이다. 그럼에도 불구하고 그동안 이 귀중한 문헌이 제대로 활용되지 못한 이유는, 회의록이 국가기록원의 방대한 자료 속에 산재해있어 접근이 용이하지 못했기 때문이다.

본 연구팀은 이에 착안하여 국가기록원 문서군에 흩어져있는 지방
의회 회의록 약 5천 건을 추출하여 연도별, 지역별, 행정단위별 등 여
러 범주에 따라 분류 가능하도록 체계화하였다. 그리고 회의에서 다
룬 의안과 회의 참석 의원, 결석 의원, 참여직원, 서명자, 키워드 등을
DB화하였다. 또한 회의록 중 지역사회에 파장을 가져오거나 이슈가
되었던 사안과, 그 지역의 장소성을 잘 보여주는 회의록, 일제의 지방
정책의 특성이 잘 나타나는 회의록 등을 선별하여 번역·해제하였다.
이로써 기존 연구에서 부분적으로 활용되던 지방의회 회의록을 종합
하여, 지역의 정치·경제·문화·사회운동·일상 등 모든 분야에 걸친 식
민지 사회 연구의 토대 조성에 일조하고자 하였다.

연구대상의 시기는 일제 통치방식의 변화가 지방의회에 미친 영향을
고려하여 1920년대(1기), 1930~1937년 중일전쟁 이전까지(2기), 1937~
1945년 해방까지(3기)의 기간으로 구분하였다. 1시기는 1920년 부제와
면제시행규칙 등 지방제도가 개정된 후 도평의회가 설치되고 부협의회
와 면협의회 선거를 실시하기 시작한 시기이다. 2시기는 1930년 개정된
지방제도로 도평의회가 도회로 개정되고 부회와 읍회가 자문기관이 아
닌 의결기관이 된 시기이다. 3시기는 중일전쟁 이후 사회 각 전반에서
통제정책이 시행되고 지역 사회의 공론장이 위축되며 지방 참정권이
극도로 제한된 시기를 포괄한다. 총 9권으로 이루어진 이 총서의 1~3권
은 1시기에 해당하며, 4~6권은 2시기, 7~9권은 3시기에 해당한다.

이 총서는 연구팀이 수행한 번역과 해제를 선별하여 경기·함경, 강
원·경상·황해, 전라·충청·평안 등 지역별로 나누어 각 권을 배치하였
다. 물론 방대한 회의록 중 이 총서가 포괄하는 분량은 매우 적다 할
수 있다. 그러나 가능한 도·부·읍·면 등 행정단위와 지리적·산업적 특
성, 민족적·계층별 분포에 따라 다양한 범주를 설정하여 회의록의 선

택과 집중에 힘썼기에, 각 도와 도 사이의 비교나 도의 하위에 포괄되는 여러 행정단위의 공통점과 차이점을 간파하는 데 도움이 될 것으로 기대한다. 특히 지역의 다층적 구조 속에서 '근대적'이고 '식민주의적'인 요소가 동시대에 어떻게 병존하는지, 그 관계성의 양상이 지역의 역사지리적 특성에 따라 어떻게 다르게 전승되는지를 파악하는 데 도움이 될 것이라 생각한다. 총서뿐 아니라 지방의회 회의록을 체계적으로 분류하고 집대성한 성과는 앞으로 식민지시기에 대해 보다 폭넓고 심도깊은 연구를 추동할 수 있으리라 믿는다.

이 총서가 간행되기까지 많은 분들이 도움을 주섰다. 먼저 지방의회 회의록 번역과 해제 작업이 전면적으로 이루어질 수 있도록 연구비를 지원해준 한국학중앙연구원과, 연구팀을 항상 격려해주신 동국대학교 전 대외교류연구원 고재석 원장님과 현 박명호 원장님께 감사드린다. 연구팀의 출발이 가능하도록 지원해주신 하원호 부원장님께 특히 감사의 마음을 전하고 싶다. 그리고 연구의 방향성 설정과 자료의 선택에 아낌없는 자문을 해주신 국민대학교 김동명 교수님, 동아대학교 전성현 교수님, 공주교육대학교 최병택 교수님께 감사드린다. 또한 연구팀의 원활한 운영을 위해 최선을 다해주신 국사편찬위원회 박광명 박사님과 독립운동사연구소 김항기 박사님, 그리고 동북아역사재단 박정애 박사님께도 감사드린다. 시장성이 적음에도 흔쾌히 출판에 응해주신 선인출판사 여러분께도 감사드리고 싶다. 끝으로 지리한 작업을 묵묵히 진행한 총서 간행위원회에 몸담은 모든 연구자 여러분께 우정의 마음을 전한다.

2024년 3월
연구책임자 동국대학교 조성혜

▎머리말 ▎

이 책은 동국대학교 대외교류연구원에서 한국학중앙연구원의 2017년
도 한국학분야 토대연구지원사업으로서 진행한 '일제강점기 지방의회
회의록의 수집·번역·해제·DB화'사업의 결과물 중, 전시체제기 강원·
경상·황해 지역의 회의록을 선별하여 번역 해제한 것이다.

최근 지방의회에 대한 연구는 지배정책사 또는 통치사 영역에서 벗
어나 일제의 식민지 지배가 지역에 어떻게 파급되는지 구조적으로 밝
히고 식민지하의 사람들이 어떠한 대응을 보였는가에 착목하고 있다.
지방의회에 대한 대체적인 시각, 즉 제도 운영에서의 민족적 차별, '의
회' 자체의 기만성, 친일세력 육성을 위한 총독부의 공작이라는 평가
속에, 그동안 묻혔던 지역민의 행위를 살펴보려는 시도라는 점에서
의미가 크다.

그러나 자칫하면 일제가 주도한 '근대적' 정책에 대한 지역의 '수용'
또는 '저항'이라는 도식에 빠질 위험성도 있다. 이를 넘어서기 위해서
는 그 지역의 역사지리적 특성의 전승을 주목하고, 현재적 관점에서
의 재단을 지양하며, 가능한 한 지역 주민의 관점에서 그들의 목소리
가 무엇이었는지를 드러내는 작업이 중요하다.

또한 지역 내에서 하나의 층위에 착목하는 것이 아닌 다층적으로
구성된 구조를 시야에 넣을 필요가 있다. 지역은 중앙의 관점에서 보
면 지배를 당하는 입장이지만, 그 지역이라는 주민부에서도 중심이

있고, 그 중심이 또 주변부를 지배하면서 서로 중첩되어 연결되어 있
다. 하나의 시기 특정한 사안에 대해서도 부회와 부회, 부회와 읍회,
읍회와 면협의회, 또 면협의회끼리도 상호 경쟁하기도 하고 결착하기
도 한다. 그 양상은 그 지역 또는 행정단위가 전근대시기부터 경험한
문화의 총체와 장소성에 따라 진행된다. 한국의 지역사회가 의회라는
'근대적' 요소를 접했을 때, 어떠한 위치 관계 속에서 어떤 경험을 했
는가, 그 경험에 식민주의는 어떠한 흔적을 남겼는가, 그 상황을 총체
적으로 파악하기 위해서는 공시적(共示的)으로 단면을 잘라내어 이질
적인 요소들이 동시대적으로 병존하는 모습과 그 관계성을 살펴볼 필
요가 있다.

　이러한 의미에서 일제강점기 전 시기와 전 지역에 걸친 도·부·지정
면(읍)의 회의록에 대해 전면적인 데이터베이스 작업과 번역·해제를
진행한 본 연구팀의 작업은, 향후 도-부-읍·면 등 각 단위의 유기적 관
련성을 밝히고 지방의회의 전체적인 모습을 규명하는 데 작지 않은
토대가 될 것으로 기대한다. 방대한 회의록 중 이 총서에 실린 회의록
은 극히 일부분이나, 회의록에 담긴 내용을 앞으로 식민지시기 연구
에 어떻게 활용할 것인지에 대한 구상과 실마리를 제공할 것으로 믿
는다.

　이 책은 1937년부터 해방까지의 강원·경상·황해 지역을 시공간적
대상으로 한다. 전쟁 시기로 들어서면서 사회경제적 변화가 직접적으
로 지역민에게 끼친 영향이 회의록을 통해 확인 가능하다. 예를 들면
1937년 9월 29일 열린 황해도회는 중일전쟁 발발 후 강원도를 통과하
는 장병들에 대한 위문과 송영, 방공감시초소와 감시대 등을 위한 예
산이 급히 필요하여 소집한 임시 도회인데, 철도 주변 주민들의 희생
이 어떠한지 그 실상을 보여준다. 또 1937년 7월 17일 대구부회의 경

우, 10월까지 가스공사를 완료하여 배급을 개시하려고 했으나 전시 인플레로 공사재료비가 급등하여 공사에 차질이 빚어지는 상황이 자세히 묘사되어 있다.

이 시기는 조선공업화정책이 전개되면서 각 도시가 공업도시, 산업도시를 경쟁적으로 지향하고 영역 확장에 몰두하던 때다. 부와 읍의 인구가 증가하면서 공동의 수요에 응하는 여러 시설의 확충이 모색되고 이에 따라 재정이 팽창했다. 재원 조달을 위한 조건을 충족하기 위한 방법의 하나는 주변 지역의 합병이었다. 편입하는 지역이나 새로 편입될 지역이나 공통적인 주민의 가장 큰 관심사는 무엇보다도 세금 문제였다. 대구부도 1938년에 주변 3개 면, 28개 동을 편입하는데, 1938년 12월 3일 회의록에서는 대구에 합병되는 각 면의 주민이 내게 될 도세와 부세 등이 종전과 비해 어떠한 차이점이 있는지를 알 수 있다.

이 시기 각 부와 읍은 경쟁적으로 방대한 예산을 편성하고 다액의 기채사업을 계획하였는데 이에 대한 비판이 부산부회 회의록(1937년 3월 22일)에서 보인다. 즉 재정이 궁핍하고 물가가 등귀하는 시기에 다액의 기채를 행하는 것은 부민의 부담력을 고려하지 않은 것이라는 지적이다. 각 도시가 대도시로 변신하기 위한 시설 확충을 위해 해마다 하는 엄청난 기채는 결국 고스란히 일반 주민의 부담이 늘어가는 것이었다.

읍은 부 승격을 목표로 하여 구역 확장을 추진하였는데, 1939년 통영읍에 산양면의 일부 구역이 편입될 때 통영읍과 산양면 사이의 대합굴 굴착을 둘러싼 공사비의 조정을 둘러싸고 여러 논의가 진행되는 것을 통영읍회 회의록에서 확인할 수 있다(1939년 11월 20일). 진주의 경우 1939년 10월 1일 부 승격을 하는데, 부세 실시를 앞두고 편입한 주변 면의 소유재산 처분을 하는 과정을 살펴볼 수 있다(1938년 6월

9일). 또 거창의 경우 1937년 7월 1일 읍으로 승격하는데, 읍으로 승격한 후 호별세 부가세는 증가하면서도 주민생활의 향상에 직접 관련있는 토목비나 위생비는 오히려 감소한 상황을 회의록에서 확인 가능하다(1938년 3월 23일). 도시 발전이라는 대전제하에 행정 구역 확장과 예산 팽창은 당연한 것으로 추진되었으나 그 이면에 있었던 지역민 부담 증가의 실상을 이 시기 회의록을 통해 엿볼 수 있는 것이다.

❚ 목차 ❚

Ⅲ. 읍회 회의록

I

도회 회의록

1. 강원도회 회의록

1) 제6회 강원도회 회의록 발췌(제7일, 1937년 3월 5일)

항 목	내 용
문 서 제 목	第六回江原道會會議錄拔萃
회 의 일	19370305
의 장	손영목(孫永穆)
출 석 의 원	27명
결 석 의 원	10번, 13번, 21번, 24번
참 여 직 원	
회 의 서 기	
회 의 서 명 자 (검 수 자)	
의 안	의안 제1호 1937년도 강원도 세입출 예산을 정하는 건, 2호 1937년도 강원도 은급 특별회계 세입출예산을 정하는 건, 3호 1937년도 강원도 아동장학자금 특별회계 세입출예산을 정하는 건, 4호 1937년도 강원도 토목비 하천개수비 등 기채의 건, 5호 강원도 토목비 하천개수비 계속년기 및 지출방법을 정하는 건, 6호 강원도 토목비 항만수축비 계속년기 및 지출 방법을 정하는 건, 7호 강원도 토목비 재해복구비 계속년기 및 지출방법을 정하는 건, 8호 1937년도 사방공사에 부역을 부과하는 건, 9호 강원도 기본재산 처분 건, 10호 강원도 이재 구조자금 적립금 설치 및 관리규정을 정하는 건, 11호 강원도 산업장려관 위탁판매 수수료 징수규칙을 정하는 건, 12호 강원도 도세 부과규칙 중 개정 건, 13호 1936년도 강원도 세입출예산 추가갱정의 건, 14호 1936년도 강원도 장진항 내 매립사업자금과 재해복구 토목사업자금 기채 조건 중 변경 건. / 보고 제1호 1935년도 강원도 세입출 결산 보고, 2호 1935년도 강원도 은급특별회계 세입출 결산 보고, 3호 1935년도 강원도 아동장학자금 특별회계 세입출 결산보고 / 의장 제출 제1호 의안 도회의 권한을 도지사에게 위임하는 건.
문 서 번 호 (ID)	CJA0003248
철 명	도기채세출비의무부담소방비기타에관한철

건 명	장전항내호매립사업자금기채조건중변경의건(회의록첨부)
면 수	13
회의록시작페이지	98
회의록끝페이지	110
설 명 문	국가기록원 소장 '도기채계속비의무부담소방비권리포기에관한 철'의 '장전항내호매립사업자금기채조건중변경의건(회의록첨부)' 에 포함된 1937년 3월 5일 제6회 강원도회 회의록 발췌

해 제

본 회의록(총 13면)은 국가기록원 소장 '도기채계속비 의무부담 소방비 권리포기에 관한 철'의 '장전항내호매립사업자금 기채조건 중 변경의 건'에 포함된 1937년 3월 5일 강원도회 회의록이다.

전날인 제6일(3월 4일)에 1937년도 일반세입출예산을 만장일치로 가결하고, 이날 3월 5일은 제7일 회의였다. 전날 상정한 제2호 의안 1937년도 강원도 은급특별회계 세입출예산안과 제3호 의안 1937년도 강원도 아동장학자금 특별회계 세입출예산안을 상정하여 이의 없이 가결했다. 회의록에는 나와 있지 않으나 이때 금화(金化)의 김기옥(金基玉) 의원이 긴급동의로서, 경춘철도 부설에 대한 감사 전보를 총독과 총감, 관계 국장, 경춘철도사장, 식산은행 취두 등에게 보내자고 하여 전원 동의하고 있다.[1]

이어 제4호 의안 토목비 하천개수비 기채 건을 상정하자, 이덕일(李德一) 의원이 기채 금액을 명시해달라고 질문했고 이에 대해 미우라(三浦) 토목과장이 간단히 답변했다. 이어 제5호 의안 토목비 하천개

---

[1] 『부산일보』 1937.3.9.

수비 계속 연기 및 지출방법 건을 상정하여 이의 없이 가결되고, 이어 제6호 의안 토목비 항만수축비 계속 연기 및 지출방법 건과 제7호 의안 토목비 재해복구비 계속 연기 및 지출방법을 정하는 건을 상정하여 이의 없이 통과시켰다. 이어 제8호 의안 1937년도 사방공사 부역 부과안을 상정하자, 25번 박보양의원이, 사방공사의 수익자는 하류 거주자이니 부역을 가볍게 할 필요가 있다고 주장하고 있다.

제14호 의안 1936년도 강원도 장전항 내호 매립사업자금과 재해복구 토목사업자금 기채 조건 변경 건에 대해서는 최용부(崔龍富) 의원이 여러 질문과 의견을 진술하고 있다. 즉 전년도에 이미 청부자와 계약을 체결하여 착공했는데 예정된 청부계약 금액으로 도저히 불가능하다고 공사의 설계를 변경한 것은 옳지 않다며, 민법의 청부사업령을 인용하며 논하고, 또 설계 변경은 지역민과 논의해야 한다고 주장하고 있다. 또 고성읍내 하천에 대해서는, 지역민의 요망에 반하여 하천 두 줄기를 하나로 만든 것은 전해의 수해의 원인이 되었다며 비판하고 있다.

이 회의록에는 게재되어 있지 않으나, 『매일신보』1937년 3월 9일자에 의하면 의안 가결 후 도 공익에 관한 제출 의견에 대한 심의에 들어가, 종래와 같이 건의안을 토목에 관한 건, 교육에 관한 건, 기타 일반에 관한 건 등 3부로 나누어 분과위원회를 설치한 후 심의, 결정하여 각 부 위원장이 다음날(6일) 회의에 제출하기로 하고 폐회했다.

내 용

의장(손영목(孫永穆)) : 지금부터 오늘 회의를 열겠습니다. 예에 의해 서기가 이미 보고를 하겠습니다.

(서기 보고 : 명에 의해 보고 드립니다. 오늘 출석의원은 27명이고 결석의원은 10번, 13번, 21번, 24번 등 4명입니다.)

의장(손영목(孫永穆)) : 오늘 부의한 안건은 어제 의사 일정을 보고 드린 대로 첫날 부의한 의안 중 심의가 끝나지 않은 제2호 의안 및 제3호 의안에 대해 심의를 바랍니다. 그것을 끝내고나서 제4호부터 제14호 의안, 제1호 보고부터 3호 보고까지, 그리고 의장제출 제1호 의안 심의를 바랍니다. 다음으로 제4호 보고부터 7호 보고까지의 보고 사항을 상정 보고한 후, 도의 공익에 관한 제출 의견을 심의하기로 하겠습니다.

의장(손영목(孫永穆)) : 제2호 의안 1937년도 강원도 은급특별회계 세입출예산을 정하는 건 및 제3호 의안 1937년도 강원도 아동장학자금 특별회계 세입출예산을 정하는 건을 일괄해서 심의하겠습니다. 이 두 안은 간단하니 독회 생략하고자 하는데 어떻습니까?

("이의 없음")

의장(손영목(孫永穆)) : 그러면 이의 없으니 독회 생략하겠습니다. 본안에 대해 이의는 없습니까?

("이의 없음" "이의 없음")

의장(손영목(孫永穆)) : 이의 없으니 원안대로 가결 확정하겠습니다. 다음으로 제4호 의안 1937년도 강원도 토목비 하천개수비 등 기채건을 부의하겠습니다. 이 안건도 간단하니 독회 생략하려고 합니다.

("이의 없음" "이의 없음")

의장(손영목(孫永穆)) : 이의 없으니 독회 생략하겠습니다.

3번(이덕일(李德一)) : 중소하천 개수에 대해 의견을 말씀드립니다. 중소하천 개수공사 시행 연도 구분에서 등사판 인쇄를 배부하셨는데 여기에는 금액이 기입되어 있지 않으니 그 내용에 대해 설명해주십시오.

참여원(미우라(三浦) 토목과장) : 어제 질문에도 있었지만 이에 대해
　서는 측량반을 총동원해서 조사 중이므로 지금 각 하천별 공사비에
　대해서는 확실한 답은 드릴 수 없으니 양해 부탁드립니다.

6번(최준집(崔準集)) : 제4호 의안에 대해 찬성합니다.

의장(손영목(孫永穆)) : 제4호 의안에 이의 없습니까?

("이의 없음" "이의 없음")

의장(손영목(孫永穆)) : 이의 없으니 원안대로 가결 확정하겠습니다.
　다음은 제5호 의안 강원도 토목비 하천개수비 계속연기 및 지출방
　법을 정하는 건을 심의하겠습니다. 이 안 이하 각 안도 독회 생략하
　려는데 이의 없습니까?

("이의 없음" "이의 없음")

의장(손영목(孫永穆)) : 이의 없으니 원안대로 가결 확정하겠습니다.
　다음은 제6호 의안 강원도 토목비 항만수축비 계속연기 및 지출방
　법을 정하는 건을 심의하겠습니다. 이의 없습니까?

("이의 없음" "이의 없음")

의장(손영목(孫永穆)) : 이의 없으니 원안대로 가결 확정합니다. 다음
　은 제7호 의안 강원도 토목비 재해복구비 계속 연기 및 지출방법을
　정하는 건을 심의 바랍니다. 이의 없습니까?

("이의 없음" "이의 없음")

의장(손영목(孫永穆)) : 본안도 이의 없으니 원안대로 가결 확정합니
　다. 다음은 제8호 의안 1937년도 사방공사 부역을 부과하는 건을 심
　의하겠습니다.

17번(이근우(李根宇)) : 제8호 의안 중 부역 부과 계획의 부과원(賦課
　員) 수와 환산액에 대해 설명 부탁드립니다. 그리고 1호당 평균 부
　과원 수에 평균이라는 글자가 있는데 실제 부과될 때는 호별세 갑

은 누진율로써 부과되는 것입니까?

참여원(호리야마(堀山) 임과장) : 답변 드리겠습니다. 평균 환산액은 적요란에 써있는 대로 일반 사방공사 분은 사업비의 1할을 부과하는데 그것을 1인 1일 60전의 비율로 환산한 것입니다. 다음으로 동해선 보전 사방공사에 대한 부역은 사업비에 대한 2할을 부과하고 앞과 마찬가지로 환산하고 있습니다.

17번(이근우(李根宇)) : 이 부과계획안 중 마지막에 있는 1호당 평균 부과원 수에 대한 부과 방법은 호별세처럼 누진율로 부과합니까? 아니면 평균으로 부과하는 것입니까?

참여원(호리야마(堀山) 임과장) : 부역은 면에 대해 부과하는 것인데 그 취급방법은 1919년 도(道) 훈령 제7호 강원도 부역부과징수 수속에 기초하여, 대체로 호별세에 준하여 등급을 만들어 그에 대해 부과합니다. 호별세는 등급이 많으므로 지방 사정에 맞게 그 범위 내에서 등급을 만들어 부과합니다.

1번(최용부(崔龍富)) : 사방공사는 동해안의 양양, 강릉, 삼척, 울진 등 4개 군만 시행하고 있습니다. 고성, 통천군 같은 곳도 사방공사가 필요한 데가 많은데 여기에는 시행하지 않는 이유는 무엇입니까?

참여원(호리야마(堀山) 임과장) : 동해선 보전 사방사업은 10개년, 기타 사방공사는 15개년 계속 시행하는 계획이므로, 이 계획 연도 내에는 고성, 통천군도 시행합니다. 그리고 1937년도에는 고성군에서 재해 임지 복구 사방공사를 시행할 예정입니다.

25번(박보양(朴普陽)) : 사방공사는 도에서 산을 구입해서 하는 게 아니라 타인의 산을 도비(道費)로써 시행하는데, 사방공사 완성 후 산 주인이 마음대로 임야를 벌채하면 사방공사의 효과가 무위로 돌아간다고 생각하는데 어떻습니까.

참여원(호리야마(堀山) 임과장) : 사방공사는 조선사방사업령이 공포되어 있으므로 이에 의해 사방공사를 시행한 임야는 도지사가 관리하게 되어 있어서, 임야의 소유자라 하더라도 마음대로 나무를 벌채할 수 없도록 되어 있습니다. 그리고 나무가 생육한 후에는 도(道)와 임야소유자가 그 지분에 따라 분수(分收)하고 산 주인에 대해서 수익의 일부를 교부하게 되어 있습니다.

25번(박보양(朴普陽)) : 지금 설명으로 잘 알겠습니다만, 매년 낙동강 연안이 범람하고 있고 그 대책을 저도 연구 중인데, 사방공사의 결과 이익을 얻는 자는 하류의 사람들입니다. 예를 들면 춘천에 사방공사를 시행한 결과로 경성에서 이익을 봅니다. 따라서 사방공사의 부역은 도로 개수의 부역 부과와는 다르므로, 일률적으로 부역을 부과하지 말고 지역의 부담을 가능한 경감시키고 부족한 부분은 국고에서 부담하는 식으로 하길 원하는데 어떻습니까?

참여원(호리야마(堀山) 임과장) : 지금 말씀에 의하면 사방공사를 시행하면 그 지역보다도 하류 지역이 이익을 얻으니 방법을 일부 변경하면 어떤가 하는 건데, 어떤 때는 그런 점도 있지만, 우리 도에서 동해안은 하천의 유역이 척량산맥(脊梁山脈)부터 곧장 일본해로 주입하기 때문에 그 지역의 이익이 가장 많습니다. 그리고 부역 부과를 가능한 가볍게 하자는 것은 동감하고, 가급적 관행에 의한 부역을 해서 일정한 제한을 넘지 않는 범위 내에서 부과하려고 합니다. 그리고 낙동강에서의 부역은 1호당 평균 3인 내지 7인으로 되어 있는데 우리 도의 부역은 4인을 넘지 습니다. 뿐만 아니라 황폐된 임야가 많은 면에는 국비에 의한 사방공사를 시행해서 지역의 부담을 경감하는 식으로 하고 있습니다.

의장(손영목(孫永穆)) : 다른 의견 없습니까?

("이의 없음" "이의 없음")

의장(손영목(孫永穆)) : 이의 없으니 원안대로 가결 확정하겠습니다. 다음은 제9호 의안 강원도 기본재산 처분 건에 대해 심의를 하겠습니다.

6번(최준집(崔準集)) : 본건은 강릉농업학교 관련이므로 강릉에서 온 제가 한 마디 의견을 말씀드립니다.

강릉농업학교 연습림은 부적당하므로 다른 적당한 임야로 교체하는 것은 일단 좋습니다. 이건 돌산이기도 하고 평당 3전 정도여서 700원 정도밖에 하지 않는데 이걸로 다른 적당한 임야를 사든가, 바꿀 수 있다면 속히 사주시길 바랍니다.

참여원(다카하시(高橋) 학무과장) : 이것은 강릉군의 강동면에 있는 임야인데, 조선무연탄광업주식회사에 매각할 예정으로 본년도 예산에 700원의 임야매각대 및 구입비가 계상되어 있습니다. 실습 목적이면 매각해도 지장 없을 뿐 아니라 이 임야는 암석뿐이라서 매우 부적당한 곳입니다. 또 조선무연탄회사가 광업용으로 쓸 곳이므로 판 것이니 양해 부탁드립니다.

의장(손영목(孫永穆)) : 달리 의견 없습니까?

("이의 없음" "이의 없음")

의장(손영목(孫永穆)) : 이의 없으니 원안대로 가결 확정하겠습니다. 다음은 제10호 의안 강원도 이재구조자금 적립금 설치 및 관리규정을 정하는 건을 심의하겠습니다.

("이의 없음" "이의 없음")

의장(손영목(孫永穆)) : 이의 없으니 원안대로 가결 확정하겠습니다. 다음은 제11호 의안 강원도 산업장려관 위탁판매 수수료 징수규칙을 정하는 건을 심의하겠습니다.

("이의 없음" "이의 없음")

의장(손영목(孫永穆)) : 이의 없으니 원안대로 가결 확정하겠습니다. 다음은 제12호 의안 강원도 도세 부과규칙 중 개정 건을 심의하겠습니다.

참여원(다나카(田中) 지방과장) : 본 안의 주요한 점에 대해 간단히 설명 드리겠습니다.

제11조 제1항 제1호 중 "2분의 1"을 "3분의 1"로 고친 것은, 종래에는 호별세 부과 예정액의 2분의 1을 호별세 납세의무자 수를 표준으로 하여 배당하고 있었습니다. 이렇게 하면 그 배당액이 자본력이 풍부한 읍면에는 적게, 자본력이 풍부하지 않은 읍면에는 많게 되는 결과가 됩니다. 1936년도분 호별세 배당 실적에 비추어보면 소득에 대한 호별세의 비율은 농촌 쪽이 무겁게 되어서, 납세의무자를 표준으로 한 배당액을 줄여 부담의 균형을 맞추려고 한 것입니다.

다음으로 제17조의 개정은, 현재 차륜세 징수는 각 납기 개시일 현재에만 이를 부과하는 규정인데, 자동차는 부과 기일 후 새로 납세의무가 발생하거나 또는 납세액이 증가한 것에 대해서도 그 날부터 다음 납기 전월까지 월할로써 징수하도록 개정하는 게 적당하다고 생각한 것입니다. 그리고 기타 사항에 대해서는 따로 설명 드리지 않으니 질문과 의견이 있으면 답변 드리겠습니다.

6번(최준집(崔準集)) : 제18조 개정에 대해 의견이 있습니다.

분묘 제사에 쓰기 위해 소를 도살하는 것에 대해 도축세를 부과하지 않는 것은 좋습니다만, 소에 대해서만 면세하고 돼지에 대해서 면세하지 않는 것은 유감인데 돼지를 추가하면 어떻습니까?

다음으로 제71조 개정에 대해서는, 서도 자동차업을 하고 있어서 폐해를 느끼고 있습니다만, 월할 과세로 개정하는 것은 공평하니 찬성합니다.

참여원(다나카(田中) 지방과장) : 제58조 개정에 돼지를 부가하면 어떠냐는 말씀인데, 현재 돼지에 대해서는 도의 도축세를 부과하고 있지 않으니 필요 없다고 생각합니다. 또 면에서는 돼지에 대해서도 부과하고 있으니 이에 대해서는 따로 적당히 고려하겠습니다.

의장(손영목(孫永穆)) : 달리 의견 없습니까?

("이의 없음" "이의 없음")

의장(손영목(孫永穆)) : 이의 없으니 원안대로 가결 확정합니다. 제13호 의안 1936년도 강원도 세입출예산 추가경정 건을 심의하겠습니다. 이의 없습니까?

("이의 없음" "이의 없음")

의장(손영목(孫永穆)) : 이의 없으니 원안대로 가결 확정합니다. 다음은 제14호 의안 1936년도 강원도 장전항 내 매립사업자금과 재해복구 토목사업자금 기채 조건 중 변경 건을 심의하겠습니다.

1번(최용부(崔龍富)) : 저는 이 의안 심의의 전제로서, 장전항 내호 매립과 관련하여 운하를 없애는 것에 대해 의견을 말씀드리겠습니다. 이 주된 목적을 이루지 못하면 매립 효과를 잃게 됩니다. 우리가 빈약한 도비(道費)로써 40만 원이란 부채를 일으킬 이유가 되지 못한다고 생각합니다. 우리 도는 해안선이 좁아 지방 발전에 저해가 되므로, 운하를 만들어 해안선의 이용을 증진하여 도의 발전에 이바지하는 것이 중요하다고 생각합니다. 특히 장전은 조선 내에서도 손꼽히는 양항이고 국유지를 겨우 1,000평 빌린 자가 그 빌린 땅에 공장을 세운 것만으로도 다대한 수입을 얻고 있는 상황입니다. 이러한 상황이므로 운하를 만들어 운반선을 들일 수 있다면 크게 매립의 의의가 있을 것입니다. 작년 우리들 의원이 본 매립비 예산을 가결했던 취지는 여기에 있습니다. 그런데 현재 어떤 까닭인지 운하를 폐지하고 주된 목적을 몰각하고 있습니다. 일본 같은 법치국에서, 더욱이 민법 규정에 기반하여 청부계약을 한 것을, 무슨 이유로 공사를 중도에 변경할 필요가 있습니까. 청부인이 이 지방 실정을 조사하여 공사 청부를 한 것이므로 실행이 곤란하다 해도 설계 변경의 이유는 되지 않는다고 생각합니다. 지금 가령 예를 들면 청부자가 혹시 공사를 청부하여 빨리 준공하여 가령 40만 원의 공사에 10만 원을 들여 30만 원의 이익이 있다 해도 이들에게 설계 변경을 한 것을 묻지는 않습니다. 이 점에 대해 당국의 상세한 답변을 듣고 싶습니다. 매립공사를 할 때 당국의 말로는 매립지 처분을 하면 큰 이익이 있으니 이 돈의 일부를 이용하여 총독부에게 적극적으로 요구하여 장전에 방파제를 만들어 이곳의 발전을 도모하겠다고 했고 이 점을 감사히 생각했습니다. 그런데 또 의외로 생각되는 것은, 당국과 의원들도 모두 아시는 것처럼, 작년 우리가 임시도회를 열었을 때 고성군의 이재구조비가 계상되지 않아서 질문했는데, 도당국의 말에 의하면 장전의 내호매립공사를 약 40만 원으로 시공하게 되었으니 다른 사정과 달리 여기에 이재민을 사역하여 60전의 인부 임금을 주어서 그 구제를 도모한 계획이라고 했습니다. 지금 하나 제 의견을 말씀드립니다. 중대공사를 시공할 때는 물론 기술과 지식이 있는 전문가가 설계하지만 지방의 의견도 존중해주시길 원합니다. 기술은 큰 힘을 갖고 있다는 점은 인정하지만 각 지방의 하천이나 수원 등은 다소 독특하게 변하는 점이 있으니 각 지방의 오래된 역사를 알고 있는 지역민의 의견을 참고해주시길 바랍니다. 고성 수해의 원인은 남강이 위에 두 개의 물줄기였던 것을 하나로 했기 때문입니다. 당시 고성군민은 당국에게 하나의 하천으로 하지 말라고 진정하고, 또 이(李) 전 지사 각하가 온정리에 출장왔을 때에도 제가 상세히 진정한 적도 있지만 요망이 받아들여지지 않았습니다. 장전 매립공사 내에 운하를 없애는 것에 대해서 논의가 없었던 것입니까. 이 설계 변경이 된 것을 듣고 각 유지와 면장이 저에게 전보를 보내왔기 때문에 저는 도당국에게 운하를 만들어달라고 요망합니다.

참여원(미우라(三浦) 토목과장) : 지금 장전항 내호 매립공사 설계 변경에 대한 의견이신데, 장전항 내호 매립은 지역민의 요망도 있고 처음에는 수면 전부를 매립할 계획이었으나 그 후 선착장을 만들면 좋겠다는 논의가 있어서, 가능하면 이렇게 하는 게 좋겠다고 생각하여 계획했습니다. 시가지계획상으로 원래의 설계를 변경했지만, 작년 출수상황 등을 보니 매립의 높이를 높일 필요가 생겼습니다. 또 선착장은 물의 흐름이 없어 여기에 공장의 오물을 유입시키면 마치 액체 비료처럼 되어 위생상 견지에서 부적당하고 생각합니다. 또 입구의 다리를 높게 하기 위해 시가지 이용 가치가 적어지는 것 등을 생각하면, 선류를 만들어도 선부장(船附場)의 연장은 1km에 불과하지만, 장전항은 아직 이용되지 않은 해안선이 3km 이상이나 있어 장래 축항계획을 고려하여 내호는 전부 매립하고 공장지를 만드는 것이 장전의 장래를 위한 것이라 생각하여 변경한 것입니다.

의장(손영목(孫永穆)) : 다른 의견 없습니까.

("이의 없음" "이의 없음")

의장(손영목(孫永穆)) : 의견 없으시면 원안대로 가결 확정하겠습니다.

2) 제7회 강원도회 회의록(1937년 8월 10일)

항 목	내 용
문 서 제 목	第七回江原道會會議錄
회 의 일	19370810
의 장	김시권(金時權)
출 석 의 원	30명 : 최양호(崔養浩)(1), 최용부(崔龍富)(2), 유재후(劉載厚)(3), 井出龜(4), 이윤식(李潤植)(5), 심용수(沈龍洙)(6), 김영제(金永濟)(7), 유명순(劉明順)(8), 大塚源七(9), 이종석(李鍾奭)(10), 김용옥(金溶玉)(11), 목순균(睦舜均)(12), 稻葉豊次郎(13), 박보양(朴普陽)(14), 정은섭(丁殷燮)(15), 박경호(朴京鎬)(16), 김기옥(金基玉)(17), 송규환(宋奎煥)(18), 최준집(崔準集)(19), 신영순(申永淳)(20), 황예곤(黃禮坤)(21), 고덕주(高德柱)(22), 小官山八郎(23), 和氣係古(24), 山中友太郎(25), 田夏富(26), 박하룡(朴河龍)(27), 박충모(朴忠模)(29), 장준영(張俊英)(30), 최준용(崔駿鏞)(31)
결 석 의 원	1명 : 박준용(朴準龍)(28)
참 여 직 원	홍종국(洪鍾國)(참여관), 鹽田正洪(내무부장, 도사무관), 山村正輔(경찰부장, 도사무관), 尾崎丈夫(지방과장, 도이사관), 秋山昌平(학무과장, 도이사관), 豊島陸(경무과장 겸 보안과장, 도경시), 堀捷次郎(산림과장, 도기사), 黑岩潔(농무과장, 도기사), 光石郡治(산업과장, 산업주사), 三浦庄之助(토목과장, 토목기사), 西三次郎(위생과장, 위생기사), 元從王(이재과장, 도속), 木原章吉(회계과장, 도속), 市木孝嗣(관방주사, 도속), 深井民次(고등경찰과장, 도경부), 齋藤大吉(도속)
회 의 書 記	
회 의 서 명 자 (검 수 자)	山中友太郎(강원도회의원)
의 안	의안 1호 1937년도 강원도 세입출 추가경정예산을 정하는 건
문 서 번 호 (I D)	CJA0003293
철 명	도추가경정예산서철
건 명	제7회강원도회의록
면 수	30
회의록시작페이지	1120
회의록끝페이지	1149

설 명 문	국가기록원 소장 '도 추가경정예산서철'의 '제7회 강원도회의록'건에 포함된 1937년 8월 10일 제7회 강원도회 회의록

해 제

본 회의록(총 30면)은 국가기록원 소장 '도 추가경정예산서철'의 '제7회 강원도회의록'건에 포함된 1937년 8월 10일 제7회 강원도회 회의록이다.

1937년 5월 도회 선거 후 첫 임시 도회이다. 의장이 북지 황군의 노고에 감사하기 위해 30초간 묵념을 하자고 하여 모두 기립하여 묵념한 후, 지사의 연술이 끝나고 철원의 박보양 의원이 강원도 동해안 지방을 강타한 폭풍우 피해의 참상에 대해 천황이 내탕금을 하사한 것에 대해 감사의 뜻을 표하자고 제안하여 전 의원 찬성으로 가결했다. 이어 북지 황군의 노고에 감사하는 의미에서 미나미(南) 총독 이하 군부 관계자에게 격려와 감사의 전보를 치자는 데 전원 찬성했다. 이어 10만 원을 읍면으로부터 갹출하여 비행기 '강원호'를 헌납하기로 결의하고 있다. 부의장 선거를 진행한 후 1937년도 추가경정예산안 설명을 내무부장이 하고, 두세 개 질문이 있은 후 전원 찬성으로 원안을 가결했다.

내 용

(상략-편자)

의장(김시권(金時權)) : 저번 북지사변에 의해 전몰하신 장병의 명복을 빌며 30초간 묵념하겠습니다. 모두 기립해주십시오.

(일동 기립, 30초간 묵념)

의장(김시권(金時權)) : 개회를 시작하며 인사말씀을 올립니다.

불초하지만 최근 본 도지사로 임명되어 오늘 긴급한 요무에 관해서 제7회 도회를 열어 여러분과 만나 뵙고 도정(道政)을 논의할 기회를 얻어 매우 기쁩니다. 이후 도정의 진전에 미력하나마 고민할 터이니 여러분도 부디 도정의 여러 사항에 걸쳐 깊은 원조를 해주시길 바랍니다.

지난 4월 10일과 13일에 고성과 양양을 중심으로 울진, 인제 등 4개 군에 밀어닥친 폭풍우 피해의 참상을 천황께서 듣고, 이재민의 참상을 걱정하셔서 구휼 자금으로서 내탕금을 하사하셨습니다. 성은이 막대하여 감격을 금치 못하는 바입니다. 도에서는 곧장 이재민에게 전달하는 수속을 밟아 성은을 받들고자 합니다.

조선의 현행 지방제도는 1930년 12월 공포되어 부·읍면제를 시행하고 도제 역시 1933년 4월 1일부터 시행되어 조선지방자치제도의 체계가 완성되었습니다. 그 후 4년이 흘러 지난 5월 10일 제2회 총선거를 시행했습니다. 이후 민심은 지방자치에 대한 관심이 점차 뜨거워져서 지번의 총선거에 비해서 투표 기권율도 현저히 저하되고 극히 양호한 성적을 거두었습니다. 여러분이 도민의 여망을 짊어지고 영예로운 도회의원에 당선 또는 신임되어 제2차 도회의 성립을 보게 된 것을 매우 경하 드립니다.

이번 혹시(酷暑)에도 불구하고 급히 회동을 청한 것은 시국 관세의 정비를 주로 하는 1937년도 추가경정예산 심의를 바라는 것은 물론입니다만, 동시에 현재 중대한 시국에 맞닥서 우리 반도 관민의 시국에 대처하는 각오에 대해, 지방 선각자로서 도민을 지도하는 입장인 여러분의 협력을 얻어, 거국일치하여 이 시국에 대응하고자 해서입니다. 지금 북지사변은, 이미 아시는 것처럼 제국 정부는 사건을 확대하지 않는 방침을 견지하고 외교 교섭에 의해 평화로운 해결을 희망하고 있는 것은 몇 차례의 성명에 의해 명확합니다. 그러나 극히 폭력적인 중국의 불법, 불신 행위는 유감이고 제국의 희망과 배치되며 오히려 국면을 악화시켜 평화로운 해결의 희망을 달성하지 못하고 있습니다. 지난 7월 27일 정부는 중대한 성명을 발표하여 동아시아의 안정 세력인 제국의 사명을 수행하기 위해 사태에 처하는 태도를 천명하였습니다. 사변의 전개와 정세의 변화는 모두 예단을 불허합니다. 우선 총독부는 7월 15일 긴급 임시도지사회의를 소집해서, 시국에 관해 총독 각하가 중요한 훈시를 했습니다. 이 기회에 특별히 이를 전하여 협력을 바라고자 합니다.

<임시도지사회의 훈시>

이번에 돌연히 여러분을 모이게 해서 임시 회동을 한 것은 긴박한 시국에 관련해서 당면한 임무에 대해 유감없이 조치하고자 함입니다.

내각에서는 북지사변에 대해 지난 11일 임시 각의를 열어 파병을 결정하고 곧장 재가를 거쳐 육해군에 대대 각각 통사기관(統師機關)이 시국에 응하기 위한 파병 조치를 시달하도록 했습니다. 총독부도 형세가 급변하여 연일 간부 회동을 하고 군(軍) 쪽과 연결하면서 치안 등 긴급대책에 대해 필요한 조치를 취하고, 특히 재북지(在北支) 동포의 보호 구제를 위해 사무관 등 파견을 결정했습니다. 그리고 13일에는 총독부 각 국장, 과장 및 경성 소재 제1차 소속관서의 장을 소집한 것을 비롯해, 언론기관 대표자, 경제계 대표자 및 중추원 고문 참의를 각각 소집하여, 이번 사변의 성격에 대한 인식과 거국일치하여 국난에 대비하는 마음가짐에 대해 소신을 피력했습니다.

세계와 동아시아의 정세는 험악해지고 깊이 유의할 필요가 있다고 이미 그동안 지사회의 석상에서 특히 강조하고 여러분의 관심을 촉구해왔지만, 저의 우려는 의외로 빨리 현실화하여 북지에서 새로운 중대 사태의 발생을 보게 되었습니다.

생각건대 이번 사변은 처음에 우연히 발발했고 양국 당국자의 교섭에 의해 국지적으로 수습할 수 있는 가능성이 있는 것처럼 보였습니다. 그러나 이 우발적 사건의 원인은 극히 복잡하고 심각하며, 다년간 중국이 특수 사정에 기반하여 의도해온 반일항일정책의 노골적 표현입니다. 결국 중국이 군대를 이끌고 이번 불법 행위를 감행한 것임이 말하지 않아도 명확합니다. 이에 대해 평화를 존중하는 우리 제국은 사태가 확대되지 않는다는 희망을 성명하고, 열심히 남경정부 및 현지 중국 당국에 대해 해결의 교섭을 진행했습니다만, 중국의 불신 행위는 유감스럽게도 제국의 희망과 배치되어 국면 악화를 조장한 혐의가 충분히 보입니다. 즉 사태 확대 여부는 중국 측의 태도 여하에 좌우됩니다. 제국 국민은 중국 측의 태도에 비추어 최악의 경우를 고려하여 결의해야 합니다.

이를 위해 무엇이 요구되는가를 말씀드리면, 정확한 시국인식 파악과, 거국일치하여 외환에 맞서는 신념을 견지하는 것입니다. 북지의 정세는 1933년 정전협정 이후 과거 4년간 극히 명랑을 걸어했습니다. 제국은 평화 수단에 의해 중국 측과 협조를 계획해왔으나, 그들은 정전협정과 그 후 재건된 매진·하응흠협정(梅津何應欽協定)[4]의 정신을 계속 무시하고 상투적인 국제 불신 행위에 의해 이번의 사태를 야기한 것입니다. 따라서 이번 파병을 결행한 우리 제국의 근본 정신은 어쩔 수 없이 무력을 배경으로 한 정의의 관철, 그리고 중국에서의 항일 모일(侮日) 사상의 근본적 시정, 일만지(日滿支) 제휴를 근저로 한 참다운 동양평화를 건설함에 있습니다. 그러므로 이번에 태도를 결정한 이상 근원적인 원인을 제거하고 대중적 이상을 달성하기까지 단연코 철병하지 않겠다는 각오를 전 국민이 가슴에 품고, 그 신념하에 완전한 거국일치의 열매를 거두도록 전력을 다해야 합니다.

이상의 주지(主旨)에 기초하여 조선 반도에서는 이 시국에 대응하기 위해 다음 항목에 대해 여러분의 공감과 협력을 기대합니다.

1. 반도 주민에게 시국의 중대성을 두루 알릴 것
2. 동아시아의 안정 세력으로서 전국(全局)의 안위를 짊어진 일본 제국의 지도적 지위를 내선일체인 반도의 민중으로 하여금 확인시킬 것
3. 중국의 전모를 바르게 일반에 이해시킬 것

이것입니다. 국력의 근원에는 발랄하고 강건한 국민정신이 중대한 요소임은 물론입니다. 반도 관민의 전 계층이 위 세 가지 항목에 대해 바르게 인식하고 강한 신념이 널리 퍼져, 각자 그 업무에 알맞은 수단 방법으로써 한 마음 한뜻으로 총후의 본분을 다해야 합니다. 그것이 곧 거국일치의 열매를 거두고 봉공의 의의를 완성하는 것입니다.

안으로 대립 항쟁하는 경우라도, 일단 외환에 맞닥뜨리면, 하나의

---

2) 1935년 6월 중국 국민당 정부가 일본과 타협하여 맺은 협정. 이로써 중국 국민당 정부군은 허베이성에서 철수했다.

지도자 아래에서 만민이 서로 결속하고 공고한 거국일치를 이루는 것이 우리 제국 국체의 탁월한 점입니다. 이번 사변에서도 유감없이 이 국민성의 특징이 입증되었습니다. 반도 주민도 특히 이 점을 감안할 필요가 있습니다. 여러분의 배려에 의해 사상상, 정신상 참된 내선일체의 열매가 이러한 국가 비상시의 가을에 명쾌히 나타나길 기대합니다.

이 시국이 금후 어느 정도까지 계속 발전할지 예단은 할 수 없지만, 사태 변화와 상관없이 시종일관 위와 같은 신념을 갖고 관민이 서로 협력함으로써, 난국을 극복하는 데 매진하길 희망합니다.

이상 소감과 희망을 약술했습니다. 여러분은 소속 지역의 인심을 영도하고 치안 확보를 철저히 해주셔서 봉공의 책무를 완수하시길 바랍니다. 훈시를 마치겠습니다.

이상과 같습니다. 이를 부연해서 설명하겠습니다.

첫째는 우리 제국이 문물과 실력에서 동양 유일의 안정 세력이므로 동양의 선각자로서 "동양은 동양인의 손으로 평화에 기여하는 신념"에 매진해야 합니다. 그러므로 이제 반도 관민은 우리 조선이 일본 제국의 일부라는 것을 일층 명확히 인식하고, 참으로 내선일체가 되어 만주와의 불가분의 관계를 강화하고 중국의 각성을 촉구하여 이것과의 융화 제휴를 진전시켜야 합니다.

둘째는, 일본은 지금 세계 5대 강국이며 3대 해군국의 하나이고 동양의 지도자임을 반도 민중은 충분히 자각하고, 퇴영적이고 고식적인 것을 배제하고 굳고 화고한 일본 정신으로서 시국 타개, 시난(時難) 극복에 돌진해야 합니다.

셋째는, 중국은 4억 인구와 무한한 자원이 있는 광대한 국가이지만,

그 국정은 극히 복잡합니다. 더구나 같은 문자를 쓰고 같은 인종인 동양인의 단결의 원칙을 분별하지 못하고, 멀리 동양 외의 나라에 의존하려고 획책하여, 먼 곳과 외교하고 가까운 곳은 공격하면서, 이이제이 정책을 버리지 못하고 있습니다. 역시 동양의 현황에 대한 자각이 늦다고 말할 수밖에 없습니다. 만약 이렇게 음울하고 명랑하지 않은 상태를 계속한다면, 결국 분명히 동양 전체의 쇠망을 초래할 것입니다.

이상의 세 항목은 총독 각하가 역설하신대로 현재 시국에 대처할 사항이 중심입니다. 이 점에 대해 바르게 인식하고 공고한 신념에 기초하여 관민 상하가 하나가 되어 난국 타개에 매진하는 것이야말로 우리의 중대한 책무입니다.

만약 인심이 불안하고 동요하는 불상사를 야기하는 일이 있다면 정말 변명할 여지가 없으므로 여러분은 충분한 각오로써 시국을 정관(靜觀)하고 신중한 태도로써 사태의 추이를 주시하면서, 지방민이 풍설에 미혹되지 않고 자중하며 각자 업무에 힘쓰도록 지도해주시길 바랍니다. 도내 치안 상황은 최근 꽤 양호하고 유언비어 등도 없고 극히 평온할 뿐 아니라, 국방헌금이나 황군위문, 금품 기증 등 총후의 적성을 받들고 있습니다. 도에서는 본월 4일 군사후원연맹을 결성해서 전 도(道) 협심일체하여 총후의 큰 임무를 다하고 있습니다. 이에 대해서도 이해와 열의로써 전폭적인 지지를 해주시길 바랍니다.

본년은 다행히 보리가 풍작이라서 대맥(大麥) 수확고는 43만 1,000여 석, 전년에 비해 7할 강입니다. 소맥(小麥)은 22만 2,000여 석, 전년에 비해 7할 강으로, 모두 수확이 증가했습니다. 또 잠업에서는 누에 가격이 전년보다 관당(貫當) 평균 81전으로 높은 가격을 보이고,

생산액 6,400여 관, 금액 41만 2,000여 원으로 전년보다 증가를 보았습니다. 기타 수산물도 풍어(豊漁)이며 재해 복구 토목사업 시행에 의한 임금 살포(撒布)와 함께 농어민에 대해 다대한 혜택을 준 결과, 치안상으로도 좋은 영향을 주고 있다고 믿습니다.

그리고 작년 여름 미증유의 풍수해에 의한 1,2,3등 도로 재해 복구공사는, 최근 협찬을 얻어서 1936년도부터 3개년 계획을 수립하여 도비 64만 8,000원 외에 국비 104만 1,715원, 총계 168만 9,715원으로써 현재 열심히 실시 중입니다. 1936년도에는 국비 32만 285원, 도비 7만 3,800원으로 이미 복구공사를 실시하여, 본년도 분은 도비 예산액 31만 3,400원 중 공사 시행 결정액이 19만 5,635원, 7월말 현재 공사가 진행한 비율은 6푼 3리입니다. 국비 예산액 33만 7,445원 중 공사시행 결정액은 30만 9,010원이며 7월말 현재 비율은 6푼 1리 강으로 되어 있습니다. 도 당국에서는 이후 특별히 이 사업의 촉진에 노력하고자 합니다. 이 기회를 빌어 일단 보고를 드립니다.

오늘 제출한 추가경정예산안은 이 시국에 긴급히 시설이 필요한 방공방호시설에 관한 정비 예산이 주된 것입니다. 기타 기정(旣定) 예산 중 추가경정이 필요한 두세 개를 포함하여, 추가예산액은 세입출 모두 3만 6,647원입니다. 그 내용은 참여원이 설명할 터이니 신중히 심의하셔서 협찬해주시길 바랍니다.

의장(김시권(金時權)) : 지금부터 회의 일정으로 들어가서, 부의장 선거를 하겠습니다. 신기 입회인은 회의규칙 제12조 제2항 규정에 의하면 2명을 선임하게 되어 있으므로 1번 의원 최양호(崔養浩), 4번 의원 이대(가田鋼) 씨 두 명에게 위탁합니다.

14번(박보양(朴普陽)) : 긴급동의를 제출합니다. 지금 지사 각하가 인순하신 것에 의하면 본년 4월 중순 고성, 양양을 중심으로 울진, 인

제 등 4개 군에 밀어닥친 폭풍우에 대해 천황 황후 양 폐하가 하사금을 내리셨고 이재민은 물론 우리 도민으로서 진실로 감격해 마지 않습니다. 이에 대해 감사 전보를 궁내대신 앞으로 발송하고 싶습니다.

그리고 북지사변에 진력을 다하고 있는 미나미(南) 총독, 가쓰키(香月) 지나주둔군 사령관, 가와기시(川岸) 부대장, 고이소(小磯) 조선군사령관, 하세가와(長谷川) 제3함대사령관, 오다카(尾高) 제19사단장 등에게 감사 전보를 보내고 싶습니다. 전문(電文)은 의장에게 일임하고 싶습니다. 여러분의 찬성을 바랍니다.

의장(김시권(金時權)) : 지금 14번 의원이 올해 4월 중순 우리 도를 습격한 폭풍우 피해에 대해 하사금을 내려주신 것에 대한 감사 전보를 총독에게 드리는 것과, 북지사변에 관해서 미나미 총독과 군부 각 방면에 대해 감사 격려의 전보를 보내자는 동의를 냈는데 이의 없으십니까. 이의 없으신 분은 기립해주십시오.

(전원 기립)

의장(김시권(金時權)) : 만장일치 가결했습니다.

17번(김기옥(金基玉)) : 손(孫) 전임 지사 각하와 전임 부장 두 분이 우리 도 여러 시설에 대해 대단히 노력해주셨는데 지금 감사를 드리는 전보를 타전하고 싶습니다. 찬성을 원합니다.

의장(김시권(金時權)) : 지금 17번 의원의 긴급동의가 있었습니다. 전 지사 손영목(孫永穆) 씨와 가미야(神谷) 전 내무부장, 세토(瀨戶) 전 경찰부장에게 전보를 타전하자는 것인데 이의 없습니까.

("이의 없음" "이의 없음")

의장(김시권(金時權)) : 그러면 전문을 적당히 만들어서 후에 보고하겠습니다.

19번(최준집(崔準集)) : 아까 의장 각하의 연술에 의해 여러 시국에 관한 인식을 심화시켰습니다만, 지금 국민으로서 다시 충분히 인식을 고쳐야할 필요가 있다고 생각합니다. 우리 강원도에서도 애국기를 헌납하고 싶은데 금액은 10만 원 정도로서 각 군에 할당해서 모집하고 싶습니다.

의장(김시권(金時權)) : 지금 19번 의원이 애국기를 헌납하자는 긴급동의를 냈는데 이의 없습니까. 이의 없으신 분은 기립해주십시오.

(전원 기립)

의장(김시권(金時權)) : 전원 찬성이니 그 방법 등에 대해서는 도당국에서 계획하여 나중에 보고하겠습니다.

24번(와케 마고키치(和氣孫吉)) : 국방상 필요한 긴급동의를 제출하겠습니다. 저는 춘천, 강릉 외금강에 비행기 착륙장을 설치하길 요망합니다. 시국은 중대해지고 특히 해안선 방호가 필요합니다. 따라서 해안선의 외금강, 강릉, 춘천에 착륙장을 만들어 항공로를 개설하는 것이 가장 긴요하다고 생각합니다. 모두의 찬성을 원합니다.

의장(김시권(金時權)) : 지금 24번 의원이 제출한 춘천, 외금강, 강릉의 3개 지역에 비행장을 설치하자는 동의에 대해 의견 없습니까.

14번(박보양(朴普陽)) : 지금 24번 의원의 비행장 설치에는 이의 없습니다다만 어떤 식으로 설치한다는 것입니까. 도비로써 하는 겁니까. 이 점이 풀리지 않으므로 찬성할 수 없습니다.

의장(김시권(金時權)) : 24번 의원의 제안은 요망에 불과하다고 생각합니다. 찬성하는 분은 기립해주십시오.

(다수 기립)

의장(김시권(金時權)) : 다수가 찬성하셨으니 적당히 조치하겠습니다. 그러면 부의장 선거 투표를 개시하겠습니다.

선거 결과는 다음과 같음. 투표 총수 30표, 유효투표 30표.

득표수 및 득표자 : 9표 야마나카 유타로(山中友太郎), 9표 최준집(崔準集), 7표 박보양(朴普陽), 5표 와케 마고키치(和氣孫吉).

의장(김시권(金時權)) : 선거 결과 야마나카 유타로(山中友太郎) 씨와 최준집 씨 두 분은 동수로 9표인데, 회의규칙 제13조 규정에 의해 연장자인 야마나카 유타로 씨가 당선했습니다.

부의장 야마나카 유타로 씨를 소개하겠습니다. 야마나카 유타로 씨 기립해주십시오.

(야마나카 유타로(山中友太郎) 기립, 전원 박수)

부의장(야마나카 유타로(山中友太郎)) : 저는 지금 선거에 의해 최준집 씨와 동점이었지만 제가 연장자라서 당선되었습니다. 저는 원래 학식도 재능도 일천하지만 여러분의 투표를 얻었는데 지금 거절하면 여러분의 의사에 반하는 것이므로 받아들이고자 합니다. 저는 약진하는 강원도 도회 부의장으로서의 중책을 잘할 수 있을지 자못 불안하지만 음으로 양으로 여러분의 원조와 지도를 받아 책임을 완수하고자 합니다.

의장(김시권(金時權)) : 그러면 지금부터 의사일정에 의해 제1호 의안 1937년도 강원도 세입출 추가경정예산안을 부의하겠습니다.

참여원 내무부장이 설명 드리겠습니다.

참여원(시오다(鹽田) 내무부장) : 제1호 의안 1937년도 강원도 세입출 추가경정예산안을 설명 드립니다. 저는 지난 7월 3일 우리 도 내무부장 임명을 받아서 일하게 되었습니다. 이후 여러분의 지도와 원조로 책무를 수행하고자 합니다만 부임한지 얼마 되지 않아서 여러분 중에 아직 만나뵙지 못한 분들도 다수이므로 이 자리에서 인사를 드립니다.

이번 제출한 추가경정예산은 아까 지사 각하의 연술에도 있었던 것처럼, 시국에 관계가 있는 방공시설에 관한 경비 예산을 주안점으로 두고, 기타로 두세 가지 사항을 포함하여 세입출 모두 총액 669만 7,467원인데, 이를 별도로 받으신 제1호 보고에 의한 기왕의 추가경정예산을 더한 기정 예산과 비교하면, 3만 6,647원이 증가한 것입니다. 그 각 비목에 대해서 내용을 말씀드리겠습니다.

세입임시부 제1관 조월금에서 1만 5,632원이 증가했는데 이는 세출예산 재원 중 국고보조 및 기부금 증액, 기타의 세입을 제외한 세출 추가예산에 대한 재원을 전년도 잉여금에서 지변한 것을 추가한 것입니다.

제2관 국고보조금은 2,345원이 증가했는데 이는 면양 사육 장려비에 대한 국고보조금이 증액 교부된 것을 추가한 것입니다.

제3관 기부금은 수산비(授産費) 기부에서 1만 2,470원이 증가되었는데 이는 본년도 당초 예산에 계상한 수산시험선 금강산환의 무선전신 장치 경비가 증액이 필요하게 되어, 지정기부금 증가에 의해서 이를 추가한 것입니다.

다음으로 위생비 기부금은 본년도에 설치할 계획 강릉의원 장전분원을 장전의원으로 하기 위해 항목 개정을 한 것입니다.

제4관 재산매각대는 2,000원이 증가했는데 이는 지금 말씀드린 수산시험선에 무선전신을 장치하기 위해 선체 개조의 필요가 있어서 헌 선체를 매각할 예정으로 되었는데, 그 매각 액수가 증가한 예정이라서 이를 추가한 것입니다. 그리고 이 매각대는 무선전신 장치비로 충당하게 됩니다.

제8관 잡수입 항목을 신설하여 4,200원을 계상했는데 이는 세출추가예산으로 이번에 계상한 방공감시비의 일부를 관계 각 읍면이 응면 당 평균 150원을 갹출하는 계획으로 이를 계상한 것입니다.

다음으로 세출경상부 제9관 교육비에서 1,200원 증가했는데 이는 춘천고등보통학교 직원 퇴직에 따라 특별상여금 급여에 필요한 소요액을 추가한 것입니다.

세출임시부 제2관 신영비에서 2,615원 증가했는데 이는 도비 지변 직원이 증가함에 따라 도청사를 증축해야 해서, 이번에 국비 예산 8,000원을 배부받아 총액 1만 615원으로써 청사를 증축하기로 되었습니다. 그 중 도비 공사비 소요액 즉 2,615원을 계상했습니다.

그리고 장전의원 신영비는 아까 설명 드린 것처럼 분원을 본원으로 하기 위해 과목 경정을 한 것입니다.

제8관 수산비에서는 1만 4,470원이 증가했는데 이것 또한 아까 말씀 드린 재원을 충당하여 수산시험선의 무선전신 장치비 예산 부족 예정액을 추가한 것입니다. 이 무선장치에 필요한 기정예산은 3만 1,530원인데 근래 철재와 기타 여러 물가가 등귀한 결과 기정 예산에 부족분이 생겼으므로 이를 추가한 것입니다.

제11관 위생비에서는 장전분원을 본원으로 하기 위한 설비비 예산 과목을 경정한 것입니다.

제14관 보조비는 6,345원이 증가했고 권업비 보조로 2,345원이 증가했습니다. 이는 면양 장려비에 대한 국고보조금 증액에 의해서 이만큼 추가한 것입니다.

다음으로 방호비 보조를 신설하여 4,000원을 계상했는데 이는 아시는 것처럼 이번 사변을 계기로 하여 주요 지역에 방호단을 조직하고 있습니다. 특히 이번 가을 9월 중 북선 일대에 걸쳐 방공연습을 실시할 계획이라서, 이 연습 지역의 방호단을 조성하기 위해 그 경비 일부를 보조하는 것으로 계상한 것입니다.

제19관 방공시설비를 신설하여 1만 2,017원을 계상했습니다. 방공감 시비 1만 111원은 이번에 방공감시대와 감시소를 설치하기로 되어 이에 대한 경비소요 예정액을 계상한 것입니다.

다음으로 방호설비비 1,906원을 계상했는데 이는 도 청사 방호상 이 번에 도에 특설방호단을 설치할 필요를 느껴서 이에 대한 경비소요 예정액을 계상한 것입니다.

이상은 추가경정예산의 주된 내용입니다. 다른 것은 질문을 받고 보충 설명 드리겠습니다.

의장(김시권(金時權)) : 이 예산 내용은 극히 간단하니 회의규칙 제19조 규정에 따라 독회를 생략하고자 하는데 이의 없습니까.

("이의 없음" "이의 없음")

의장(김시권(金時權)) : 그러면 의견과 질문을 듣겠습니다.

18번(송규환(宋奎煥)) : 세입임시부 제8관 제1항 제1목 방공시설비 읍 면 갹출금 수입 4,200원을 계상했는데 아까 참여원 설명에 의하면 한 개 면에 150원의 부담금을 갹출한다는 말씀인데 각 면의 내역을 보여주십시오.

다음으로 세출임시부 제2관 신영비 제2항 제22목 도청사신영비 2,615원 을 계상했는데 도청사는 국비로써 건축해야 하고 도유재산으로 건 축하지 않는다고 생각하는데 일부분 도비에서 지변하는 이유를 설 명해주십시오.

다음으로 제6회 도회에서 의견서를 제출하여 만장일치로 채택한, 이 회의장에 화성기를 설치하는 것에 대해서는, 이번 신영비 예산 에 당연히 계상되어 있으리라 생각했는데 계상되지 않은 것은 도 간부 분들이 교체되면서 잊어버리고 의사록을 보지 않은 것 아닌지 생각됩니다.

다음으로 방공감시소 2개소를 설치한다는데 그 장소는 어디인지 묻습니다.

참여원(시오다(鹽田) 내무부장) : 방공시설비에 대한 각 면의 부담액을 보여 달라는 말씀인데, 면 이름은 군의 계획에 따라 기밀에 속하므로 말씀드리기 힘듭니다. 다만 관계 읍면은 28개 읍면이고 1개 면 평균 150원을 갹출하는 것으로 되어 있습니다. 방공감시소 설치 장소도 마찬가지라서 양해해주시길 바랍니다.

다음으로 도 청사는 국가 관리가 사무를 하는 곳이므로 국가 비용으로 건축해야 한다는 의견이신데 도비 직원이 다수 있을 뿐 아니라 이번에 증원한 직원도 대다수가 도비 직원이므로 국비 8,000원, 도비 2,615원으로서 증축하기로 한 것입니다. 이를 국비 직원 수와 도비 직원수로 안분(按分)하면 도의 부담은 비교가 되지 않을 정도로 가볍습니다.

또 확성기 설비는 다른 좋은 방법이 없을까 생각하고 있고 현재 연구 중입니다.

15번(정은섭(丁殷燮)) : 이 안은 긴박한 시국에 가장 긴요한 방공예산이고 지금 참여원의 설명으로 충분히 이해되었으니 이걸로 채결하는 게 어떻겠습니까?

의장(김시권(金時權)) : 지금 15번 의원이 동의를 냈는데 이의 없습니까? 이의 없으면 채결하고자 하는데 원안에 찬성하는 분은 기립해 주십시오.

(전원 기립)

의장(김시권(金時權)) : 제1호 의안 1937년도 강원도 세입출 추가경정 예산은 만장일치로 가결 확정되었습니다.

다음으로 제1호 보고부터 제3호 보고까지 보고사항 3건을 상정하겠습니다.

이에 대해서는 따로 설명이 필요하지 않다고 생각하는데 의견이나 질문 없습니까.

("이의 없음" "이의 없음")

의장(김시권(金時權)) : 이의 없으시니 이것으로 보고를 끝내겠습니다. 아까 19번 의원이 동의를 냈던, 국방헌금에 관한 계획을 참여원 내무부장이 설명 드리겠습니다.

참여원(시오다(鹽田) 내무부장) : 아까 만장일치의 감격으로 가결된 국방헌금안에 대해서, 좀 단시간에 계획한 것이긴 하나 대체적인 계획을 말씀드리겠습니다.

여러분의 열렬한 국방헌금안에 대해서는 도에서도 열의를 갖고 수행하려고 생각하고 있습니다. 그 방법은 도에 사무소가 있는 국방의회연합회에 이를 맡기려고 생각합니다. 국방의회는 현재 도 내 각 군에 결성되어 있으므로 군, 서(署) 및 모두의 후원하에 이 국방의회가 갹출금을 취급해서, 이를 국방의회 연합회가 관리하는 게 좋을 것 같습니다.

대체적으로 위와 같은 방법으로써 계획을 진행시켜 비행기 강원호 1대를 헌납하는 것으로 하고, 이를 위한 헌금은 각 군의 실정에 맞게 안분하여 이를 할당하고, 여러분의 협력에 의해서 이 계획 수행에 매진하고자 하니 양해해주시기 바랍니다.

16번(박경호(朴京鎬)) : 계획에 대해서는 지금 설명으로 충분히 이해했는데 금화군은 중기관총을 헌납하기로 하고 이미 각 면에 헌금을 할당했습니다. 특히 시국을 인식시키기 위해 호별할의 가장 아래 등급의 사람도 1전 이상 갹출하기로 되어 있습니다. 이번에 비행기를 헌납한다면 금화군의 계획은 중지해야 합니까? 아니면 기타 방법으로 헌납할 방법은 없습니까?

의장(김시권(金時權)) : 이 비행기 헌납은 전도(全道) 일치의 계획이므로 금화군의 계획은 중지해도 되고 또 부담이 될 수도 있으니 그대로 진행하셔도 괜찮다고 생각합니다. 적당히 고려해주십시오.

16번(박경호(朴京鎬)) : 국민으로서는 많은 헌금을 하는 게 좋겠지만 부담이 되기도 하는데 어떻게 할까요.

의장(김시권(金時權)) : 그 점은 따로 협의하기로 하겠습니다.

19번(최준집(崔準集)) : 내무부장에게 바랍니다. 저는 문외한이라 전문적인 것은 모르지만 중폭격기는 약 14만 원, 여객기 같은 것은 4만 원에서 5만 원 정도인데 우리 도는 특별한 사정도 있으니 무리한 부담을 하지 않고 10만 원 정도를 헌납하도록 계획을 세워주셨으면 합니다.

17번(김기옥(金基玉)) : 이번 국방헌금은 우리로서는 생명 재산의 보호를 받고 있어서 실로 감사하는 바이므로 다른 도보다 떨어지지 않게 상당히 우량한 것을 헌납하고 싶습니다.

지금은 매우 안전하지만 만일의 경우 우리의 생명과 재산이 어떻게 될지 알 수 없습니다. 이때 충분히 적성을 발휘하고 싶습니다.

의장(김시권(金時權)) : 잘 이해한 도민의 열의와 실력을 참작하여 적당히 계획하겠습니다.

그러면 이 안에 이의 없으신 분은 기립해주십시오.

(전원 기립)

의장(김시권(金時權)) : 만장일치 가결했습니다.

의장(김시권(金時權)) : 아까 긴급동의에 의해 미나미 총독 각하와 군부 각 관계 방면에 보낼 감사 전보 및 격려 전문과, 전임자에게 보낼 감사 전문을 낭독하겠습니다.

(서기 낭독 : 궁내대신 앞. 조선 강원도회의장 드림. 이번 봄 본도 동해안 지방의 폭풍우 피해의 참상에 외람되게도 천황의 은덕이 미쳐 최근 이재민을 구휼하는 내탕금을 하사하셔서 성은이 막대하고 감격을 금치 못합니다. 이에 도민을 대표하여 삼가 감사를 드립니다.)

의장(김시권(金時權)) : 의견 없습니까. 의견 없으면 기립해주십시오.

(전원 기립)

의장(김시권(金時權)) : 다음을 낭독하겠습니다.

(서기 낭독 : 미나미(南) 총독 각하 앞. 강원도회 의장. 현재 중대한 시국을 만나 우리 총후의 국민은 거국일치 애국심으로써 중국에 있는 황군 장병의 무운 장구를 빌고 본 도회 만장일치 결의에 의해 총후의 책무를 다하여 국난 극복에 매진할 것을 맹서함.

가쓰키(香月) 지나주둔군 사령관, 가와기시(川岸) 부대장, 고이소(小磯) 조선군사령관, 하세가와(長谷川) 제3함대 사령관, 오다가(尾高) 제19사단장 앞. 조선 강원도회 의장. 국제 신의를 무시하고 폭력적인 중국 항일 세력을 배제하고 동아시아의 안정 세력인 제국의 사명 수행을 위해 혹서에도 불철주야 분투하며 국위를 선양하고 중국에서의 우리의 권익 옹호와 동포의 생명 재산 보호의 임무를 다하는 충량한 황군 장병의 무운장구를 빕니다. 우리 총후의 국민은 애국심으로써 본 도회 만장일치의 결의에 의해 총후의 책임을 다할 것을 결의하고 국난 극복에 매진할 것을 맹서함.

손영목(孫永穆) 각하 앞. 강원도회 의장. 각하는 본도 재임 중 도치(道治) 제반 시설에 대해 특별히 진력하신 공적이 크므로 본 도회는 만장일치 결의에 의해 깊은 감사의 뜻을 표함.

가미이(神谷) 전 내무부장·세토(瀨戶) 전 경찰부장 앞. 강원도회 의장.

귀하의 본도 재직 중 공적에 대해 본 도회는 만장일치 결의에 의해 감사의 뜻을 표함.)

의장(김시권(金時權)) : 이의 없습니까?

("이의 없음, 이의 없음")

의장(김시권(金時權)) : 그러면 전보 발송을 하겠습니다. 이것으로써 폐회합니다. 이번 회의는 제2차 도회 성립 후 처음 회의이고, 회의 일정에 부의장 선거 등 중요한 안건이 있었음에도 불구하고 매우 원만하게 예정된 일정을 끝내고 제출 의안도 만장일치로 원안에 협찬해주셔서 무사히 폐회하게 된 것을 깊이 감사드립니다. 동시에 시국을 돌아볼 때 이후 더욱 책임이 중대함을 통감합니다. 여러분도 일층 자중하여 난국을 극복하고 도정에 협력해주시길 희망합니다. 오늘 매우 더운데 장시간에 걸쳐 회의를 진행해주셔서 거듭 감사드립니다. 여러분의 건강을 기원하며 폐회 인사에 대신합니다.

(오전 11시 35분)

25번(야마나카 유타로(山中友太郞)) : 의원의 답변을 말씀드립니다.

〈답변〉

본도 제7회 도회 폐회에 즈음하여 의장 각하의 간절한 인사에 대해 의원 일동을 대표하여 답변하게 되어 매우 영광입니다.

지난 4월 고성, 양양, 울진, 인제 지방에 닥친 폭풍우 피해에 천황폐하의 은덕이 미치어 천황 황후 양 폐하가 궁민구휼의 자금으로서 내탕금을 하사하신 은혜를 입어서 성은이 망극하고 전 도민과 함께 감격을 금할 수 없습니다.

이번 혹서에도 불구하고 본 도회를 개최해서 우리 의원 일동을 비롯해 전 도민에 대해 국가 비상시국에 대한 중대성의 주지 철저를 시작으로 동아시아의 안정 세력으로서의 제국의 지위, 사명과 내선 일체 시난 극복의 결의 확립, 중국의 전모에 대한 이해 등에 대해 제국정부의 엄중한 태도와 선명(宣明), 총독부 도지사회의에서의 총독 각하의 훈시에 기초한 본 도의 대책 및 도민으로서의 태도 결의 등에 대해 상세한 설명과 훈시를 내려주셔서 우리 의원 일동은 진심으로 감사를 드리지 않을 수 없습니다. 인접 국가인 중화민국은 같은 문자, 같은 인종의 민족으로 함께 동양의 땅에 이어져 있고 우리 제국신민과는 서로 도와 평화의 길로 정진하여 인문 발달에 기여해야 함에도 불구하고, 예부터 완고하고 불령하여 사물의 이치를 이해하지 못하고 공상에 빠져있고, 군웅할거의 군벌은 민의 고통을 생각지 않고 사리사욕에 몰두하고, 구미 의존으로 나라를 팔고, 먼 나라와 외교하고 가까운 나라를 공격하는 이이제이의 몽상을 국책으로 하고, 항일 모일(侮日)에 편안함이 없이 국제 신의를 유린하여, 결국 이번 북지사변을 발발하기에 이르렀습니다.

불법 불신의 그 비행은 만인이 용서할 수 없는 바이고, 은인자중하여 평화로운 해결의 희망을 상실한 우리 제국은 어쩔 수 없이 출병하기에 이르렀습니다. 충량 무쌍한 황군은 응징의 분진에 눈떠 적군을 소탕하고 북지의 대부분을 평정했지만, 완고한 중앙 요인의 무지한 꿈은 각성 없이 점점 전비를 가다듬어 장기 지항을 선명(宣明)하여 국면을 악화시키고 있습니다.

이웃 국가 중국은 소만(蘇滿) 국경에서는 호시탐탐 적로(赤露)의 마수도 서로 보태어 지금 국제정세는 진실로 중대하다는 점을 통감할 수밖에 없습니다.

이들 불령한 이웃국가의 간악함에 대치해야 할 우리 황군의 위무(威武)는 우리 국민에게 태산처럼 견고한 안정을 주고 있지만, 종후에서도 당연히 후원할 필요가 있습니다.

우리 전 도민은 궐기하여 당국의 지시에 기초하여 거국일치 지성봉공의 대의에 준하여 일만지(日滿支) 제휴의 실현에 의한 완전한 동양평화의 확립을 위해 용왕매진해야 합니다. 이에 그 확고한 결의를 표명합니다.

그리고 우리 도민은 다행히 역대 비범한 당국의 선정에 의해 약진하여 본 도의 실적을 거두었습니다. 지금 또 현명한 지사 각하를 위시하여 신임 각 부장, 각 과장 여러분의 웅장한 모습을 우러러 보면서, 본 회의에서도 각종 농작물의 풍작 증진의 희소식을 듣고, 작년 여름 미증유의 풍수해로 입은 방대한 재해에 대해서도 복구 사업이 착착 진행되는 보고에 접하고, 특히 오늘 제안된 시국관계 추가예산안 등도 만장일치로 화기애애하게 가결할 수 있었던 것은, 의장 각하의 현명한 통재와 참여원 여러분의 간절한 설명과 원조에 의한 것이라 생각합니다. 이에 감사를 표하고 아울러 전 도민과 함께 다행히 여기며 진심으로 축복하는 바입니다.

바라건대 의장 각하를 위시하여 참여원 여러분은 이 중대한 시국에 국가를 위해, 본 도 개발을 위해 일층 진력해주시길 바랍니다.

1937년 8월 10일 강원도회의원 야마나카 유타로(山中友太郎)

2. 황해도회 회의록

1) 제6회 황해도회 회의록(1937년 9월 29일)

항 목	내 용
문 서 제 목	第六回黃海道會會議錄
회 의 일	19370929
의 장	강필성(姜弼成)(황해도지사)
출 석 의 원	末永省二(1), 植田虎吉(2), 오원석(吳元錫)(3), 송영찬(宋榮燦)(4), 신현성(申鉉聲)(5), 신원희(申元熙)(6), 池貫一(7), 장춘하(張春河)(9), 이승구(李承九)(10), 송승엽(宋承燁)(11), 유창만(柳昌萬)(12), 민병덕(閔丙德)(13), 毛勝伊之助(14), 김형철(金亨喆)(15), 김상혁(金相赫)(16), 森秋市(17), 박준원(朴俊遠)(18), 강정현(姜貞顯)(19), 이흥화(李興燁)(20), 원효섭(元孝燮)(21), 原信(22), 大久保政雄(23), 이종준(李鍾駿)(24), 홍성흠(洪性欽)(25), 장대익(張大翼)(26), 한영찬(韓泳瓚)(27), 松本利雄(28), 高橋謙三(29), 森本喜久男(30)
결 석 의 원	難波彌一(8)
참 여 직 원	佐佐木忠右衛門(내무부장, 도사무관), 一杉藤平(경찰부장, 도사무관), 三上豐(지방과장, 도이사관), 小高五郎(학무과장, 도이사관), 임문석(林文碩)(산업과장, 도이사관), 赤田正雄(경무과장, 도경시), 한종건(韓鍾建)(보안과장, 도경시), 相川不盡夫(농무과장, 도기사), 稻田林太郎(토지개량과장, 도기사), 岩永彌榮(토목과장, 도기사), 田中從之(위생과장, 도기사), 藤本政男(산업기사), 福澤重臣(지사관방 주사, 도속), 池田平治(이재과장, 도속), 眞子茂(회계과장, 도속) / 겸석 : 이기방(李基枋)(도참여관), 八島茂(치수사무소장, 도기사), 掛場直勝(도기사), 坂川英毅(도속)
회 의 서 기	
회 의 서 명 자 (검 수 자)	강필성(姜弼成)(황해도지사), 高橋謙三(29), 김상혁(金相赫)(16)
의 안	의안 1호 1937년도 황해도 세입출 추가경정예산, 2호 훼손파된 개수공사비 계속년기 및 지출방법 중 변경 건 / 도세 제26조 규정에 의한 전건 자문한 사건, 보고 1호 황해도립고교 입학수학료 징수규칙 중 개정 건, 2호 해주공립고등보통학교 수업료

	징수규정 중 개정 건, 3호 해주공립여자고등보통학교 수업료 징수규정 중 개정 건, 4호 사리원 공립농업학교 수업료 징수규정 중 개정 건, 5호 연안공립농업학교 수업료 징수규정 중 개정 건 / 도제 제29조 규정에 기초한 도회의 권한 위임에 의해 전결처분한 사건 : 보고 6호 1936년도 황해도 세입출 추가예산 건, 7호 1936년도 황해도 세입출 추가예산, 8호 1937년도 황해도 세입출 추가예산, 9호 1937년도 황해도 세입출 추가경정예산, 10호 1937년도 황해도 세입출 추가경정예산
문서번호(ID)	CJA0003252
철 명	도기채계속비의무부담권리포기소방비부역부과에관한철
건 명	중소하천개수공사비계속비변경의건-황해도(도면회의록첨부)
면 수	25
회의록시작페이지	97
회의록끝페이지	121
설 명 문	국가기록원 소장 '도기채계속비의무부담권리포기소방비부역부과에관한철'의 '중소하천개수공사비계속비변경의건-황해도(도면회의록첨부)'에 포함된 1937년 9월 29일 제6회 황해도회 회의록

해 제

본 회의록(총 25면)은 국가기록원 소장 '도기채계속비의무부담권리포기소방비부역부과에관한철'의 '중소하천개수공사비계속비변경의건-황해도(도면회의록첨부)'에 포함된 1937년 9월 29일 제6회 황해도회 회의록이다. 1937년 5월 도회의원 선거 후 첫 회의로서, 1937년도 추가경정예산, 중소하천개수공사비 계속연기 및 지출방법 변경 건, 도지사가 전결 처분한 사항 보고 등을 통과시키고 있다. 이는 중일전쟁 발발 후 강원도를 통과하는 장병들에 대한 위문과 송영, 방공감시초소와 감시대 등을 위한 예산이 급히 필요해졌기 때문이었다.

내 용

(9월 29일 수요일 오전 10시 개회)

도지사(강필성(姜弼成)) : 지금부터 제6회 황해도회를 개회하겠습니다.

의장(강필성(姜弼成)) : 서기가 출결석 의원 보고를 하겠습니다.

서기(도속 고이즈미 에지로(小泉榮次郎)) : 출석의원 29명, 결석의원 난바 야이치(難波彌一) 의원 1명으로 정족수에 도달했습니다.

의장(강필성(姜弼成)) : 금회는 도회의원 총선거 후 첫 회의이므로 의원과 참여원 여러분을 소개하고 참여원과 서기 임명 보고를 하고자 합니다. 그러나 시간 관계도 있으니 여러분 자신의 소개는 생략하고, 서기가 씨명을 낭독할 터이니 자리에서 기립해 주시기 바랍니다.

(서기가 의원·참여원·서기 명부 낭독)

의장(강필성(姜弼成)) : 다음으로 회의규칙 제3조 규정에 의해 의석을 결정하겠습니다.

추첨으로 정하게 되어 있으니 추첨을 바랍니다.

(서기가 추첨표 배부하고 의원은 추첨표를 개봉함)

의장(강필성(姜弼成)) : 난바 야이치(難波彌一) 의원은 결석이니 회의 규칙이 정한 바에 의해 서기가 대신 추첨하겠습니다.

의장(강필성(姜弼成)) : 추첨 결과를 보고하겠습니다.

(서기가 석차 씨명을 보고하고 석차번호표를 배부)

의장(강필성(姜弼成)) : 그러면 석차 번호에 따라 착석해주십시오.

(의원 착석)

의장(강필성(姜弼成)) : 다음으로 회의규칙 제48조 규정에 따라 의사록에 서명할 의원을 정하고자 하는데 이는 전례에 의해 의장 지명에 일임하려고 합니다. 이의 없습니까?

("이의 없음"이라고 말함)

의장(강필성(姜弼成)) : 이의 없으시니 제가 지명하겠습니다. 그러면 29번 다카하시 겐조(高橋謙三) 의원과 16번 김상혁(金相赫) 의원에게 부탁합니다.

오늘 제6회 임시도회를 개최하여, 최근 도회의원 총선거에서 대중의 희망을 떠맡고 의원의 영예를 얻으신 여러분과 만나게 되어 소회의 일단을 말씀드리고, 또 현재의 급무에 관해 도정을 토의할 기회를 얻게 되어 매우 기쁩니다.

천황폐하께서는 제72회 제국의회 개원식에서 칙어를 내리시어 시국에 관해 제국이 나아갈 바를 명확히 하여 국민이 나아갈 길을 명시해주셨습니다. 성지(聖旨)를 받들게 되어 진심으로 감격하는 바입니다.

저는 여러분과 함께 성실히 성지를 받들어 한 마음으로 봉공의 성의를 다하고자 합니다. (중략·편자)

의장(강필성(姜弼成)) : 오늘의 의사일정을 보고하겠습니다.

(서기가 의사일정 낭독)

의장(강필성(姜弼成)) : 지금부터 오늘 의사에 들어가겠습니다. (오전 10시 30분)

서기가 의안을 배부하겠습니다.

(서기가 의안 배부)

(중략·편자)

의장(강필성(姜弼成)) : 지금 29번 의원이 지나사변 출동 중인 아군 장병의 노고에 대해 감사 위문의 전보를 보내자고 했고 문안은 의장에게 일임하고 싶다는 동의(動議)를 냈습니다. 소정의 찬성자가 있으니 동의가 성립했습니다. 이 동의에 찬성하는 분은 기립해주십시오.

(기립)

의장(강필성(姜弼成)) : 모두 일치하니 확정합니다. 문안은 나중에 보고하겠습니다. 다음으로 동 의원이 이번 사변의 전사자 및 희생자의 영령에 대해 30초간 묵념을 올리자는 동의를 냈습니다. 이의 없습니까?

("이의 없음")

의장(강필성(姜弼成)) : 그러면 지금부터 30초간 묵념하겠습니다.

(서기, "기립" "묵도" "끝"이라고 호령함)

의장(강필성(姜弼成)) : 부의장 선거를 하겠습니다.

회의규칙 제26조 규정에 따라서 선거 입회인 2명이 필요하니 1번 의원 스에나가 쇼지(末永省二)와 6번 의원 신원희(申元熙)에게 부탁드립니다. 입회인석에 착석해주십시오.

(입회인이 투표함 옆에 착석)

의장(강필성(姜弼成)) : 그러면 투표용지를 배부하겠으니 투표해주십시오.

(서기가 투표용지 배부, 의원은 자리에서 투표를 기재하여 투표)

의장(강필성(姜弼成)) : 투표하지 않으신 분 없습니까?

의장(강필성(姜弼成)) : 투표를 종료하셨으니 개표하겠습니다. 선거 입회인은 개표 입회해주십시오. 이쪽으로 나와 주십시오.

(의장이 단상에서 개표 입회인에게 투표를 보인 후 씨명 낭독)

(서기가 결과를 의장에게 제출하고 입회인은 자기 자리에 착석함)

의장(강필성(姜弼成)) : 개표를 마친 결과를 보고하겠습니다. 총투표 29표 중 유효 투표 29표, 무효 투표 없고, 투표수는 장대익(張大翼) 25표, 이종준(李鍾駿) 3표, 가가지 이노스케(甲勝作之助) 1표로, 장대익 씨가 유효 투표 최다수로 당선되었습니다.

의장(강필성(姜弼成)) : 지금부터 부의장의 인사가 있겠습니다.

부의장(장대익(張大翼)) : 인사드리겠습니다. 이번 제6회 도회의 부의장 선거는 제도 개정 후 두 번째이고 저 같은 무자격자가 여러분의 호의에 의해 당선되어 중대한 직무를 맡게 되어 감사드립니다. 지금 어려운 국면을 극복하기 위해 매진해야 하는 국가 비상시에 신진기예 쪽이 당선되어 크게 활동해주어야 하는데, 저같이 늙고 무능한 자가 당선된 것은 감사하기보다도 오히려 몸둘 바를 모르겠습니다만, 사퇴를 하면 오히려 여러분의 호의에 반하는 것이라 생각하여 감히 이 임무를 맡겠습니다. 여러분의 원조와 지도를 바랍니다. 간단하지만 한 마디 인사를 드립니다.

의장(강필성(姜弼成)) : 아까 결의한 지나사변 출동장사 위문감사 전보의 문안을 보고하겠습니다.(중략-편자)

의장(강필성(姜弼成)) : 5분간 휴식하겠습니다.(오전 11시)

의장(강필성(姜弼成)) : 계속해서 회의를 열겠습니다.(오전 11시 10분)

의장(강필성(姜弼成)) : 다음은 도지사 제출의 부의 안건인데 이 제1호 의안과 제2호 의안 내용은 서로 관련이 있고 두 안건 모두 간단하니까 일괄해서 상정하고, 또 의안 낭독 및 독회를 생략하고자 하는데 이의 없습니까?

("이의 없음"이라고 말함)

의장(강필성(姜弼成)) : 이의 없으시니 제1호 의안 1937년도 황해도 세입출추가경정예산 건 및 제2호 의안 중소하천개수공사비 계속 연기 및 지출 방법 중 변경 건을 일괄 의제로 하겠습니다. 참여원이 설명하겠습니다.

번외(내무부장 사사키 추우에몬(佐佐木忠右衛門)) : 제1호 의안 1937년도 황해도 세입출 추가경정예산 건 및 제2호 의안 중소하천 개수공사비 계속 연기 및 지출 방법 중 변경 건에 대해 설명 드리겠습니다. 순서에 의해서 제1호 의안에 대해 말씀드립니다.

본안의 추가예산액은 총계 5만 5,221원이고 이를 세출경상부 2,588원, 동 임시부 5만 2,633원으로 나누어 이에 대한 세입은 임시부에 5만 5,221원을 추가하고 세입세출 동액이 되어 있습니다.

심의의 편의상 세출부터 시작하고 이하는 과목에 따라서 설명을 진행하겠습니다.

경상부 제4관 사무비 제3항 잡비 제1종목 접대비에서 1,400원을 추가한 것은, 최근 도세의 약진적 진전에 수반하여 여러 산업이 발흥하고 도정 운용과 기타에 관해 간담과 접대가 증가했고, 또 이번 사변 발발에 의해 도내를 통과하는 장병에 대한 위문 접대와 기타 시국에 관한 간담의 필요성이 격증하여, 기정 예산으로써는 부족하므로 그 최소한도를 증액한 것입니다.

제6관 권업비 제9항 종축장비에서 616원을 추가한 것은, 종래 호주에서 수입하는 면양에 대한 국고 보조금은 그 수입 알선자에게 교부되고 도와 기타 실제 구입자는 그 수입 가격에서 국고보조금을 차인한 금액으로 구입하였는데, 본년도는 상황에 따라 직접 보조금을 교부하는 것으로 되었으므로, 본년도 종축장에서 구입 예정인 면양 10두에 대한 상당액을 추가한 것입니다.

제8관 교육비 제2항 해주공립고등보통학교비에서 336원을 추가한 것은 본교의 교련 설비에 대해 국고에서 보조금을 교부해서 이를 추가하고 교련 용구의 충실을 도모하고자 한 것입니다.

제10관 사회사업비 제2항 지방개량사업비에서 236원을 추가한 것은 시국에 비추어 지방개량사업의 시설 중 하나로서 지방에서 부락민의 자치적 경방의 필요를 통감해서, 그 활동 지도에 필요한 사무용수용비 186원과, 성적이 우량하거나 혹은 단원 중 공로가 있는 자 등의 장려비로서 50원을 각각 계상한 것입니다.

다음은 세출임시부 제3관 토목비 계속비 본년도 지출액 중 제2항 중소하천개량공사비 본년도 지출액인데, 이는 제2호 의안과 관련이 있으니 지금 아울러 설명 드리겠습니다.

이 경비는 1937년도부터 1941년도까지 5개년 간 계속비로 되어 있습니다. 각 연도의 사무비 예산액은 해당 연도의 총공사비에 대한 9푼에 상당하는 액수로, 차년도 이후 공사를 시행할 하천의 준비 조사에 필요한 경비 약간을 더해 계상한 것인데, 준비 조사 경비의 연도할을 다소 변경하고 또 공사 실시 상황에 따라 명년도 이후 직원 수 등에서 절감이 가능해져서 이를 공사비로 돌리기로 했습니다. 각 연도 모두 연도할 총액에는 증감이 없습니다.

그래서 본년도에는 사무비 1만 7,325원을 절감하고 이와 동액을 공사비에 증액했습니다.

제11관 재해비 제4항 1,2,3등도로 수해복구비 9,800원을 새로 계상한 것은 최근 도내 각 지역에 호우가 있어서 도로와 구조물 등에 상당한 피해를 주어서 그 보수를 시행하고자 합니다.

다음으로 제12관 방공방호비를 신설하여 1만 6,918원을 계상했습니다. 지나사변 발발 이후 도 내에 57개소의 방공감시초소와 4개소의 감시대 본부가 배치되어 밤낮으로 방공을 담당하고 있습니다. 국민방공의 본뜻에 의거하여 감시초소에 근무하는 사람들은 가업을 쉬고 봉사를 하고 있어서 그 노고와 희생에 대해 깊이 감사드리지 않으면 안됩니다. 겨울이 되면 그 노고가 더 심해질 것이므로 감시초소의 방한 설비를 위해 경비 5,556원을 계상하고, 또 일반 민중의 방공 지식의 보급 철저를 도모하는 방공단원과 감시초소원의 교양 지도, 방공위원회의 설치 등 긴요한 것이 있어서 이에 따른 경비 5,895원, 그리고 이들의 지도, 연락 등의 사무비로서 476원을 계상하고, 또 도 청사 및 도 소속의 사무소 청사의 방호비 4,991원을 계상했습니다.

제13관 보조비의 제2항 권업비 보조에서 조선 내 생산 면양의 구입 마리 수의 감소에 따라 그 보조가 2,620원 감소했습니다. 수입 면양의 가격이 등귀하고 수가 증가했기 때문에 보조금 1,260원의 증가가 필요하게 되었습니다. 또 아까 말씀드린 이유에 의해 수입 양에 대한 국고보조금 1만 9,424원을 추가하여 차액 1만 8,064원의 증가를 보았습니다.

제6항 사회사업비 보조 중 제1종 지방개량사업비 보조에서는 아까 말씀드린 것처럼 자경단 조성에 필요한 2,212원을 추가하고, 제2종 복 교화사업비 보조에서는 도내 초등학교를 중심으로 한 청년단이 거의 전부 결성되고 있는 중인데 시국에 비추어 그 조직을 강화하고, 또 통제를 위해 각 군내의 청년단을 규합하여 군연합청년단을 조직시키고 이를 묶어낸 도 연합청년단의 결성을 촉진한 소요경비를 보조하기 위해 4,389원을 추가했습니다.

제14항 방공시설비 보조에서는 최근 각 곳에 설치하고 있는 방호단 조성을 위해 그 경비 보조 1,250원을 증액했습니다.

다음은 세입입니다.

임시부 제1관 조월금에서 3만 8,113원이 증가한 것은 본안 세출 추가액의 재원으로서 국고보조금 이외의 것을 1941년도 세계 잉여금의 증가액으로 구한 것입니다.

제2관 국고보조금의 제2항 권업비 보조에서 조선 내 생산 면양의 구입 마리 수의 감소에 따라 1,605원이 감소했습니다. 수입 양에 대한 국고보조금 2만 40원이 새로 교부되어서 차액 1만 8,435원을 증가하고, 제3항 교육비 보조에서 해주공립고등보통학교의 교련용 용구 설비비로서 336원 보조를 추가한 것입니다.

제8항에서는 방공방호의 여러 비용에 대해 5,637원이 새로 교부되었으므로 이를 계상했습니다. 이상으로 제1호 의안 1937년도 세입출 추가경정예산 건과 아울러 제2호 의안 중소하천개량공사비 계속 연기 및 지출방법 중 변경 건에 대한 설명을 마치겠습니다. 자세하지 않은 점이 있으면 질문해주시면 답변 드리겠습니다.

7번(이케 간이치(池貫一)) : 제1호 의안 세출 제12관 방공시설비 1만 1,927원 계상인데 지금 참여원의 설명에 의하면 방공감시대 본부 4개소, 감시초소가 57개소인데 그 정도 예산으로는 부족하지 않습니까? 부족하면 더 추가할 용의는 있습니까? 아까 지사 각하의 연술에도 있었던 것처럼 소위 장기 대책을 세우는 것이라면 좀 부족하다고 생각하는데 어떻습니까.

번외(경무과장 아카다(赤田正雄)) : 대체로 내년 3월까지는 이만큼으로 괜찮으리라 생각합니다. 이 방공감시대본부원이나 방공감시초소원은 국민적 의무로서 봉사하는 것이므로 경비 보조는 이것으로 충분하리라 생각합니다.

11번(송승엽(宋承燁)) : 방공시설비 보조에서, 도 내 57개소인 감시초소에 대해 보조한다면 1개소 당 극히 적은 금액인데, 내년 3월까지의 경비는 1개소 정도의 금액 아닙니까? 제 생각으로는 1,500원이나 1,600원 정도 들어갈 것이라 생각하는데, 국민의 의무로서 지방에서도 각각 기부금은 갹출하고 있지만 보조가 매우 적다고 생각합니다. 이를 도내 각 감시초소에 분배하는지, 감시초소에 어느 정도의 보조가 있는지 묻습니다. 가급적 시골에 보조를 해주시기 바랍니다.

번외(경무과장 아카다(赤田正雄)) : 제13관 제14항은 방호단에 대한 보조이고 제12관 제12항이 방공감시에 대한 경비입니다. 이는 도내 전부의 57개소에 대해 각각 실정에 따라 배분할 예정입니다. 지금은 어느 군 어느 감시초소가 몇 개라는 것은 확정하지 않았습니다.

3번(오원석(吳元錫)) : 지금 11번 의원의 말씀은 가급적 시골 쪽에 보조해달라고 말씀하셨는데 이 문제에 대해 지방별 다툼을 하는 것은 아니지만, 장연(長淵) 송화(松禾)와 같이 해안선은 매우 중국에 근접하고 있어서 경계를 충분히 해야 하는 점은 해주나 경성과 비할 바가 아니라고 생각합니다. 보조금을 해안선 쪽에 특히 증배하셔서 조선의 방공방호의 완벽을 기하고, 국토 방위의 목적을 달성해주시기 바랍니다.

번외(경무과장 아카다(赤田正雄)) : 지금 말씀하신대로 이는 일률적으로 배부하는 것이 아니라 각 감시초소의 정황에 따라 가장 타당하다고 생각되는 범위 내에서 배당할 생각입니다.

3번(오원석(吳元錫)) : 세출 제11관 재해비는 금년 수해복구 비용입니까? 당국이 도내 전반의 피해상황을 조사하셨겠지만, 제가 아는 범위에서도 복구가 필요한 곳은 상당하고 특히 서해안 지방은 피해가 심각합니다. 또 여기는 급히 착수하지 않으면 곧 겨울이 와서 공사 시행에 지장이 많으리라 생각하니, 급히 시행을 부탁드립니다.

번외(토목과장 이와나가(岩永彌榮)) : 답변 드립니다. 재해지 전체는 아닙니다. 이 예산 범위 내에서만 할 예정인데, 실시 개소는 전부 조사를 마쳤으므로 급한 곳부터 시행하려고 합니다.

28번(마쓰모토 토시오(松木세雄)) : 지금 의안 제1호과 2호를 보면 시국에 대치하는 가장 필요한 비용을 추가했고, 방공 방호에 종사하는 사람들로서는 더 많은 액수를 희망하겠지만 아까부터 참여원의 설명도 있고 또 연도의 반이 흘렀는데 이 정도의 추가예산에 그치는 것은 어쩔 수 없다고 생각합니다. 심의는 이 정도로 하고 제2독회로 넘어가면 어떻겠습니까?

10번(이승구(李承九)) : 아까 의장이 독회를 생략한다고 선언했으니 제2독회로 넘어가면 어떨까 생각합니다.

의장(강필성(姜弼成)) : 지금 28번 의원 말은 제2독회로 넘어가는 게 어떠냐는 말씀인데, 아까 말씀드린 대로 독회는 생략하므로 곧장 채결하면 어떻겠냐는 의미로 해석해도 지장 없겠습니까?

28번(마쓰모토 토시오(松本利雄)) : 그러면 채결하는 것으로 정정합니다.

29번(다카하시 겐조(高橋謙三)) : 세출 제12관 방공시설비 1만 1,927원에 대해서 아까 질문이 있었는데 저도 이 점에 대해 대단히 위험하다고 생각합니다. 물론 저도 시국 인식에 대해서는 상당히 연구하고 있지만 방공은 아무 지식이 없습니다. 도청 내의 감시초소를 보아도 대부분 희생적으로 활동하고 있는데 경비가 없어 곤란하다고 들었습니다. 이 비용을 도내 감시초소에 분배하면 1개 초소 약 100원인데 이것으로는 도저히 해나갈 수 없다고 생각합니다. 부족분은 지방의 부담으로 되는 것인지를 충분히 설명해주시면 좋겠습니다. 제 생각으로는 1개 초소에 1,000원은 들어갈 것 같은데 추워지는 이즈음에는 두말할 나위도 없다고 생각합니다. 또 감시초소의 임명, 조직, 지도, 감독 등은 어떻게 되어 있는지 설명을 바랍니다.

번외(경무과장 아카다(赤田正雄)) : 말씀하신 의견은 지당하고 그렇게 생각하지만 아까도 말씀드린 것처럼 방공감시초소의 임무는 국민적 의무여서 봉사적으로 하는 것으로 되어 있으므로 정부에서도 식비나 수당 지급은 인정하지 않습니다. 그러나 특정한 사람이 장기간 복무하면 힘드니까, 지난번 방공감시초소 조직 방법을 개정해서 감시초소 소재지의 지역민이 대체로 1개월에 2회 정도 동일인이 하는 식으로 조직하고 있어서, 특정한 사람만 희생하지 않도록 했습니다. 그리고 감시초소의 임무 내용은 항상 끊임없이 상공을 감시하고 피아(彼我) 비행기의 발견에 힘쓰고, 발견한 경우에는 곧장 그 시각, 기종, 수, 방향, 기타 파악되는 방공상 필요한 여러 점을 방위사령부에 통보하여 방공에 실수가 없도록 하는 것입니다. 물론 방위사령관의 지휘에 따라 복무하고 그 지도와 감독은 주로 경찰관이 담당합니다. 그리고 감시원의 임무를 물어보셨는데, 현재 부락민이 자발적으로 순번에 따라 복무하는 식으로 되어 있어서 별로 임면(任免)이라 할 문제는 일어나지 않습니다.

10번(이승구(李承九)) : 이 의안은 적당하다고 생각하고 아까 28번 의원의 동의(動議)에 찬성합니다.

26번(장대익(張大翼)) : 방공이란 것은 대단히 범위가 넓어서 적은 금액으로는 불가능합니다. 아까 3번 의원이 해안선 운운했는데 철도 연선에는 하루에 몇십 회나 군대가 통과하고 그 환송과 환영에도 막대한 노고와 경비가 필요합니다. 물론 방공과는 직접 관계가 없지만 특히 주의를 환기하고 싶습니다.

이 의미에서 제가 있는 관내의 문무(文武)의 같은 곳은 경성의주신 1등 도로에서 약 1리 떨어져있는데, 억이 만들어지고 나서 도로도 이어지지 않아서 자동차도 다니지 못하고 있습니다. 상세한 것은 잘 모르는데 도중에 산이 있긴 하시만 크시는 않으니까 대체로 1,000원 정도 공사비로 충분하지 않을까 생각합니다. 중대한 시국에 특별히 시급히 고려해주시기 바랍니다.

번외(토목과장 이와나기(岩永彌榮)) : 그 도로는 억이 아직 만들어지

지 않은 때의 임시 도로이고 금년은 예산에 올리지 않았지만 내년
에는 고려하겠습니다.

26번(장대익(張大翼)) : 내년이라고 하시는데 그렇게 느긋해서는 안됩
니다. 하루라도 그냥 둘 수 없는 상태이니 본년 중에 시행되길 바랍
니다.

도지사(강필성(姜弼成)) : 26번 의원에게 도지사로서 답변하겠습니다.
그 도로는 금년 중에 어떻게든 하는 것으로 하겠습니다.

11번(송승엽(宋承燁)) : 28번 의원의 동의에 찬성합니다.

도지사(강필성(姜弼成)) : 그러면 대체로 질의가 끝난 듯하니 28번 의
원의 채결 동의에 대해 정규 찬성도 있으므로 채결하고자 합니다.
이의 없습니까?

("이의 없음"이라고 말함)

의장(강필성(姜弼成)) : 이의 없으시니 채결하겠습니다.
제1호 의안 1937년도 황해도 세입출 추가경정예산 건, 제2호 의안
중소하천개수공사비 계속연기 및 지출방법 중 변경 건에 대해 원안
에 찬성하는 분은 기립해주십시오.

(전원 기립)

의장(강필성(姜弼成)) : 원안대로 가결 확정하겠습니다. 그러면 점심
시간이니 휴식하고 오후 1시부터 회의를 열겠습니다.(오후 0시 5분)

의장(강필성(姜弼成)) : 오전에 이어 회의를 열겠습니다.(오후 1시)
다음은 도제 제26조 규정 및 동 제29조 규정에 기초하여 도회의 권
한 위임에 의해 각각 전결 처분한 사건의 보고입니다. 제1호부터
제10호까지 10건이고 갖고 계신 자료를 보고 이해해주시기 바랍니다.

번외(내무부장 사사키 추우에몬(佐佐木忠右衛門)) : 제가 좀 설명 드

리겠습니다.

보고 제1호부터 제5호까지는 의안에 써있는 대로 전시사변 때 혹은 평시에 국가가 위급할 때 목숨을 바치거나 또는 심신에 장해를 입은 자의 가족과 유족에 대해서는 교육비 부담의 경감을 도모하고자 하는 것입니다. 급히 시행이 필요하기 때문에 도제 제26조 규정에 따라 전결 처분했습니다.

보고 제6호부터 10조까지는 도제 제29조 규정에 기초하여 도회의 권한 위임에 의해 처리한 것입니다. 이상 양해 바랍니다.

30번(모리모토 기쿠오(森本喜久男)) : 좀 말씀드리는데 이번 지나사변 발발 이후 2개월간 장병 송영을 각 지역 모두 성대하게 시행했는데 본도 내에서는 신막(新幕)역입니다. 부산, 대구, 경성, 평양, 신의주는 모두 부(府)이고 이들 지역에서는 위문품 같은 것도 훌륭한 물품을 내고 있습니다. 우리 황해도에서는 황주, 사리원 등에서 사과 등을 접대하는 식인데, 신막은 단순히 리(里)에 불과해서 호수도 100호도 안되고 정차시간은 1시간 20분의 정차를 하는 상태이고 제1, 제2, 제3차의 수송 때 수송열차 수가 많은 날에는 14열차나 통과하는 상태입니다. 그래서 민중은 모두 자지도 쉬지도 못하는 상태이고 상인들은 상업을 할 수 없는 등 생활에 지장이 있는 상황입니다. 듣기로는 제4차 수송은 다음 달 초부터 개시한다는데 이때 뭔가 방법을 써서 원조를 해주길 바랍니다. 다음으로 지금 도민의 한 사람으로서 묵인할 수 없는 점은, 사변 발발 이후 경찰관들이 매일 밤낮으로 신간 시대에서 식사도 못하면서 친로 경비를 하느라 편안한 날이 없는 모습이고, 이미 동도 충분하지 않다고 들었는데, 이들 다수의 경찰관에 대한 위문 방법을 강구해주시기 바랍니다.

그리고 정신적 위문 방법으로서 도회의 의견에 의해 신로를 받하고 싶습니다.

28번(마쓰모토 토시오(松本利雄)) : 지금 30번 의원의 동의(動議)가 있었는데, 저는 경찰관에 대해 감사의 뜻을 표하는 것에 찬성합니다. 아시는 것처럼 전도(全道) 일반 경찰관이 같은 활동을 하고 있지만 특히 철도 연선에 근무하는 경찰관은 시국 관계의 사무를 부담하는 외에, 경찰관 중에서도 소집에 응하는 자가 많으므로 적은 인원으로 밤낮으로 직무에 전념하고 있습니다. 그동안 어떤 사고도 없이 직무를 수행하고 있습니다. 이에 대해 물질적 방법에 의한 위문은 불가능할지도 모르지만 도회의 결의로써 감사의 뜻을 표하고 싶습니다. 부디 여러분은 만장일치로 찬성해주시길 바랍니다.

("찬성 찬성")

의장(강필성(姜弼成)) : 출정 군대의 송영으로 철도 연선 지역 분들은 직접 다양하게 애쓰신 점이 많고 도내 관민 모두 감사의 뜻을 표하고 있는데, 그 후 환송영하는 자가 점점 감소하는 기미가 있지 않나 생각합니다. 그것은 확실히 8월 13일부터라고 생각하는데, 종전에는 군부에서 몇 월 며칠까지 군대가 몇 시 몇 분에 통과한다는 통지가 있어서, 도청에서는 이를 관계 각 군이나 각 경찰서에 통지하고 일반에게 알렸습니다. 그런데 그 후 군대에서는 방첩 등의 필요 때문이라 생각되는데 군대 수송 시각 등을 비밀로 하게 되어 도에도 통지가 없습니다. 종래와 같이 통지가 불가능해서 일반도 군대의 통과 시각을 확실히 알지 못해 자연히 환송영 인원이 줄지 않았나 생각합니다. 도에서는 종래와 변함없이 성대히 환송영하도록 경찰서나 군을 통해서 시달을 했고 지역 쪽에서는 무언가의 방법을 써서 군대 통과시각을 알 수 있다고 생각되는데, 종래와 같이 열성적인 환송영을 하고 용두사미가 되지 않도록 해주길 바랍니다. 이에 관해 긴급동의가 있었지만 결의는 하지 않고 의견으로서 들어두겠습니다. 그리고 둘째, 철도연선 각지 경찰서의 노고에 대해 도회가 감사 위문 전보를 보내는 게 어떤가에 대해서는 소정의 찬성이 있으면 그렇게 하고자 합니다.

3번(오원석(吳元錫)) : 30번 의원이 낸 긴급동의에 찬성합니다.

11번(송승엽(宋承燁)) : 역 소재지의 경찰관뿐만 아니라 역 소재의 군수 소방조에 대해서도 감사 전보를 타전하길 바랍니다.

의장(강필성(姜弼成)) : 군수에 대해서는 어떻게 할까요. 원래 냉정하게 생각하면 이번 사변에 대해서 진력하는 길은 전장이나 총후에서 각각 자신의 직무에 따라 임하는 것이고 이는 국민의 의무로서 당연하다고 생각합니다. 단 정도에 따라 경찰관은 문자 그대로 자지도 쉬지도 못하고 직무에 종사하고 있으니 특별히 감사 위문의 뜻을 표해도 좋다고 생각하지만, 군수나 소방조에도 그렇게 하는 것은 어떤 것 같습니까.

11번(송승엽(宋承燁)) : 의장 말씀대로입니다. 우리는 비상시국에 총후에서 노력을 다하고 있는 것입니다. 저는 철도연선의 경비를 담당하는 경찰관뿐만 아니라 일반 경찰관에 대해서도 사의를 표하고 싶습니다.

7번(이게 간이지(池貫 一)) : 의견이 구구한데 저는 30번 의원의 동의에 찬성합니다.

19번(강정헌(姜貞顯)) : 28번 의원 말씀은 연선의 경찰관에 대한 것인데, 저는 도내 전체 경찰관에 대해서 사의를 표하고 싶습니다.

의장(강필성(姜弼成)) : 그러면 동의(動議)의 내용이 달라진 것입니다. 19번 의원의 동의에 대해서 찬성자가 없으면 동의가 성립하지 않습니다.

의장(강필성(姜弼成)) : 지금 30번 의원이 철도연선 경계를 담당하고 있는 경찰관의 노고에 대해 감사 위문 전보를 보내자는 동의에 대해 찬성자가 있고, 동의가 성립했으므로, 채결하겠습니다. 찬성하는 분은 기립해주십시오.

(기립)

의장(강필성(姜弼成)) : 다수입니다. 30번 의원의 긴급동의는 가결 확정했습니다.

번외(경찰부장 히토스키 도헤이(一杉藤平)) : 지금 철도연선 각지의 경계를 담당하고 있는 경찰관에 대한 감사위문 전보를 발하기로 결의한 것에 대해 경찰부장으로서 심심한 경의와 감사의 뜻을 표합니다. 아시는 것처럼 우리 경찰관은 과거 3개월간 신명을 바쳐서 임무에 복무하고 있고 이미 그 중에는 병 때문에 죽은 사람도 있습니다. 그러나 동양의 영원한 평화를 위해 중국 응징을 하는 군대 수송을 안전하게 하고자 이후 모두 사력을 다해 만전을 기하여 기대에 부응하도록 더욱 노력할 생각입니다. 감사의 말씀을 드립니다.

의장(강필성(姜弼成)) : 전문은 의장에게 일임하는 데 이의 없습니까?

("이의 없음")

의장(강필성(姜弼成)) : 그러면 문안을 작성하기까지 30분간 휴식하겠습니다.

(오후 1시 24분)

의장(강필성(姜弼成)) : 계속해서 회의를 열겠습니다.

(오후 2시)

아까 결의한 감사 전보안을 보고하겠습니다. 불만스러운 점이 있으면 기탄없이 정정해주십시오.

〈전보안〉

군사수송을 위해 연일 밤낮으로 철도 경비의 중책을 담당하고 있는 경찰관 여러분의 노고에 대해 제6회 도회는 결의에 의해 심심한 사의를 표함. 황해도회의장 강필성(姜弼成). 김천, 남천, 서흥, 사리원, 겸이포, 황주 경찰서장 앞.

(일동 박수)

의장(강필성(姜弼成)) : 그러면 이대로 시행하겠습니다. 이것으로 안건 전부를 논의 완료했습니다. 폐회에 앞서 한 마디 인사드립니다. 여러분이 이 중대한 시기에 공사다망함에도 불구하고 제안된 안건에 대해 열심히, 신중하고 명랑하게 심의해주셔서 사안 전부의 협찬을 얻게 된 것은 비상시국에 대처함에 있어서 또 도치를 위해 도민과 함께 감사드립니다. 여러분은 본도 160만 도민의 선량으로서 도치의 일반을 담당하고 있습니다. 도 시설은 모두 여러분의 협력 원조를 얻어야 하지만 특히 전시체제하의 현재에는 더욱 중요합니다. 이 점을 특히 이 자리에서 바라는 바입니다. 국가 비상시인 이 가을에 국가를 위해 더욱 건투해주시길 바랍니다.

7번(이게 간이치(池貝 ＿)) : 오늘은 제6회 도회가 개최되고 1937년도 황해도 세입출추가경정예산 건 외 1건이 상정되었는데 의안 전부 심의를 마치게 되어 매우 기쁩니다. 특히 본 회의는 사변 관계의 방공비 등 여러 예산이 계상되었고 시국에 비추어 볼 때 매우 기쁜 일입니다. 지금 우리 황군은 중국 응징을 위해 파죽시세로 진군하고 있습니다. 더욱이 기후 풍토가 다른 곳에서의 장병의 노고는 우리의 상상을 뛰어넘는 것입니다.

시는 이제 도민의 복리증진에 노력하는 것이 총후국민의 책무이니 지극히 성실하게 노력하고자 합니다. 마지막으로 지사 각하를 비롯하여 참여원, 서기, 각 신문기자단 여러분에 대해 깊은 감사를 드립니다.

도지사(강필성(姜弼成)) : 이로써 제6회 황해도회를 폐회하겠습니다.

(오후 2시 10분)

Ⅱ
부회 회의록

1. 대구부회 회의록

1) 대구부회 회의록 초본(1937년 3월 30일)

항 목	내 용
문 서 제 목	大邱府會會議錄抄本
회 의 일	19370330
의 장	門脇默一(대구부윤)
출 석 의 원	達捨藏(1), 小西裕(2), 本多良綠(3), 小野英勇(4), 黑川圓治(5), 김완섭(金完燮)(6), 內山喜一(9), 蘇鎭武(10), 白井義三郎(11), 배정기(裵鼎基)(12), 배병열(裵炳列)(13), 坂本俊資(14), 塚原宇一(16), 松本誠一(17), 배국인(裵國仁)(18), 허지(許智)(19), 정운용(鄭雲用)(20), 山北光德(22), 진희태(秦喜泰)(23), 立木要三(24), 주병환(朱秉煥)(25), 高田官吾(26), 島田金四郎(27), 大澤新三郎(28), 임상조(林尙助)(30), 古谷治補(31), 윤병은(尹炳殷)(32), 大場金藏(33)
결 석 의 원	小野元太(7), 田中弘眞(8), 靑木勝(15), 추병섭(秋朱涉)(21), 池本猪三郎(29)
참 여 직 원	田淵保美(부속), 吉村來治(부속), 中川純一郎(부속), 多羅尾增男(부속), 서윤석(徐允錫)(부속), 김재익(金在翊)(부속), 岡田榮(부주사), 速水隆三(부기사), 長房德(부기사), 三島活三(부서기), 德森護(부서기), 新井輝司(부서기), 眞子文作(부서기), 宮本宇平(부기수)
회 의 書 記	三島活三(부서기), 原本宇貞(부고원)
회 의 서 명 자 (검 수 자)	門脇默一(대구부윤), 주병환(朱秉煥)(25), 高田官吾(26)
의 안	의안 3호 세출비 변경의 건, 4호 와사사업 특별회계 예산, 5호 시가도로와 하수도 개수비 기재 건, 6호 소방소 및 차고 개축비 기재 건, 7호 승합자동차 사무소 및 차고신축비 기재 건, 8호 대구부 시장사용조례 개정 건, 9호 수수료 조례 개정 건, 11호 도로포장비 세출비 변경 건
문서번호(ID)	CJA0003267
철 명	대구부일반경제관계서철

건 명	대구부승합자동차사무소및차고신축비충당기채건회의록도면첨부
면 수	10
회의록시작페이지	779
회의록끝페이지	788
설 명 문	국가기록원 소장 '대구부일반경제관계서철'의 '대구부승합자동차사무소및차고신축비충당기채건회의록도면첨부'건에 포함된 1937년 3월 30일 대구부회 회의록 초본

해 제

본 회의록(총 10면)은 국가기록원 소장 '대구부일반경제관계서철'의 '대구부승합자동차사무소및차고신축비충당기채건회의록도면첨부'건에 포함된 1937년 3월 30일(제9일) 대구부회 회의록 초본이다.

의안 제3호 계속비 변경 건과 제4호 가스사업 특별회계 예산을 의제로 하고 있다. 오바 긴조(大場金藏) 의원이, 가스 사업 때문에 일반경제에 영향을 주어서는 안된다며, 부 이원이 근무 외 시간에 가스 권유를 하고 다니면 일반경제에 속하는 사업의 능률을 저해하는 것 아니냐고 문제제기하고 있다.

내 용

의장(가도와키(門脇默一) 부윤) : 어제에 이어 계속 개회하겠습니다. (오후 1시 45분)

(중략-원문)

의장(가도와키(門脇默一) 부윤) : 일정에 들어가서 의안 제3호 계속비 변경 건 및 제4호 가스사업 특별회계 예산을 의제로 하겠습니다.

번외(오카다 사카에(岡田榮) 주사) : 계속비를 변경한 이유는 그 이유서에 나와있는 대로, 지출에서 직공 대기실 기타 600원, 사무소 2,400원, 공사(公舍) 2,500원을 경정하고, 건축비에서 화부(火夫) 대기실 1,020원, 화부장 주택 1,125원, 그리고 공수(工手) 급여로 50원입니다. 공수로 고용할 사람을 얻기가 힘들어서 780원을 예상하고 있습니다. 신영비에서, 집을 빌려 사무소로서 사용하기 때문에 그 금액이 800원, 그에 부수해서 전화 설치비가 1,879원, 전화 사용료 96원, 차가료의 잡비 350원, 그리고 또 간판 등 지출에 100원이 필요하므로 400원, 그래서 750원입니다. 총 금액에 영향 없이 내용을 변경했습니다.

의장(가도와키(門脇默一) 부윤) : 제1독회를 열겠습니다.

4번(오노 에유(小野英勇)) : 저는 본건 심의에 들어가기 전에 한 가지 묻고 싶습니다. 일반 예산의 1독회에서도 질문했는데, 이 공사 시공 인가 신청 중에 있을 텐데 상당히 시일이 경과했음에도 아직 인가 지령을 접하지 못했습니다. 이것은 전망이 있는 것입니까? 몇 번이나 이 본건 계속비에 대해서는 변경을 해왔습니다. 그리고 또 하나는, 아까 부윤이 설명하셨는데, 가옥 임차를 하는 것은 좀 저는 아직 생각할 수 없는 것이라서 이 두 가지 점에 대해 질문합니다.

번외(오카다 사카에(岡田榮) 주사) : 인가 지령은 곧 오기로 되어 있습니다. 그리고 임차에 대해서는 사무소가 제조소 가운데에 설치될 예정이었는데 이 제조소가 신암동(新岩洞)에 있어서 거기에서 사무를 집행하기 곤란한 사정이 있고, 동시에 이러한 사업은 역시 정(町)의 중앙에서 영업소 겸 사무소로 하는 편이 좋다고 생각해서 적당한 장소를 선택해서 신축하고자 생각했습니다만, 좀처럼 적당한 장소가 발견되지 않아서 급히 차가(借家)를 하기로 바꾼 것입니다.

4번(오노 에유(小野英勇)) : 지금 답변에 인가가 곧 온다고 한 것은 뭔가 확실한 당국의 언질이 있는 것입니까? 단지 올 것이라고 예상하고 있는 것입니까. 3개월 5개월이나 연기되면 공사 시행은 물론 모든 점에서 차질이 빚어지리라 생각합니다. 이 점을 좀 명확하게, 의원 여러분이 안심할 수 있도록 답변해주시길 바랍니다. 그리고 급히 바꾸셨다고 말씀하셨는데 이 차가는 일시적입니까 아니면 장래 건축할 때까지 차가하는 것입니까? 이 점을 묻습니다.

가도와키(門脇默一) 부윤 : 공사 인가 신청은 상당히 조사할 시간도 필요하고 그동안 여러 자료를 주고 받았습니다. 이들 자료는 이미 조사를 끝내고 상부의 결재를 받을 정도까지 와있으므로, 곧 인가될 것이라고 말씀드린 것입니다. 그리고 다음 질문은 정(町) 가운데에 영업소를 두는 것이 필요하고 공사 위치를 변경하면 자연히 영업소를 따로 설치해야 하는 사태가 되므로, 건축을 할 때까지는 당분간 거기서 사무소를 겸해서 영업소를 두는 방도를 생각하고 있습니다. 이 당분간이라는 의미는, 물론 일이 진행되어가서 여러 상황이 좋은 시기가 오면 물론 독립적인 건축을 해야 한다고 생각합니다.(4번, "알겠습니다"라고 말함)

12번(배정기(裵鼎基)) : 예산에는 직접 관련 없지만 역시 가스 문제에 대해서 질문 드립니다. 대구부에서 가스 사업을 하는 게 좋겠다는 다수의 의견으로써 우여곡절 끝에 난관에 난관을 거듭하여 탄생했습니다. 그 이상을 성취할 것이라 의심하지 않습니다만, 이 가스 사업이 대구에 인가되어 대구부가 사업을 일으키게 된 것을 경축하는 축하회 같은 것을 열 계획은 없습니까. 그리고 또 하나는 이 공사 인부 급여가 600원인 것이 연 80원 증가하고 있습니다. 파란도 많고 곡절도 많았던 이 사업을 경영할 때 고급 인원을 채용하면 우리도 손해가 아니고 면목도 서겠지만 아직은 곤란하다고 생각합니다. 이 공사 급여라는 것은, 고등 기술이 필요한 것이 아니고 거기에 맞는 기량이 있으면 그 정도로 좋지 않을까 생각합니다. 처음에 계속비를 짤 때에는 600원 정도였는데 갑자기 15원 증가하고 있습니다. 아까 설명으로는 사람을 들이기가 어렵다고 하는데, 인건비 같은 것을 늘렸다가 성적이 좋지 않으면 어쩌나 우려가 듭니다. 50원 예산을 짰을 때는 이 50원으로 사람을 얻을 수 있다고 생각하셨다가, 그것을 갑자기 15원 증가해야 한다면 거기에 뭔가 타당한 사정이 있어야 한다고 생각합니다. 그 사정은, 말하자면 공사 인부에 적당한 인물을 일본 등지에서 초빙해오는 것인가 하는 것을 묻습니다.

번외(오카다 사카에(岡田榮) 주사) : 공사 인부를 고용하는 데 대해 예산을 짠 당시는 50원으로 고용하려는 생각이었지만, 첫 공사이고 숙련된 사람을 지역에서 얻을 수 없습니다. 일본에서 초빙하려면 50원으로 불가능하기 때문에 15원을 늘린 것입니다.

가도와키(門脇默 -) 부윤 : 축하회는 할 의사는 없습니다만 가을까지는 낙성식을 하게 될 것이니, 축하일지 축하가 아닐지 그것은 모르겠습니다만 어하튼 낙성식을 하겠습니다.

("진행"이라고 말하는 자 있음)

가도와키(門脇默 -) 부윤 : 이제 됐습니까?

33번(오바 긴조(大場金藏)) : 질문이 있습니다. 1936년도에도, 또 1937년도에도 잡비 난에 선전 및 권유비(勸誘費)라는 것이 있습니다. 가스 사업은 독립적인 하나의 영리사업이 원칙이고 반드시 대부분의 특별회계를 시행해야 합니다. 따라서 특별회계로써 조직해야 하고 일반회계와 혼동하는 것이 장래 있어서는 안된다고 생각합니다. 우어 금전 끝에 성립한 가스 사업이므로 대부분민이 가스 경영에 바라는 바를 충분히 살피셔서 일반경제에서 장래 손실을 보전하는 일이 없도록, 일반경제를 침범하지 않도록 고려해주셔야 합니다. 듣기로는 이미 직접적인 금전 지출은 아니지만 여러 의미에서 일반경제를 잠식하고 있다는 느낌이 들었습니다. 대구부 이원들이 이 가스 권유를 담당하고 있다는 이야기가 있습니다. 이는 도대체 어떤 방법으로 보내게 된 것입니까? 선전 및 권유라는 이 비목(費目)하에 이원에게 일을 시키고 있는 것입니까? 혹은 근무시간 외에 특별히 조력해서 일하고 있는 것입니까. 그 방식을 듣고 싶습니다.

가도와키(門脇默一) 부윤 : 아직 권유를 진행하고 있지는 않습니다. 단 부 이원을 시킬 경우는 자기 담당 근무 이외로 시키고자 합니다.

33번(오바 긴조(大場金藏)) : 근무 이외로 부 이원을 시킬 경우 수당도 없습니까?

가도와키(門脇默一) 부윤 : 수당은 따로 없을지도 모릅니다.

33번(오바 긴조(大場金藏)) : 그렇다면 처음부터 제가 요망한 것처럼, 부 당국에서 특별경제로 한 본래 취지에 배치됩니다. 일반이 직접 돈을 내고 있는 부 이원을 근무 시간 외에 어느 정도까지 일하게 하는 것은 일반경제에 속하는 사업의 능률을 올리지 못하도록 방해합니다. 그렇게 되면 참된 특별경제가 아니라고 생각하는데 이 점이 확실하지 않은 것입니다.

가도와키(門脇默一) 부윤 : 특별경제라는 것을 어떻게 생각하고 계신지는 모르지만 회계만을 특별히 한다는 것입니다. 수도를 특별회계로 하면 수도 회계만을 특별히 하는 것이고 전체가 이 단체 내의 생활입니다. 계원(系員)은 수도에 대한 일도 하고 버스나 가스에 대한 일도 하는 것이라고 가르치고 있습니다. 단 자기 근무를 소홀히 해서는 안됩니다. 이렇게 양해해주시길 바랍니다. 또 모든 부의 경영은 거부일치(舉府一致) 즉 전 부민이 마음을 합하는 식으로 되어야 합니다. 단 회계를 혼란에 빠뜨리거나 근본을 거스르는 것은 경계해야 합니다. 제가 말씀드리지 않아도 이미 잘 아시리라 생각합니다. 그리고 수당을 주는지의 여부는, 수당이라는 것은 단지 지급할 때 타인에게 주는지 아니면 자기가 사용하는 사람에게 주는지의 문제이고, 그것은 논할 것까지도 없다고 생각합니다.

("진행, 진행"이라고 말하는 자 있음)

의장(가도와키(門脇默一) 부윤) : 이제 됐습니까?

("이의 없음"이라고 말하는 자 있음)

제2독회로 넘어갑니다. 별로 의견 없으시면 채결하겠습니다.

("이의 없음"이라고 말하는 자 있음)

의장(가도와키(門脇默一) 부윤) : 그러면 원안대로 결정해도 좋겠습니까?

("이의 없음"이라고 말하는 자 있음)

그러면 원안대로 결정하겠습니다.

의장(가도와키(門脇默一) 부윤) : 제5호 의안 시가도로와 하수도 개수비 기재 건을 의제로 하겠습니다.

("이의 없음"이라고 말하는 자 있음)

원안대로 결정해도 좋겠습니까?

("이의 없음"이라고 말하는 자 다수)

이의 없으시니 제5호 의안은 원안대로 결정하겠습니다.

("6호 의안 이의 없음"이라고 말하는 자 있음)

의장(가도와키(門脇默一) 부윤) : 제6호 의안을 의제로 하겠습니다. 소방시 및 자고 개축비 기재 건입니다.

("이의 없음"이라고 말하는 자 있음)

이의 없으시니 원안대로 결정합니다.

의장(가도와키(門脇默一) 부윤) : 제7호 의안 승합자동차 사무소 및 차고 신축비 기채 건을 의제로 하겠습니다.

("이의 없음"이라고 말하는 자 다수)

원안대로 결정해도 좋겠습니까?

("이의 없음"이라고 말하는 자 다수)

이의 없으시니 원안대로 결정하겠습니다.

의장(가도와키(門脇默一) 부윤) : 의안 제8호 대구부 시장사용조례 개정 건을 의제로 하겠습니다.

("이의 없음"이라고 말하는 자 있음)(웃음소리)

("특별히 변한 것만 말해주세요"라고 말하는 자 있음)

그러면 원안대로 괜찮겠습니까?

("이의 없음"이라고 말하는 자 다수)

이의 없으시니 원안대로 결정합니다.

의장(가도와키(門脇默一) 부윤) : 의안 제9호 수수료조례 개정 건을 의제로 하겠습니다.

("이의 없음, 진행"이라고 말하는 자 있음)

괜찮겠습니까?

("이의 없음, 이의 없음"이라고 말하는 자 다수)

그러면 제9호 의안은 원안대로 결정했습니다.

(중략-원문)

의장(가도와키(門脇默一) 부윤) : 그러면 제11호 도로포장비 계속비 변경 건을 의제로 하겠습니다. 괜찮습니까?

("이의 없음"이라고 말하는 자 다수)

그러면 이의 없으시니 원안대로 결정합니다.

(중략·원문)

의장(가도와키(門脇默一) 부윤) : 그러면 이번 회의의 의사록 서명자로 25번 주병환(朱秉煥) 의원과 26번 다카다(高田官吾) 의원을 원합니다.

가도와키(門脇默一) 부윤 : 폐회 인사를 올립니다. 내년도의 일반, 특별의 중요한 예산과 이에 수반하는 여러 중요한 의안에 대해 번거롭게 여러 날에 걸쳐 심의해주셔서 진심으로 감사드립니다. 여러분의 많은 의견을 들었고 또 중요한 희망 등을 잘 들었습니다. 우리가 집무할 때 큰 참고가 될 것입니다. 뿐만 아니라 긴급히 실시하고 연구할 것이 많다고 생각합니다. 우리 부의 재정이 충분하지 않기 때문에 아직 그 희망과 의견을 시행할 수 없어서 예산 편성 때 고충이 컸고 유감으로 생각합니다. 장래 순차적으로 고찰과 연구를 더해 착착 완수하여 이 대도시를 형성하고 싶습니다. 예산을 집행할 때는 경솔하지 않게 하고자 합니다. 연일 심의해주셔서 깊이 사의를 표하고 이로써 본회의를 폐회합니다. 수고 많으셨습니다.(박수) (오후 3시 25분)

2) 대구부회 회의록 초본(1937년 7월 17일)

항 목	내 용
문 서 제 목	大邱府會會議錄抄本
회 의 일	19370717
의 장	
출 석 의 원	達捨藏(1), 小西裕(2), 小野英勇(4), 黑川圓治(5), 김완섭(金完燮)(6), 田中弘眞(8), 內山喜一(9), 소진무(蘇鎭武)(10), 白井義三郎(11), 배정기(裵鼎基)(12), 배병열(裵炳列)(13), 坂本俊資(14), 塚原宇一(16), 松本誠一(17), 배국인(裵國仁)(18), 허지(許智)(19), 추병섭(秋朱涉)(21), 진희태(秦喜泰)(23), 立木要三(24), 주병환(朱秉煥)(25), 高田官吾(26), 島田金四郎(27), 大澤新三郎(28), 池本猪三郎(29), 임상조(林尙助)(30), 윤병은(尹炳殷)(32)
결 석 의 원	本多良綠(3), 小野元太(7), 靑木勝(15), 정운용(鄭雲用)(20), 山北光德(22), 古谷治輔(31), 大場金藏(33)
참 여 직 원	田淵保美(부속), 吉村來治(부속), 太田金吉(부속), 서윤석(徐允錫)(부속), 岡田榮(부주사), 速水隆三(부기사), 長房德(부기사), 三島活三(부서기), 新井輝司(부서기)
회 의 書 記	三島活三(부서기), 佐佐木運一郎(부고원), 原本守貞(부 고원)
회 의 서 명 자 (검 수 자)	古市進(대구부윤), 임상조(林尙助)(30), 윤병은(尹炳殷)(32)
의 안	의안 18호 1937년도 대구부 세입출예산 추가 건, 19호 와사사업비 계속비 변경 건, 20호 1937년도 대구부 와사사업비 특별회계 세입출예산 추가경정 건, 21호 와사사업비 추가 기채 건, 22호 대구부 제4회 공채조례 중 개정 건
문서번호(ID)	CJA0003267
철 명	대구부일반경제관계서철
건 명	대구부가스공급사업기채건-회의록첨부
면 수	11
회의록시작페이지	976
회의록끝페이지	985
설 명 문	국가기록원 소장 '대구부일반경제관계서철'의 '대구부가스공급사업기채건-회의록첨부'건에 포함된 1937년 7월 17일 대구부회 회의록 초본

해 제

본 회의록(총 11면)은 국가기록원 소장 '대구부일반경제관계서철'의 '대구부가스공급사업기채건-회의록첨부'건에 포함된 1937년 7월 17일 대구부회 회의록 초본이다.

대구부영 가스 사업은 총공사비 23만 2,000원을 전부 기채에 의해 실시 중인데, 10월까지 1차 공사를 완료하여 배급 개시를 할 예정이었다. 그런데 공사 재료비가 급등하여 곤란에 부딪히고 반면 신청자는 증가하여 1,000호 예정이 1,500호로 증가한 것을 볼 수 있다. 이로 인해 가스 사업에 소요되는 총 경비를 4만 4,000원 추가하여 27만 2,000원으로 하는 것을 심의하고 있다.

내 용

(상략-편자)

의장(후루이치 스스무(古市進) 부윤) : 다음으로 의안 제19호와 20호, 그리고 21호, 22호는 모두 관련 있는 사항이므로 일괄해서 상정하겠습니다. 제1독회를 열겠습니다.

26번(다가다(高田官吾)) : 제19호 의안부터 20호, 21호, 22호까지 네 개 안은 관련이 있습니다. 별로 이의가 없으니 독회를 생략하고 가결 확정하길 바랍니다.

("찬성 찬성" "이의 있음"이라 소리치는 자 있음)

의장(후루이치 스스무(古市進) 부윤) : 독회 생략하고 가결 확정하자는 의견인데 어떻습니까.

9번(우치아마(內山嘉一)) : 가스사업은 대단히 부 당국에서도 또 부민의 이해관계에서도, 또 동시에 도시정책상에서 보아도 중대한 문제입니다. 그렇다면 이렇게 특별경제가 되어 장래에 중대한 영향을 미칠 문제에 대해 독회를 생략한다면 매우 부당합니다. ("옳소"라 소리치는 자 있음) 따라서 저는 이 예산에 대해 질문하고 싶은 것이 있습니다. 이 부생물(副生物) 수입 54원으로 되어 있습니다. 부수입으로서 코크스 4,370원, 코타르 634원을 수입 예산으로 예정하고 있는데, 이는 전의 예산 수입과 변화 없는 것 같습니다. 그런데 물가 등귀 때문에 세출 쪽은 대단히 예산 변화를 가져오고 있습니다. 세출이 결국 증가한다면 그 반면에 수입도 어느 정도는 증가해야 합니다. 이 부수입인 코크스 혹은 코타르는 단가를 얼마로 매각한 금액입니까? 그리고 봉급 부분에서, 전반적으로 대단히 잡급이 많은 듯합니다. 예산을 보면 이는 인원을 늘린 것으로 보입니다. 또 세 번째로 가스기구 구입비로 1,200원 추가하고 있는데, 이 기구비는 일반 부민에게 매각할 때 원가로 한다, 가급적 공공사업이니 한 푼의 이익도 얻지 않는다는 것이 입증되어야 하는데, 과연 완전무결한 기구인가 하는 점이 의문입니다. 거기에 다소 얼마간의 이익을 예상하지 않는다면 그 손실은 부에서 부담해야 합니다. 완전무결한 것이라면 좋지만 그렇지 않은 한 위험율을 예상해야 한다고 생각하는데, 매입한 원가로 매각하는 것은 장래에 틀림없이 어디까지나 원가주의로 하는 것입니까? 그리고 예비비로 1,072원을 계상하고 있는데 72원이라는 단수를 붙인 것은 무슨 까닭인지, 수지의 균형을 맞추기 위해 계상한 것은 아닌지, 그 내용을 말씀해주십시오.

번외(오카다 사카에(岡田榮) 주사) : 코크스 수입은 1톤당 23원, 코타르는 하나에 4전으로 보고 있습니다. 그리고 잡급에서 제조비나 공급비에 각각 이를 계상한 것은, 공급사업을 개시할 시초에는 이 정도의 인원이 있지 않으면 사업이 불가능하다고 생각했기 때문입니다. 그리고 1,200원의 기구판매수입인데, 기구는 계속비에서 1,200원 정도를 계상하고, 그것을 수입으로 본 것입니다. 여기에 계상한 경비는 영업소에 준비해둔 기구대이고, 영업소를 만들면 그것을 유지해갈 가스 스토브라든가 여러 진열용 물품에 들 1,200원의 돈입니다. 그리고 예비비는 미리 이러이러한 곳에 쓴다는 내용을 갖고 있는 것은 아닙니다. 예산이 부족한 경우에 부족한 비목에 충당하는 것입니다.

9번(우치야마(内山喜一)) : 예산 편성 때 균형을 맞추느라 72원이라는 숫자가 나왔을지도 모릅니다만, 사업에 있어서 자신이 없는 부분을 넌지시 비추고 있는 기구 구입비가 1,200원이고 이것을 원가 매각하여 역시 1,200원으로 하고 있습니다. 부에서는 가스 기구에 대해서는 부민을 위해 한푼도 취하지 않고 원가주의로 매각하는 것입니까?

부윤(후루이치 스스무(古市進)) : 그렇습니다.

9번(우치야마(内山喜一)) : 가스기구는 한 푼의 이익도 보지 않고 매각한다는 말은 신중하게 연구하셔서…

부윤(후루이치 스스무(古市進)) : 좀 부가해서 말씀드리는데, 원가로 팝니다. 단 전체 수량에 대해서는 판매점 쪽에서 보태(歩戻)[3]가 있는 것입니다. 이러한 점이 부의 위험 부담을 덜어주는 것입니다.

4번(오노 에유(小野英勇)) : 저는 독회 생략에 대한 찬성을 보류합니다. 이 안을 제안하신 이유에 대해 설명이 없습니다. 그 설명과, 지금까지의 성과에 대해 좀 듣고 싶습니다. 대체로 이 건은 속히 의결해야 하는 것이라 저도 생각하지만, 지금 심의를 하는 한 사람으로

3) 일단 정가대로 매매한 것을 나중에 얼마간의 할인을 해서 대금을 돌려주는 것.

서 어떤 식으로 되어 가는지, 어떤 상태인지 하는 점을 들을 필요가 있다고 생각합니다.

의장(후루이치 스스무(古市進) 부윤) : 저도 그렇게 처리하고 싶었는데 여러분 중 독회 생략하자는 의견을 낸 분이 있어서… (웃음 소리)

번외(다부치(田淵保美) 부속) : 지금 의장이 상정하신 예산에 대해 저는 대체적인 설명을 할 의무가 있고, 제가 발언 기회를 구했으나 독회 생략하자는 동의가 나와서 그 기회를 부여받지 못한 점은 심히 유감이었습니다. 이번 예산을 변경한 것은 아시는 것처럼 23만 2,000원의 기채를 재원으로 하자는 것으로 편성한 것입니다. 올해 예산을 제안할 당시에 이미 철의 가격은 폭등해가는 중이었습니다. 그러나 재계가 극히 변동해가는 시기라서 다분히 위험한 점을 생각하고 있었으나 실행에 들어가고 나서 과연 부족할지 어떨지를 판단할 수 없는 상황이었습니다. 그래서 이 원안으로써 승인을 받은 것입니다. 철관은 예산 범위에서 완전히 구입 가능하지만 그 외의 기구나 부속품류는 결국 등귀한 가격으로 살 수밖에 없는 상태가 되었으므로 뭔가 타개책을 강구한 결과, 앞의 계획에서는 우선 1,000호를 표준으로 하고 뒤는 서서히 확장해가려고 했던 것을, 1,500호로 하는 것으로 여러 조사를 진행했는데, 1,500호를 공급할 수 있다는 자신이 있었으므로 1,500호를 표준으로 하여 예산 변경을 한 것입니다. 현재 예산은 대체적으로 이 철관 이외의 물품 등귀에 의해 약 1만 8,000여 원이 그 전 예산보다 증액된 형태입니다. 그래서 공급 호수를 500호 증가하기 위해 1만 6,000원의 경비가 증가하여, 합계 4만 4,000원이라는 재원을 염출하여 1,500호의 공급을 새로 계획한 것입니다. 각종 수입은 극히 조심해서 잡고 세출 쪽에서도 장래 위험이 생기지 않도록 일반 재정에 위협을 줄 만한 것은 잡지 않는다는 확

신을 갖고 계상한 것입니다. 대체로 예산을 변경한 경과는 이러한
상황입니다.

번외(나가후사(長房德) 부기사) : 도관(導管) 공사는 6월 29일 동성정
(東城町) 2정목에서 기공식을 열고 7월 5일부터 계속해서 도관공사
를 시행하고 있습니다. 3인치 이상의 본관이 1만 6,000미터이고, 그
중 4,800미터의 공사가 완료되었습니다. 또 제조 방면에서는 여러
건물의 기초공사를 급히 완료하고 있습니다. 동시에 가스 공사도
4,5일 전부터 착공하고 있습니다. 적어도 10월 말까지는 전부 완료
되리라 생각합니다.

4번(오노 에유(小野英勇)) : 1문 1답주의라서 매우 죄송스럽습니다만
사실 저는 이 가스사업 시행에 대해서는 이전부터 완전히 찬성이고
그 실시가 빨리 되어야 한다고 찬성한 사람입니다. 그래서 세세한
것을 질문하기가 좀 우습긴 하지만 역시 실제적인 공사의 정황을
듣고 싶습니다. 앞에서 철관의 매설구역 혹은 매설 연장, 혹은 이번
에 1,000호가 1,500호로 되었고 그 때문에 어느 만큼의 구역을 확장
하는 것인지, 혹은 어느 만큼의 연장이 필요한 것인지, 얼마나 예산
이 증대했는지에 대해 설명은 하셨다고 생각이 되지만, 단 예산 숫
자만 들었다고 생각됩니다. 어떤 식으로 실시를 해갈지, 어떤 식으
로 가스관을 매설해갈지, 수용자를 모집하기 위해 어디까지 매설해
야 하는지, 이런 점에 대해서는 별로 듣지 못해서 저는 매우 유감이
라 생각합니다. 가능하다면 설명을 부탁드립니다.

번외(나가후사(長房德) 부기사) : 가스관 매설은 처음 계획대로 진행
하고 있습니다. 전체적인 숫자를 말씀드리면 8인치 관 1,300미터, 6인
치 관 1,100미터, 4인치 관 3,751미터, 3인치 관 1만 248미터, 지관(枝
管) 6,782미터, 인입관 1만 3,000미터, 옥내관 8,730미터, 합계 4만 5,581미

터입니다. 이 숫자로 처음에 예정을 세웠습니다. 그래서 공사한 500호
는 이미 설비한 구역 내에서 구할 예정이고, 새로 관을 설비하지 않
고 본래 관을 이전의 계획대로 해서 그 옥내에 끌어들이는 경비만
계상했습니다. 그 경비가 1호당 52원 들기 때문에, 500호 분인 2만
6,000원을 계상했습니다. 구역은 연장하지 않은 것입니다.

("진행 진행" "이의 없음"이라 소리치는 자 있음)

의장(후루이치 스스무(古市進) 부윤) : 이의 없으시면 4건 모두 독회
생략하고 가결하고자 하는데 이의 없으십니까?

("이의 없음"이라 소리치는 자 있음)

그러면 이의 없으신 것 같으니 제19호 의안부터 22호 의안까지 4건
은 원안대로 가결 확정했습니다.

(중략-원문)

의장(후루이치 스스무(古市進) 부윤) : 이것으로 본 회의는 종료했는
데, 본회 의사록 서명자는 30번 의원 임상조(林尙助) 씨, 32번 의원
윤병은(尹炳殷) 씨 두 명에게 의뢰하겠습니다. 그러면 이것으로써
본회의는 폐회하겠습니다. 감사합니다.

3) 대구부회 회의록 등본(1938년 12월 3일)

항 목	내 용
문 서 제 목	大邱府會會議錄謄本
회 의 일	19381203
의 장	古市進(대구부윤)
출 석 의 원	達捨藏(1), 本多良綠(3), 小野英勇(4), 黑川圓治(5), 김완섭(金完燮)(6), 小野元太(7), 內山喜一(9), 배정기(裵鼎基)(12), 배병열(裵炳列)(13), 坂本俊資(14), 靑木勝(15), 塚原宇一(16), 배국인(裵國仁)(18), 山北光德(22), 진희태(秦喜泰)(23), 立木要三(24), 주병환(朱秉煥)(25), 高田官吾(26), 池本猪三郎(29), 임상조(林尙助)(30), 古谷治輔(31), 윤병은(尹炳殷)(32)
결 석 의 원	小西裕(2), 田中弘眞(8), 소진무(蘇鎭武)(10), 허지(許智)(19), 정운용(鄭雲用)(20), 추병섭(秋秉涉)(21), 大場金藏(33)
참 여 직 원	田淵保美(부이사관), 太田金吉(부속), 津末安忠(부속), 多羅尾增男(부속), 신현호(申鉉浩)(부속), 김재익(金在翊)(부속), 速水隆三(부주사), 島淸人(부서기), 宮本宇平(부기수)
회 의 書 記	島淸人(부서기), 原本守貞(부고원)
회 의 서 명 자 (검 수 자)	古市進(대구부윤), 古谷治輔(대구부회의원), 윤병은(尹炳殷)(대구부회의원)
의 안	의안 1호 부군의 관할구역 및 면의 구역 변경으로 인한 면유 재산 처분에 관한 건, 46호 1937년도 대구부 세입출 결산 보고 건, 47호 1937년도 대구부 승합자동차비 특별회계 세입출 결산 보고 건, 48호 1937년도 대구부 와사사업비 특별회계 세입출 결산보고 건, 49호 1938년도 대구부 세입출 추가경정예산 건
문서번호(ID)	CJA0003385
철 명	읍면재산처분인가서류
건 명	부군관할구역및읍면구역변경에인한학교비및면유재산처분에관한건(경상북도)(회의록첨부)
면 수	18
회의록시작페이지	1193
회의록끝페이지	1210
설 명 문	국가기록원 소장 '읍면재산처분인가서류'철의 '부군관할구역및읍면구역변경에인한학교비및면유재산처분에관한건(경상북도)(회의록첨부)'건에 포함된 1938년 12월 3일 대구부회 회의록

해 제

본 회의록(총 18면)은 국가기록원 소장 '읍면재산처분인가서류'철의 '부군관할구역및읍면구역변경에인한학교비및면유재산처분에관한건(경상북도)(회의록첨부)'건에 포함된 1938년 12월 3일 대구부회 회의록 등본이다.

대구부의 행정구역 확장에 따라 그 부근 면의 재산 처리 방침에 대해 논의하고 있다. 대구부 행정구역 확장은 이미 1933년경부터 달성군의 수성면, 달서면, 성북면 등 3개 면을 병합하기로 추진되어 달성군 당국과 교섭하고 있었다.

1938년 1월 각 면의 협의회와 대구부회 간담회에서 확충안에 대해 논의한 바 있다.[4] 1938년 10월 1일부터 3개 면, 28개 동이 대구로 편입되면서 대구 면적은 종래의 약 12.5배로 확장되었다. 종래의 면사무소는 대구부의 각 출장소로 개칭되었고, 면장과 면직원은 전부 부 이원으로 채용하여 사무에 종사하게 되었다.[5]

부세 확장으로 인해 새로 편입될 지대의 주민이 무엇보다도 관심을 크게 갖게 될 점은 직접적인 이해관계가 있는 세금 문제였다. 이 회의록을 통해 부 편입으로 말미암아 각 면의 주민이 내게 될 도세와 부세 등이 종전과 비해 어떠한 차이점이 있는지를 알 수 있다.

내 용

의장(후루이치 스스무(古市進) 부윤) : 제1호 의안부터 자문하겠습니

---

4) 『조선일보』 1938.1.25.
5) 『동아일보』 1938.10.2.

다. 부·군의 관할구역 및 면의 구역 변경으로 인한 면유재산 처분에 관한 건을 상정하겠습니다. 이 건은 아주 명료한데 설명을 드릴까요? ("더 설명 안해도 돼" "설명해 주십시오"라 소리치는 자 있음)

번외(다부치(田淵保美) 부속) : 일단 이것을 읽겠습니다.

〈부·군의 관할구역 및 면의 구역 변경으로 인한 면유재산 처분에 관한 건〉

1938년 조선총독부령 제96호 및 동년 조선총독부 경상북도령 제36호에 의해 부·군의 관할구역 및 면의 구역 변경에 대해서는 관계 면의 재산 처분을 다음 각 항에 의해 별지 처분 조서와 같이 정함.

위 면읍제 제3조에 의해 자문함. 12월 5일까지 답신할 것.

1938년 11월 25일

조선총독부 경상북도 지사 고타키 모토이(上瀧基)

1. 수성면의 재산은 모두 대구부에 귀속함

2. 성북면·달서면의 토지 건물 기타 재산의 가격과 현금을 합산하여 그 반액을 분할된 토지의 인구(1937년 12월 말일 현재)에 의해, 다른 반액을 분할된 토지의 면적(1938년 2월 1일 현재 토지대장 및 임야대장 등록면적)에 의해 안분한다. 새로 부면에 속한 인구 및 토지에 대한 안분액을 부면에 귀속시킨다. 이는 알고 계시는 것처럼 수성면은 전부 편입시키지만 성북면은 서변동·동변동·연경동의 세 부락을 공산면에 붙여서 이 부락과 다른 것과의 재산 분할을 한다는 것입니다. 달서면 쪽은 서쪽 끝의 세 개 동의 한 개 부락을 성서면에 붙이고, 분할이 이렇게 되어간다는 것입니다.

앞항의 토지 건물 기타 재산은 구역 변경으로 인해 그 소재지가 속한 부 또는 면에 귀속시킨다(성서면의 재산 중 가창면 오동산

39-1번지 임야 14만 2,970평은 공산면에 귀속시킨다). 과부족은 현금으로써 조절한다.

4. 성북면 달서면의 농량대부사업 자금 농량 감손 보전 준비 적립금 및 농량 벼는 구역 변경에 의해 나누어진 지역 내 주민에 대한 1936년도 및 1937년도의 대부 평균에 의해 처분한다.

5. 부담에 대해서는 다음과 같이 처분한다.

(1) 농량 벼 구입자금 기채의 처분은 제4항의 예에 의해 그 귀속을 정한다.

(2) 성북면 하천개수공사비 부담금 충당채는 전액을 대구부에 귀속 시키고 공산면(公山面)에 귀속시킬 금액(인구 및 토지에 대한 안분액)은 현금으로써 조절한다.

뒤에 나온 처분 조서는 생략하겠습니다.

29번(이케모토 이사부로(池本猪三郎)) : 한 가지 질문하겠습니다. 수성 면의 재산은 대구부에 귀속하는데 부채 등은 조사를 하셨습니까?

번외(시마(島淸人) 부서기) : 답변 드리겠습니다. 수성면은 신천(新川) 제방 개수로 인한 부담금이 2,500원 정도입니다. 그리고 농량 벼의 사업 자금이 1,640원인데 이는 무이자입니다. 그 외는 없습니다.

12번(배정기(裵鼎基)) : 이 인수 재산을 안분하는 연구를 부청에서도 하고 있겠지만 수성면은 이대로 전부 인수한다고 단순하게 써 있는 데 그 내용을 보여주시길 청합니다. 또 하나는 원래 이 자문안이 도 에서 내려온 것이겠지만 공산면에 속하는 가창면(嘉昌面)의 오동 (梧洞)의 산 같은 것은 대구부의 상수도의 함양림으로 되어 있는 지 대라고 생각합니다. 이런 것은 부의 재산으로 하는 편이 좋다고 생 각하는데 그 상황을 듣고 싶습니다.

번외(신현호(申鉉浩) 부속) : 답변 드리겠습니다. 가창면의 임야를 공산면으로 보내지 않으면 현금으로는 조절이 쉽지 않고, 인수를 한다 해도 별로 좋은 상황이 아니라고 생각해서, 현금을 받아서 그것으로 공산면에 보내는 것으로 되었습니다.

번외(시마(島淸人) 부서기) : 답변 드리겠습니다. 수성면의 재산표는 자문서에는 없지만, 여기 조사한 것이 있습니다. 토지의 총 평수가 29만 8,269평이고 가격은 1만 5,927원 30전입니다. 그리고 건물이 66.5평으로 1,935원입니다. 기본재산 적립금을 합해서 1만 671원 73전입니다. 소극재산 쪽은 아까 말씀드렸지만 농량대부사업의 기채와 제방비 기채이며, 합계 414원입니다.

12번(배정기(裵鼎基)) : 아까 질문 드린 가창면 오동의 산은 번외의 답변을 들어봐도 그것은 인접한 지역이 아니라서 부에서 갖는 것은 좋지 않고 더구나 현금만으로는 도저히 불가능합니다. 여기 밭이라든가 집터 등이 있습니다. 집터는 공용재산인데 밭으로써 조절하는 것이 가능할지, 현금과 밭을 전부 다 해서 조절하는 것이 가능합니까?

번외(시마(島淸人) 부서기) : 처음의 분할 방침은, 편입구역에 소재한 부동산은 그 편입지에 들이는 것으로 하는데, 이 오동의 산은 여하튼 거기에 속하지 않습니다. 그리고 가격의 안분율(按分率)에 의하는 것과 필적하니까 가장 좋은 분할방법이라 생각했습니다.

후루이치 스스무(古市進) 부윤 : 12번 의원, 이해하셨습니까?

12번(배정기(裵鼎基)) : 그러나 돈을 가져가도 이러한 것을 취하는 것이 좋은지 나쁜지에 대해서입니다.

번외(시마(島淸人) 부서기) : 산다고 하면 사는 만큼의 가치가 있다고 생각합니다.

번외(신현호(申鉉浩) 속) : 밭으로 말씀드리면 대신기념사업의 인아가 있습니다.

22번(야마키타 미쓰노리(山北光德)) : 본 원안과 직접 관계는 없습니다만, 성북면과 수성면 두 면은 행정 구역 확장에 관련하여 세금이 원래의 면보다 높아지지 않을지 저는 의문입니다. 이번 부과되는 세금이 꽤 높다는 것이 봉급자들에게 명확하게 나타나고 있다고 전해지고 있습니다. 과연 어떻게 될지 이 점을 묻습니다. 그리고 이 새 구역은 희망하여 편입된 것이지만, 조례가 이렇게 되어 있어서 이렇게 진행한 것이라는 점이 좀 상세하지 않게 설명된 것 같습니다. 구역 확장이 여러 면에서 철저하지 않다고 들었는데 이런 사실이 있는지 묻습니다.

번외(쓰스에 야스타다(津末安忠) 부속) : 이번 구역확장에 의해서 수성면과 성북면은 종래 이전 대구부 세액에 비교해서 면세 부가세가 낮아집니다. 그러나 달서면 쪽은 부의 종전 과율 쪽이 반대로 오히려 낮았습니다. 그래서 규정상 연도 중간에 구역이 변경되거나 혹은 다른 구역에서 다른 구역으로 전임하는 사람의 경우, 이전 부임지에서 이미 결정된 세액을 그대로 갖고 와서 부과하도록 되어 있습니다. 따라서 도세 본세액을 말씀드리면 수성면과 성북면은 구역 확장에 의해서 종래 세액 쪽이 부의 세액보다 높아지고, 편입되어도 그대로 도세 그 자체는 높다, 반대로 달서면은 확장에 의해서 종래 면의 세액 쪽이 높았기 때문에, 확장에 의해서 싼 세액을 그대로 갖고 오므로 확장 후에는 오히려 낮아지는 것입니다. 또 부가세율도 역시 수성면과 성북면은 부의 율 쪽이 높았기 때문에, 따라서 본세액이 각각 높은 세액을 갖고올 뿐만 아니라, 그에 대한 부가세율은 높은 부의 세율을 적용했기 때문에 높은 세율이 중복된 것입니다. 달서면 쪽은 면의 부가세율이 종래 부의 부가율에 비교해서 높아졌기 때문에 편입 후에는 제2기분의 부가세는 낮은 부의 부가율이 되어 적용하므로 낮아진 것입니다. 이는 도세 부과규칙에 명확히 명문화되어 있습니다.

(중략-편자)

의장(후루이치 스스무(古市進) 부윤) : 이외에 질문 없습니까. 질문 없는 듯한데 본건은 별지와 같이 의견 없음으로 답신해도 좋겠습니까.

("이의 없음"이라 소리치는 자 있음)

그러면 그렇게 하겠습니다.

다음으로 의안 제46호를 상정하겠습니다. 1937년도 일반경제 결산입니다. 상당히 항목이 긴데 예년에도 별다른 설명을 하지 않았지만 이 설명서에 의해 대체로 아시리라 생각되고 이외에 질문이 있으면 답변하겠습니다.

29번(이케모토 이사부로(池本猪三郎)) : 충분히 보지 못했지만 조월금이 많은 것 같은데 이는 매입이 충분히 이루어지지 않아서 조월된 것입니까? 시가 도로 개수비 도로 포장비 등은 연기된 이유가 씌어있어서 알겠는데 일단 설명을 부탁드립니다.

번외(하야미 류조(速水隆三) 기수) : 답변 드리겠습니다. 시가 도로와 하수개수공사비의 조월 10만 원은, 본 공사는 전매국에서 친성정 쪽으로 넘어가는 곳의 천도 긴넘복 공사로, 이 공사 중 철교는 천도국으로 옮기기로 되었습니다. 그런데 철도국에서 설계가 늦어지고 공사 착수도 늦어져서 결국 이는 착수하지 못하고 1938년도로 조월한 것입니다. 그리고 도로 포장비는 계속사업인데 1937년도는 시국 관계 또 날씨 관계로 좀 일의 진행이 잘 되지 않았습니다. 1938년도에는 예정과 같이 전부 종료했습니다.

4번(오노 에유(小野英勇)) : 여기에 덧붙여 질문하는데 일반 세계에서 잉여금이 10만 6,802원 55전입니다. 100만 원에서 1할을 저악한 것인지, 아니면 해야 할 것을 하지 않은 것인지 모르겠는데, 주된 이유가 무엇입니까?

부윤(후루이치 스스무(古市進)) : 이건 제가 답변 드리겠습니다. 이는 대체로 이렇게 이해해주시면 좋으리라 생각됩니다. 부의 세입으로 된 것은 적어도 모두 세입으로 명확히 나타나 있고, 세출은 예산에 따라 집행해가는 것이고 예산에서 다소는 잉여가 발생합니다. 조월금에서 큰 사업의 조월을 제외한 소위 일반세계 잉여금은 결국 그 단체에서 재정의 여유금이라 할까, 그런 식으로 이해하면 좋다고 생각합니다. 그 내에서 익년도 1938년도의 예산으로 조월금이 있고 이 조월금은 그 내에서 어느 정도를 충당하고 있는 것입니다. 그 충당하고 남은 것이 그 단체의 안전율이라는 식으로 보시면 좋을 것 같습니다.

4번(오노 에유(小野英勇)) : 훌륭한 설명에 만족합니다만, 단지 저는 좀 기이한 느낌이 드는 것은 1937년도는 7월부터 사변이 발발해서 1년 중 4분의 1은 사변으로 인해 물가가 상당히 등귀했습니다. 이럴 때에 이만큼의 잉여금이 나온 것은 경리상 교묘했다고 할지, 아니면 경리상 훌륭한 기술에 의한 것인지, 경복하고 있습니다. 이 점은 이 정도로 해두겠습니다. 단지 저는 이후 예산 회의에서 크게 연구해야 할 점이 아닐까 생각합니다. 그리고 포장공사 쪽은 이는 연도 말에 잉여금으로 될 것인데, 묻고 싶은 점은 1938년도에 예정된 공사는 전부 종료된 것입니까? 이는 토목과장에게 질문합니다.

번외(하야미 류조(速水隆三) 기사) : 그렇습니다. 계속사업은 전부 종료했습니다. 조월한 것은 3개년 계속사업으로서 당해연도에 못한 부분이고, 다른 3개년 계속사업은 잘 종료했다고 말씀드립니다.

4번(오노 에유(小野英勇)) : 잘 알겠습니다.

부윤 : 본년 포장공사는 대단히 힘을 기울였고 거기에 날씨도 좋아서-
  수도에 대해서는 대단히 좋지 않은 해였지만, 포장공사 쪽은 아주
  잘 진행되었고 계속사업이 전부 종료했습니다. 당초의 보통예산 때
  약속한대로 끝났습니다.

(하략-편자)

4) 대구부회 회의록 초본(제8일, 1939년 3월 29일)

항 목	내 용
문 서 제 목	大邱府會會議錄(抄本)
회 의 일	19390329
의 장	古市進(대구부윤)
출 석 의 원	達捨藏(1), 小西裕(2), 本多良綠(3), 小野英勇(4), 黑川圓治(5), 김완섭(金完變)(6), 小野元太(7), 田中弘眞(8), 內山喜一(9), 소진무(蘇鎭武)(10), 白井義三郞(11), 배정기(裵鼎基)(12), 배병열(裵炳列)(13), 坂本俊資(14), 塚原宇一(16), 松本誠一(17), 배국인(裵國仁)(18), 허지(許智)(19), 山北光德(22), 진희태(秦喜泰)(23), 立木要三(24), 주병환(朱秉煥)(25), 高田官吾(26), 島田金四郞(27), 大澤新三郞(28), 池本猪三郞(29), 임상조(林尙助)(30), 古谷治輔(31)
결 석 의 원	靑木勝(15), 정운용(鄭雲用)(20), 추병섭(秋秉涉)(21), 윤병은(尹炳殷)(32), 大場金藏(33)
참 여 직 원	田淵保美(부이사관), 太田金吉(부속), 津末安忠(부속), 박용익(朴容益)(부속), 정상철(鄭相哲)(부속), 諸田萬壽男(부주사), 速水隆三(부기사), 長房德(부기사), 田中芳輔(부서기), 久保和七(부서기), 宅間史任(부서기), 牟田山(부서기), 김순상(金淳祥)(부서기), 大濱寬三(부기수), 宮本守平(부기수)
회 의 書 記	島淸人(부서기), 原本守貞(부서기)
회 의 서 명 자 (검 수 자)	
의 안	의안 2호 대구부 부가세조례 중 개정 건
문 서 번 호 (I D)	CJA0003442
철 명	대구부일반경제관계철
건 명	대구부부가세조례중개정의건(회의록)
면 수	21
회의록시작페이지	578
회의록끝페이지	598
설 명 문	국가기록원 소장 '대구부일반경제관계철'철의 '대구부부가세조례중개정의건(회의록)'건에 포함된 1939년 3월 29일 대구부회 회의록(초본)(제8일)

해 제

　본 회의록(총 21면)은 국가기록원 소장 '대구부일반경제관계철'철의 '대구부부가세조례중개정의건(회의록)'건에 포함된 1939년 3월 29일 대구부회 회의록(초본)(제8일)이다. 이 회의록은 부가세조례 개정과 관련된 내용만 담고 중략된 부분이 많기 때문에 전체적인 회의 내용은 신문기사를 통해 알 수 있다. 29일은 대구부회 제2독회가 열린 날이었다. 김완섭(金完燮)이 먼저 가족 묘지는 고래의 미신인 풍수설과 관계가 있고 지금은 일반부민이 묘지에 대한 관념이 변해서 이용자가 없으니 내년부터는 그 예산을 전부 삭제하고 그 제도도 폐지하라고 요구했다. 그리고 나병환자에 대한 시설이 없고 예산도 하나도 계상되어 있지 않으니 내년에 고려해달라고 요구했다. 또 주택난의 완화책으로서 건축허가를 쉽게 내주기를 희망했다. 임상조(林尙助)는, 대구에서 가장 인구가 조밀한 남산정에 자동차 한 대도 들어갈 길이 없으니 만약 화재가 일어나면 소방자동차도 못 들어가는 상황과, 하수구나 도로 등 급한 문제가 산적해있는데 부에서 제일 열성을 보이는 것은 대명동의 종합운동장이라고 추궁하는 등 의원들의 논전이 있었다. 이후 3독회로 옮겨 제7호 의안을 원안대로 가결했다. 이어 8~17호 의안까지를 다소의 질의응답 끝에 가결하고, 18,19호 의안을 일괄 상정하여, 부당국이 부영버스 승차료 편도 6전 왕복 10전을 고쳐서 편도 5전으로 하면서 환승할 때는 1전씩 더 받도록 한다는 원안에 대해 설명했다. 이에 대해 주병환(朱秉煥), 야마기타 미쓰노리(山北光德), 이게모토 이사부로(池本猪三郎), 배정기(裵晶基), 우지야마(氏山喜一), 허지(許智) 등 여러 의원이, "공영사업의 의의는 부에서 손해가 없고 일반부민이 편리하도록 공헌하면 그만이다. 사업을 확장한다고 해서 손실을 보상하기 위해서라면 몰라도 그렇지 않은 한 현재 부영버스는 흑자를 내고 있는데 새삼 환승권에 1전이라도 돈을 더 받는 것은 도리어 복잡할 우려가 있으니, 편도 6전을 5전으로 내리는 것은 무방하나 환승에 다시 요금을 얼마라도 더 받는 것은 찬성할 수 없다, 부당국자는 승차권을 받아서 부정하게 사용하는 것을 막기 위함이라고 말하지만 극히 작은 현상을 크게 보고 도리어 종업원을 괴롭히고 이용자를 불쾌하게 하는 것이니 삭제하는 것이 옳다"고 의견을 내어 결국 채결은 다음날로 미루어졌다.[6]

내 용

의장(후루이치 스스무(古市進) 부윤) : 지금부터 개회하겠습니다.(오후 1시 20분)

(중략-원문)

의장(후루이치 스스무(古市進) 부윤) : 여러분께 여쭈어봅니다. 제28호 의안 그리고 29호 30호, 이는 좀 세세한 조례라서 이 자리에서 곧장 심의를 하기는 좀 복잡하니 이것은 위원을 두어서 심의하길 원합니다. 내일과 모레 오전 중에 위원회에서 진행하는 게 좋을 것 같습니다. 위원은 의장이 지명하는 것으로 위임해주시기 바랍니다.

("찬성"이라고 말하는 사람 있음)

그러면 작년 사례도 있으니 작년 심의한 분이 해주시는 게 좋을 것 같습니다. 11명입니다.

("그건 많으니 5인 정도가 좋다"고 말하는 사람 있음)

6) 「南山町의 道路擴張과 癩患者對策은 如何?」, 『동아일보』 1939.3.31, 3면.

의장(후루이치 스스무(古市進) 부윤) : 그러면 7인으로 하고 그 7인은 나중에 지명하겠습니다. 제8호 의안 제10호 의안은 사용료에 관계한 것이니 일괄 상정하겠습니다.

("이의 없음" "원안 찬성"이라 말하는 사람 있음)

이의 없으시니 독회를 생략하고 가결하겠습니다. 다음으로 11호 의안과 12호 의안을 상정하겠습니다.

("이것도 이의 없음"이라 말하는 사람 있음)

25번(주병환(朱秉煥)) : 12호 의안에서, 광세(鑛稅) 부가세를 고친 것은 좋고, 제3항을 고쳐서 앞에 제1조 제3항을 변경했는데 그 요점은 어떤 것입니까?

번외(쓰스에 야스타다(津末安忠) 속) : 이 조례 개정에 대해서 설명 드리겠습니다. 제1조 제3항은 작년 부회에서 의결하여 인가된 것입니다. 그런데 부 호별세 부가세 과율은 부세 호별세 부가세 총액이 결정되면 도세(道稅)의 배당액에서 이를 제하고 부과율은 자연히 나오는 것이라서 따로 과율을 의결할 필요는 없고, 다음 회의에 개정하기로 통첩이 있었습니다.

25번(주병환(朱秉煥)) : 작년 이 조례는 부회 의결을 거치고 글자를 넣으라는 총독부의 명령에 의해서 모든 조례에 이러한 문구를 넣었다고 생각합니다. 물론 여기에는 예산액에서 자연율이 나왔다고 생각하는데 금년에 그 외의 것은 의결을 거칠 필요가 없습니까?

번외(쓰스에 야스타다(津末安忠) 속) : 개정 지시된 것은 이 건에 대해 시만입니다.

31번(후루야 지스케(古谷治輔)) : 시세부가세와 제1종 소득세부가세율은 작년에 비해 어떻게 하기로 되어 있습니까?

번외(쓰스에 야스타다(津末安忠) 속) : 과율은 같습니다. 단 바뀐 것은 그저께 개회할 때 설명했지만 가옥세와 호별세만입니다. 기타는 전년도와 같습니다.

("진행, 진행"이라고 말하는 자 있음)

의장 : 그러면 이의 없다고 생각되니 독회 생략하고 가결하겠습니다. 제13호 의안은 철회합니다. 다음으로 제14호 의안을 상정하겠습니다.

("이의 없음"이라 말하는 자 있음)

6번(김완섭(金完燮)) : 좀 질문하겠습니다. 14호 의안의 3조 3항에서, 전항의 요금은 입구에 게시한다고 되어있는데 이를 게시하지 않으면 요금을 내지 않아도 좋은 것입니까? 실제로 시행하는 방법을 듣고 싶습니다.

번외(모로타 마스오(諸田萬壽男) 주사) : 제14호 의안에 대해 설명 드리겠습니다. 본안에서 변한 것은 지금까지는 1전 2전을 받았던 입장료를 전반적으로 개정하는 것이 목적입니다. 요금을 입구에 게시하는 것은 부윤의 허가를 받아 정해진 사용자가 관람료를 징수하는 것이고, 일반에게 이를 주지시키는 경우에 이 관람료를 얼마 받는지를 보이고 이 관람료를 지불하고 동물을 관람하는 것으로 한 것입니다. 입원(入園)과는 다르고, 이것은 관람 요금입니다.

6번(김완섭(金完燮)) : 게시하지 않으면 지불하지 않는 건지 지불하는 건지를 말한 것입니다.

번외(모로타 마스오(諸田萬壽男) 주사) : 반드시 게시합니다.

6번(김완섭(金完燮)) : 게시하지 않으면 어떻게 합니까.

부윤(후루이치 스스무(古市進)) : 반드시 하게 합니다.

("이의 없음"이라 말하는 사람 다수)

의장(후루이치 스스무(古市進) 부윤) : 그러면 독회 생략하고 가결하겠습니다. 다음으로 제15호를 상정합니다.

25번(주병환(朱秉煥)) : 이것은 별표만 개정하는 것으로 생각되는데 번외의 설명으로는 지금부터는 부가 사용하는 경우도 반드시 요금을 받는다고 들었습니다. 이 규정은 따로 어디에서도 찾아볼 수 없는데 원래 조례에는 어떻게 되어 있습니까.

번외(모로타 마스오(諸田萬壽男) 주사) : 부가 사용하는 경우도 요금을 받는다는 것은, 조례의 조문을 개정하지 않아도 부의 방침으로 시행하는 것이라서 부청의 논의로 이렇게 결정하면 됩니다. 이는 요금을 변경한 것이고 이 요금은 조례와 관련이 있으니 올린 것입니다.

25번(주병환(朱秉煥)) : 전에는 부가 사용할 때 받지 않는다고 하는 것이 나와 있었습니까?

번외(모로타 마스오(諸田萬壽男) 주사) : 조례에 나와 있지는 않습니다. 감면 규정에 의해 부윤이 특히 필요한 것은 감면할 수 있고 그에 대해 내규가 있습니다. 그 내규를 고치게 된 것입니다.

("이의 없음"이라고 말하는 자 다수)

(하략-편자)

5) 대구부회 회의록(제3일, 1940년 3월 19일)

항 목	내 용
문 서 제 목	大邱府會會議錄
회 의 일	19400319
의 장	杉山茂一(대구부윤)
출 석 의 원	片山茂祚(1), 小野英勇(2), 배영덕(裵永德)(5), 소진무(蘇鎭武)(7), 배병열(裵炳列)(8), 佐藤甚藏(9), 福山直(11), 高田官吾(12), 윤상혁(尹祥赫)(13), 星山一郎(14), 古谷洽輔(15), 吉岡良左衛(16), 可可美愛民(17), 임상조(林尙助)(18), 坂本俊資(20), 山根初太郎(21), 增田定吉(22), 時友幸平(24), 배정기(裵鼎基)(26), 서석현(徐錫現)(27), 이상열(李相烈)(28), 진희태(秦喜泰)(29), 주병환(朱秉煥)(30), 酒井儀助(31), 池本猪三郎(32), 松原正坦(34), 배국인(裵國仁)(36)
결 석 의 원	砂田辰一(3), 서창규(徐昌圭)(4), 塚原宇一(6), 정운용(鄭雲用)(10), 小野元太(19), 서정호(徐廷浩)(23), 허지(許智)(25), 추병익(秋秉釴)(33), 本多良錄(35)
참 여 직 원	
회 의 서 기	
회 의 서 명 자 (검 수 자)	
의 안	1940년도 대구부 세입출예산
문 서 번 호 (I D)	CJA0003529
철 명	대구부세입출예산철
건 명	대구부회의록사록송부건
면 수	94
회의록시작페이지	408
회의록끝페이지	501
설 명 문	국가기록원 소장 '대구부세입출예산철'의 '대구부회의록사록송부건'에 포함된 1940년 3월 19일 대구부회 회의록(제3일)

해 제

　본 회의록(총 94면)은 국가기록원 소장 '대구부세입출예산철'의 '대구부회의록사록송부건'에 포함된 1940년 3월 19일 대구부회 회의록(제3일)이다. 그 전날 배정기의원의 긴급동의에 의해 만장일치로 가결된, 대구근교 공업용지 조성지구 및 주택경영지 조성지구 시찰을 오전 11시부터 하야미(速水) 토목과장 안내로 진행한 후, 오후부터 의사에 들어갔다.[7] 이케모토 이사부로(池本猪三郞)는 형무소와 유곽 이전, 수성교외 가교 추가 설치, 시가지 전등 확대, 경방단 비용 증액, 버스환승권 유료화 문제 등을 말하고 있다. 윤상혁(尹祥赫)은 금호강 호안공사는 청부를 시키지 않고 부에서 직영하겠다는 약속이 있었는데 실상은 청부인에게 청부시킨 이유는 무엇이며, 또한 기일 내에 준공이 가능한가, 호안공사 완성 후 달서천 범람이 예상되는데 배수대책은 있는가를 질문하면서, 한해구제공사에서 임금지불액에 대해 비난이 있는데 지급 표준이 무엇인지를 질문했다. 주병환(朱秉煥)은 공익질옥 성적이 좋지 않아 1938년에는 폐지론까지 나왔는데 1939년 특별회계로 독립하더니 금년에 다시 일반회계에 편입한 것은 사무의 합리화보다 다른 내심이 있지 않은가, 또 버스 환승권 유료 문제 등도 부 회의에서 여러 반대론이 있었음에도 불구하고 원안을 고집해놓고 그 결과는 부이사자만이 아니라 의원 전체의 체면 문제가 되어있다고 추궁하고, 금호강 호안공사가 명목은 한해구제공사이면서 실제로는 정반대 결과가 되는 것을 예를 들어가면서 공박했다. 부윤은 가능한 완곡한 용어를 사용해 달라고 하고, 마쓰바라(松原) 의원은 경솔을 삼가달라고 주

7) 「バス轉換券有料問題와 刑務所等移轉要望說」, 『동아일보』 1940.3.24.

의를 주기도 했다. 주로 예산의 75%를 차지하는 토목공사비를 둘러싸고 논전이 오가고 있다.

내 용

의장(스기야마(杉山茂一) 부윤) : 출석 22명입니다. 지금부터 개회하겠습니다.

(오후 1시 15분)

어제에 이어 제1독회를 열겠습니다.

32번(이케모토 이사부로(池本猪三郎)) : 저는, 본년도 예산에는 없지만 대구부 장래의 진전을 위해, 또 부민의 여론도 있으니, 부 당국의 앞으로의 대외적인 방침에 대해, 예산을 떠나 부를 사랑하는 정신으로써 말씀드리고 싶습니다. 제가 말씀드리는 것은 회의에서나 다른 데에서도 여러 번 이야기가 들리는 것인데 여러분도 아시다시피 철도문제입니다. 아시는 바와 같이 중앙선이 만들어지고 나서 대구의 상태는, 어떻게 보면 부산과 경성이 직통됨에 따라 대구의 상업 지반은 쇠퇴하는 것이 명확한 것입니다. 따라서 이에 대해서 우리는 의성과 대구를 연결하고 또 마산선과 남원선이 필요하다고 느끼고 있습니다. 당국은 우리의 여론에 대해 어떤 방침을 세우고 있는지, 이는 대외적으로 큰 문제의 하나입니다.

다음은 내적인 문제에 대해 말씀드립니다. 우리가 요망하는 것은 형무소 이전 문제입니다. 대구의 장래를 생각할 때 정(町)의 한가운데에 있는 것은 그다지 좋지 않습니다. 부민의 여론은 모두 뭔가 조치를 취하지 않으면 대구 장래의 발전에 해가 된다고 하고 있고 이것은 저 한 사람의 주장이 아닙니다. 우리 부민 여론으로서 당국에게 그 목소리를 전하고 있습니다. 물론 재정 관계도 있고 1,2년 내에 없애달라고 무리하게 원하는 것은 아니지만, 부에서 이러한 방침하에서 대처할 용의가 있는지 없는지 묻고 싶습니다. 다른 곳에 땅을 구해서 점차 이전하는 교섭을 해주시기 바랍니다. 대구의 장래를 생각할 때 여하튼 형무소를 어딘가로 이전해달라는 것, 이것은 제 소견만이 아니라 여론입니다.

다음으로 어제 13번 의원이 말씀하신 유곽 이전 문제입니다. 13번 의원 말씀에 저도 동의하는데 이 유곽은 결국 이전하지 않으면 안 됩니다. 이에 대한 부윤의 의견을 듣고 싶습니다.

좀 세세한 문제인데, 재작년이라 생각하는데 저는 대구의 장래를 생각할 때에 재장(齋場)이 필요하지 않냐고 한 적이 있습니다. 대구의 장례의식은 각 종파에 따라 다르고, 절에서 장의(葬儀)를 하는 비용은 사실 지금 시대에서 생각하면 상당히 비용이 들어갑니다. 그것은 개인의 자유이기도 하겠지만 시대를 생각하면 가급적 그러한 비용은 절약해야 하지 않을까, 또 재장을 설치한 곳에서 전부 그것을 무료로 하거나 부가 원조하지 않아도 되는 싼 요금으로써 일정하게 집행한다면, 부민의 편리가 클 것이라 생각합니다. 부 당국이 이에 대해서 대책은 없는지 듣고 싶습니다.

그리고 이것은 재정 상황을 보았을 때 시급히 할 일은 아닌지도 모르지만, 대구는 수성교(壽城橋)에서 동쪽으로 이어지고 시가지도 동쪽으로 뻗어나가고 있습니다. 따라서 수성교 하나로는 불편한 감이 있는데, 수성교보다 아래쪽에 다리를 가설할 필요가 있지 않은지에 대한 의견을 묻습니다.

다음으로는 작은 문제인데, 시가지의 진동 문제입니다. 이것은 작년 회의에서도 나왔지만 묵과할 수 없는 여러 문제가 있는데, 부청에 신청하면 전기회사와 직접 교섭하라고 하고 있습니다. 아무리 여러 번 말해도, 10일 내지 15일이나 전등료를 지불함에도 불구하고 정(町)은 어둡습니다. 이에 대해 뭔가 방법을 강구하여 밝은 대구의 정(町)을 건설하고 싶습니다. 현재 문등(門燈) 등도 관제하고 있는데 그 앞에 중앙거리가 있으므로 잘 보입니다. 또 역 앞이나 기타 정내 여러 군데에서 이러한 것이 얼마든지 보입니다. 최근 재료가 부족해서 회사에서 빨리 하지 않는지도 모르지만 이전에도 마찬가지였습니다. 정(町)을 밝게 하도록 방침을 세워주시면 안되겠습니까.

그리고 이것은 2독회에 들어가서 의견을 말씀드리거나 상담을 하려고 생각하고 있었습니다만, 어제 내무과장이 이 경방단비에 대해서 상세한 설명을 했기 때문에 그에 대해 하나 조사가 되지 않은 것이 있지 않나 해서 질문합니다. 어제 내무과장 말에 의하면 총경방비에서 163원 증액했다고 말했습니다. 작년 예산을 보면, 방공 등의 시설을 조사해보면 차액은 소방과 경찰비에서 163원인데, 기타에서 부가 방공 우물에 5,000원을 투자하고 있으므로 차액이 4,837원이며 전년도보다 부는 적게 계상하고 있는 것입니다. 아시는 것처럼 5,000원은 총독부로부터의 보조이고 부에서도 5,000원 내서 우물을 굴착했습니다. 그런데 올해는 아무 시설이 없습니다. 저는 우물도 필요하지만 기타 자재도 필요하다고 생각합니다. 자재 쪽을 보면 1939년도 자재정비비가 4,350원이었는데 본년은 웬일인지 3,300원입니다. 이 점에서 경비비가 소홀히 되어 있는 게 아닌가 생각합니다. 방공 우물을 제외하고 어떤 종류를 늘리고 있는가 하면 단지 회비(賄費)로 나간 비용이 단원 수당으로서 나오고 있고 명목만 변했을 뿐입니다. 우리 단원은 아무것도 먹지 못하고, 수당은 명목은 좋지만 하루 식비에 불과합니다. 이를 잘 살펴봐 주시길 바랍니다. 그리

고 다른 부와 대구부를 비교해서 1인당 다액을 내고 있다고 말씀하
셨지만, 사실 본년도는 제가 비교하지 않아서 잘 모르겠는데, 부산
같은 곳은 대구보다 2,3년 전부터 방호단이 만들어져 있습니다. 대
구부에서는 아시는 바와 같이 1937년 5월에 만들었고 그것도 경비
가 많이 들어 만든 것도 절약하자는 정신 아래 1937년부터 고심해
서 유지해서 아무런 설비가 없습니다. 그래서 1939년도에는 여하튼
경방단을 일반경비에서 유지해야 할 것이라고 전 부윤과 상담해서
부비를 지출하도록 했습니다. 그래서 비로소 1939년도에 방호단비
로서 1인당 5원을 계상했고 옷이나 기타에는 도저히 지출할 수 없
어 7,8원이라도 내달라고 분단장회의 때 말씀드린 적이 있습니다.
그러나 부의 재정상 본년도는 고려하겠다고 했고 1939년도가 지나
갔는데, 10월 1일 그 경비가 한 푼도 없었던 것은 병사계(兵事係)의
사람은 잘 아시리라 생각합니다. 겨우 부 쪽에서 연습비로 얼마인
가를 남겼다고 생각하지만 어떤 분단(分團)도 비용이 없어서 경방
단이 추가예산을 청구했던 것입니다. 본년도는 다른 분단은 모르겠
지만 우리 분단에서는 유지의 기부금으로써 조달했습니다. 경방단
본부에서는 조선은행으로부터 3,000원 차금을 하고 있습니다. 또 하
나, 다른 부와의 비교 문제입니다. 부산부는 쭉 부에서 육성해왔기
때문에 자재 등에 지출을 하고 있습니다. 이는 아실지 모르겠지만
다테이시(立石) 부회두(副會頭)가 1만 원을 기부하면서 옷 등도 생
겼다고 들었습니다. 또 경성, 평양, 기타 북선 지방에서도 방호단이
만들어질 때 각 회사 등이 다액의 기부를 했고 지금은 그러한 비용
이 필요하지 않은데, 대구는 전부터 힘을 기울이지 않고 지금까지
비용을 절약해서, 사람들만 모아놓았을 뿐 복장이나 도구가 없습니
다. 또 하나, 지금 경방단 본부는 경찰서 2층 일부를 빌려 쓰고 있

는데 보시면 아시겠지만 정말 혼잡한 상태입니다. 그러한 것을 알고 있는지 모르는지, 실제로 일을 해나가려면 작년의 비용으로는 부족하다는 점을 아시리라 생각합니다. 작년에 부족했는지 어땠는지를 묻고 싶습니다. 일례를 들면 이런 것이 있습니다. 3월 10일 기념일 때 구호반으로서 각 분단에서 구호반원이 나와 활동했습니다. 아침 7시부터 2시까지 일하는데 도시락 하나 살 경비가 없어서 저는 단원들에게 동정의 눈물을 흘렸는데, 돈이 없어서 어쩔 수 없이 단장과 부장, 반장 등이 자기 돈을 내서 먹였습니다. 이렇게 스스로 부담하면서까지 각자가 임무를 다하고 있습니다. 그 비용은 계산해 보지 않았지만 10월 이후 대부분 자기 돈을 내고 있고, 이는 다른 분단도 마찬가지가 아닐까 생각합니다. 본년도는 경방단 본부가 상당한 돈을 청구했지만 그것도 부의 재정상 어쩔 수 없어서 본부는 부당국이 말한 대로 인하를 한 상태입니다. 경방단 본부에서 어떻게 경비를 요구했는가를 듣고 싶습니다. 지금 상태로 간다면 먹지도 마시지도 못하는 상황이라서 단원들을 위로하고 싶습니다. 이 예산에 아무것도 나와 있지 않고 법규상으로 불가능하다면 뭔가 항목을 만들어 분단장 혹은 단장의 교제비로 하는 것이 불가능하진 않다고 생각합니다. 소방은 위로금이 어느 정도 배정되는데 뭔가의 항목으로 부에서 보조할 방침이라면 저는 불가능하지 않다고 생각합니다. 이러한 항목이 불가능하다면 어쩔 수 없지만 여러분은 잘 알고 계시리라 생각합니다. 제가 오늘 말씀드린 것은 어제 내무과장이 대단히 좋은 상태라는 이야기를 했기 때문에 이것을 모두에게 상담하여 대책은 없는지를 질문하고 요망하는 것입니다. 더 말씀드리고 싶은 것이 있지만 관항목(款項目)에 걸쳐 있으므로 이것은 2독회에서 하겠습니다.

의장(스기야마(杉山茂一) 부윤) : 첫 번째 질문은 대구를 중심으로 한 철도에 대한 당국의 소견이 어떠하냐는 것입니다. 지금 거론하신 예에도 있는 것처럼 현재 대구를 중심으로 철도 교통의 중요한 선은 마구선(馬邱線)8)과 구남선(邱南線)9)입니다. 둘 다 대구의 장래를 위해 중요한 것은 물론이므로 부 당국에서도 기회 있을 때마다 도(道)와 연락하며 의견을 강하게 피력하고 있습니다. 특히 지난번 철도국장이 처음으로 순시했을 때에도 상세하게 이 문제를 진술했습니다. 그러나 현재 정세가, 대륙을 중심으로 한 소위 대륙 루트 완성이 현재의 국책으로서 중시되는 시기입니다. 그래서 남북을 관통하는 동맥을 완성해가는, 예를 들면 부산에서 경성을 거쳐 만주로 통하는 선의 복선(複線) 문제, 혹은 평행선의 문제에만 주력하면서 철도국이 개량공사를 실시하고 있는 시기입니다. 따라서 마구선(馬邱線) 같은 것은 지선(支線)과 동등한 선이라서, 곧장 국가 재정을 이런 것에 투자하기는 곤란합니다. 대륙 루트의 성격이 강한 선으로서 예를 들면 청진과 나진을 연결하는 철도는 국책상에서 보아 중요한 선이지만, 이것조차도 손대지 못하고 있는 재정 상태입니다. 물론 지금은 흑자의 시대이므로 점차 촉진되리라 생각합니다. 또 지도 계속 노력하려는 생각을 갖고 있습니다.

그리고 구마선은 지역에 따라서는 다른 이름으로 부르고 있습니다. 이 선은 단지 경북만이 아니라 전라남북도와 경상남북도, 4개 도가 함께 운동해야 하지 않을까 합니다. 전라북도가 경북에 요청하여 자료를 제공하고 철도국은 실시 조사까지 진행하고 있습니다. 이는

---

8) 마산과 대구를 잇는 철도.
9) 대구와 남원을 잇는 철도.

동해안과 서해안을 잇는 중요한 횡단선입니다. 전라도 쪽은 남원까지 연결되고 남원의 남쪽에 있는 금지(金池)까지 잇게 됩니다. 그리고 대구부터 포항까지는 만들어져 있으므로 대구와 남원을 연결하면 적절합니다. 이 선도 물론 경제적으로는 중요한 선이고, 이미 충분히 4개 도의 사람들이 당국에 의견서를 내어 진정도 하고 있으니, 국가 재정이 허락되는 시대가 되면 실행되리라 생각합니다. 그러나 이런 문제는 조급하게 진행해서는 안됩니다. 당국도 역시 열의를 갖고 임하고 있으니 양해 부탁드립니다. 이후 기회있을 때마다 노력을 하고자 합니다.

다음은 형무소 이전 문제인데, 형무소 당국자 말로는 다양한 의견이 있고 자기들도 누구나 혐오하는 곳에 좋아서 건축한 것은 아니다, 당시 적당하다고 생각해서 위치를 결정했는데 그 후 주위에 점차 주택이 들어온 것이고, 지금 그쪽으로 치워라 이쪽은 안된다 하면 곤란하지 않은가, 이렇게 말하고 있습니다. 도시의 진전에 수반하여 형무소 시설이라든가 혹은 도장(屠場), 오물처분장, 화장장 등은 점차 이동할 운명에 처해질 수밖에 없습니다. 또 이동하지 않으면 도시 발전을 저해하기도 하니 이전해야 한다는 점에 대해서는 동감합니다. 그러나 형무소를 이전하려면 다액의 경비가 소요되고 각지에서도 상당히 문제가 되어 쉽게 실현할 수 없습니다. 적어도 7,80만 원이나 100만 원 정도가 없으면 불가능합니다. 따라서 재정 관계상 다소 불편이 있더라도 잠시 참아야 하는 게 현재 상황이니 양해 부탁드립니다.

다음은 유곽 문제입니다. 이는 어제도 말씀드렸지만 부당국이 어떻게 조치를 좀 해야 한다는 문제인데, 뭔가 방법을 강구하고자 하고 또 부의 도시계획상 풍기지구라는 것을 만들게 된다면 부는 전폭적으로 협력할 생각을 갖고 있습니다. 유곽에 대해서는 언젠가 비공식적으로 말씀드렸지만, 저 자신이 구체적 경험은 없습니다만, 상당히 큰 문제이고 지금 여기서 바로 어떻게 하겠다고는 말씀드릴 수 없습니다.

그리고 재장(齋場) 문제입니다. 지금 조선 일본을 통틀어 대체적인 추세는 장의사(葬儀社)가 절을 이용해서 장의(葬儀)를 운영합니다. 그것은 상당한 비용이 듭니다. 지금 이야기도 비용이 주된 점이라고 생각하는데, 비용이 든다는 것은 재장 설비가 있고 없고에 관계없이 오히려 장의사가 문제이고, 재장 설비와 함께 장의사를 공영으로 하지 않으면 부민의 복리 증진의 목적은 달성할 수 없습니다. 장의사는 아시는 것처럼 1등은 얼마, 2등 3등은 얼마, 또 화환 하나는 얼마, 이런 식으로 돈을 받습니다. 부에서 이런 화환을 구비해두고 저렴하게 사용하게 하면 싸게 할 수 있고 이는 재정적 문제에서 말해도 큰 것은 아닙니다. 그러나 공영사업이 어디까지 손을 뻗을 것인가, 이런 분야는 어렵다는 견해도 있습니다. 공영으로 하면 싸진다고 요리점 경영이라든가 이것도 저것도 들어주는 식은 이 역시 생각해봐야 합니다. 장의사 문제는 저도 공영으로 할 만한 성격이 있다고 개인적으로 생각합니다. 그러나 절에도 영향을 미치고 장의사에도 영향이 있습니다. 따라서 이런 것을 실현하려면 역시 연구한 후에 또 전체의 의향을 잘 들은 후에 추진해야 합니다. 저 자신은 공영으로 해야 하지 않을까 생각하지만, 곧장 진행하는 것은 아닙니다. 신중한 태도로써 연구할 필요가 있는 문제임을 이해해주시기 바랍니다.

다음은 다리에 관한 문제입니다. 대구라는 도시의 번화가는 하나의 집단적 상태가 되어 있습니다. 해안이 있는 고베나 부산처럼 대단히 긴 지형을 갖고 있는 것도 아니고, 또 히로시마처럼 강이 많은 도시도 아닙니다. 그러나 대구가 지금 신천(新川)을 중심으로 착착 발전하게 되면 자연히 많은 교량이 필요하리라 믿습니다. 지금 상황으로는 새롭게 가설하기보다는 현재의 수성교를 빨리 개조하지 않으면 대단히 위험합니다. 버스를 지나다니게 할지 말지를 염려하고 있습니다. 우선 수성교 개조에 대해 가까운 장래에 여러분과 논의하고 싶습니다. 제2, 제3의 다리는 점차 상황을 보아 도시계획 진전에 따라서 고려하고자 합니다.

번외(하야미 류조(速水隆三) 토목과장) : 가로등은 현재 자재(資材) 부족으로 좀 수리가 늦어지고 있습니다. 이후 더 회사 쪽과 협의해서 개선하도록 노력하겠습니다.

번외(요시무라(吉村來治) 내무과장) : 일곱 번째 질문인 경방단에 대해 답변하겠습니다. 경방단 상황에 대해 여러 말씀을 하셨는데 잘 이해했습니다. 사실 어제도 말씀드린 것처럼, 부에서는 가능한 만큼의 예산을 계상했지만 이것으로 만전을 기할 수 있다고는 생각하지 않습니다. 사실 어제 각 부(府)와의 비교에 대해서도 말씀드렸지만, 경방단원 1인당 혹은 부민 전체에 대한 경방단원의 1인당 총체에서 보면 결코 다른 부에 뒤떨어지지 않는다고 생각합니다. 그리고 훈련 회수는 각 부에 조회한 결과 어제도 말씀드린 것처럼 회답이 있었습니다만, 이것도 요전에 도(道)에서, 1940년도의 훈련 회수는 이렇게 하라고 통첩이 왔습니다. 이 예산을 계상했을 때에도 대체적으로 그러한 예상하에 검토한 것인데 거의 동일합니다. 이런 견지에서 16회분을 계상한 것입니다. 그리고 아까 자재 같은 것도 하나도 없다는 식으로 극단적으로 말씀하셨지만, 이는 이미 경방단이 만들어지기 전 방호단 때 매년 충분하지는 않아도 상당한 액수를 계상해서 설비가 충실하도록 개선해 와서, 불충분하지만 대강의 것은 갖추어져 있다고 생각합니다. 그리고 작년 예산에 비해 대단히 적지 않냐, 겨우 163원밖에 증액하지 않았다, 결국 방공 우물에 1만 원 정도인데 금년도에 그것이 없으므로 차인(差引)하면 크게 감액된 것 아니냐, 이렇게 말씀하셨는데, 이는 말씀하신 것과 같고 방공 우물 2개소 1만 원, 그중 5,000원은 국고 보조가 있었습니다. 보조를 받고 나서 만드는 것으로 부가 나중에 반을 지출하기로 계획했습니다. 그런데 올해는 국비 보조가 없다는 통첩을 받아서, 부비만 가지고 이를 실행할 수 있을지 어떨지 몰라 금년도는 계획을 보류한 것입니다. 현재로는 보조가 없는 것으로 되어 있지만 혹시 연도 내에 보조가 있다는 지령이 올지도 모릅니다. 이 경우에 다시 고려해주시길 부탁드립니다.

그리고 경방비 요구가 얼마였냐는 질문이신데, 이는 경상비 3만 2,234원과 임시비 4만 7,248원이고 1940년도의 요구액은 7만 9,482원입니다. 요구액에 비해 계상액이 매우 적지 않냐고 말씀하셨는데, 이제 말씀드린 것처럼 부에서는 가능한 만큼 노력한 것입니다. 그리고 예산 편성 전에 경방단장과 경찰 등과 절충한 결과 이렇게 낙착되었습니다. 불충분하지만 이것으로 조달하고 싶다, 어쩔 수 없다고 양해를 부탁하여 계상한 것입니다. 이것이 충분하다고는 결코 생각지 않습니다. 단장과 분단장 등 간부들이 상당히 희생하고 있는 것을 알고 있습니다. 부비에서 더 조달하고 싶지만 금년도는 유감스럽게도 예산 편성상 어쩔 수 없었습니다. 금후 정세를 봐서 내년도에는 상당히 고려해보고자 합니다. 극히 간단하지만 이 정도로 답변 드립니다.

(하라 편지)

6) 대구부회 회의록 초본(제3일, 1941년 3월 25일)

항 목	내 용
문 서 제 목	大邱府會會議錄抄本(第三日)
회 의 일	19410325
의 장	松山茂一(대구부윤)
출 석 의 원	片山茂祚(1), 砂田辰一(3), 배영덕[靑田永德](5), 소진무[伊蘇千峰](7), 배병열[星岡炳列](8), 佐藤甚藏(9), 정운용[大谷雲用](10), 福山直(11), 星山一郎(14), 古谷洽輔(15), 吉岡良左衛(16), 可可美愛民(17), 임상조(林尙助)(18), 小野元太(19), 山根初太郎(21), 서정회[大峰廷浩](23), 時友幸平(24), 허지[明本智隆](25), 서석현[大山錫現](27), 진희태[秦一精](29), 주병환[淸浦友三](30), 酒井儀助(31), 池本猪三郎(32), 松原正坦(34), 本多良錄(35), 배국인[松田國應](36)
결 석 의 원	塚原宇一(6), 坂本俊資(20), 增田定吉(22), 배정기[天城基](26), 이상열[岩村相烈](28), 추병익[秋谷高明](33)
참 여 직 원	
회 의 書 記	
회 의 서 명 자 (검 수 자)	松山茂一(대구부윤), 서정회[大峰廷浩](23), 時友幸平(24)
의 안	제6호 의안 시장신영비 계속비 설정 건, 7호 의안 달서천개수비 계속비 설정 건
문서번호(ID)	CJA0003754
철 명	부일반경제세입출예산서(대구부산마산)
건 명	소화16년도대구부일반경제세입출예산-경북(회의록첨부)
면 수	80
회의록시작페이지	458
회의록끝페이지	537
설 명 문	국가기록원 소장 '부일반경제세입출예산서(대구부산마산)'철의 '소화16년도대구부일반경제세입출예산-경북(회의록첨부)'건에 포함된 1941년 3월 25일 대구부회 회의록 초본(제3일)

해 제

본 회의록(총 80면)은 국가기록원 소장 '부일반경제세입출예산서(대구부산마산)'철의 '소화16년도대구부일반경제세입출예산·경북(회의록 첨부)'건에 포함된 1941년 3월 25일 대구부회 회의록 초본(제3일)이다.

1941년도의 대구부 예산 심의를 한 이 부회는 3월 22일에 시작되었는데, 신규 예산의 주요한 것은 부영 중소주택 60호와 40개 정도의 아파트 1동 건축에 24만 5,000원, 도장 이전 신축의 7만 5,000원, 노동자주택 신축 3만 5,000원, 2개년 계속사업인 사매시장 신설 총사업비 23만 5,000원 등이고, 이 사업비는 기채에 의해 지변하기로 결정했다.[10]

제3일인 3월 25일 회의에서는 전날에 이어 세출임시부를 심의하고 있는데 배병열 의원은 달서천 개수공사로 인해 소지주나 자작농이 파산에 빠지게 될 것을 염려하면서 그 대책을 촉구하고 있다.

내 용

의장(스기야마(杉山茂 ·) 부윤) : 출석 20명입니다. 개회하겠습니다.
(오후 1시 15분)

번외(요코야마(橫山) 내무과장) : 예산안 중 좀 글자를 고쳐주시기 바랍니다. 제2쪽 제3항 적립금 수입 제2목 사단설치비 기부적립금 수입이라고 된 것이 있습니다. 이 사단설치비라는 말이 시국상 좋지 않은 점이 있습니다. 그래서 따로 인급하는 게 온당하다는 이야기도 있어서 이를 특수시설비 적립금 수입과 특수시설비로 고쳐주시

10) 『○○일보』 1941.3.24.

기 바랍니다. 그리고 같은 의미에서 21쪽 제3항 사단설치비 적립금을 특수시설비 기부적립금 보조로 해주시고 그 다음은 110쪽 사단설치비 기부적립금을 특수기부적립금으로 고쳐주십시오.

의장(스기야마(杉山茂一) 부윤) : 1번 출석했습니다.

번외(요코야마(橫山) 내무과장) : 그 다음은 138쪽 적립금 중의 사단설치비적립금을 특수시설비적립금으로 고쳐주십시오. 이에 대해서는 조례 관계도 있으니 조례는 또 심의해주시고 여기서는 예산에 대해서만 심의를 원합니다.

의장(스기야마(杉山茂一) 부윤) : 조례 쪽은 이미 공포가 끝났으니 잠시 그대로 두고 필요할 때 고치는 것으로 하겠습니다. 그리고 설명서 중에도 마찬가지로 고쳐야 할 글자가 있는데 그것은 이사자가 고치는 것을 승인해주시기 바랍니다.

("이의 없음"이라는 소리 들림)

그러면 어제에 이어 오늘 세출임시부부터인데, 임시부의 중요한 사항에 대해서는 이미 간담회를 했으니 임시부 제1관 토목비부터 마지막 제18관 달서천개수비 본년도 지출액까지 전부와, 이와 관련해서 제6호 의안 시장신영비 계속비 설정 건 제18관에 관련해서 제7호 의안 달서천개수비계속비 설정 건, 이상을 부의하겠습니다.

11번(후쿠야마(福山直)) : 금호강 개수공사는 착착 진행되어 곧 배수로 설치가 될 것으로 생각되는데 그렇게 되면 도로가 배수로로 끊어지게 되므로 가교 같은 것을 놓았다고 들었습니다. 거기는 우마차 통행이 많은데, 가능한 영구적인 설비를 해서 적어도 10년 이상은 보존할 정도의 것을 설치해 주셨으면 합니다. 그리고 또 하나, 달서천개수공사는 다년간 주민의 희망이므로 저도 찬성합니다. 단 지금 설계도면을 보면 철도선로를 따라 쭉 붙어있는 것 같은데 이것은 철도 쪽에 별로 지장은 없습니까? 금호강 개수공사도 처음에 배수로를 제방 바로 밑에 설치하도록 설계했던 것이 별로 좋지 않아서 변경되었습니다. 그 때문에 이곳의 지주는 여하튼 양쪽에 걸쳐진 모습이 되어서 상당히 힘든 것입니다. 그러나 이는 어쩔 수 없는 것이긴 하지만 그러한 점도 있으니 달서천 개수공사에 대해 충분히 조사를 해서 도중에 설계 변경을 하는 일이 없기를 바랍니다. 지금 도면에 의하면 노동학원 앞은 철도 선로가 복선으로 되어 있고 이로 인해 폭이 좁아서 상당히 깊게 파지 않으면 안되는데, 철도와 관련한 것은 이미 마쳤다고 생각하지만 이 점을 고려해주시기 바랍니다. 그리고 또 하나는 달서천 댐에 가보면 미나리밭이 있습니다. 그 토지는 철도가 지나가면서 물 공급이 끊겼으니 뭔가 용수로를 하나 만들어주시길 바랍니다. 그러한 작은 설계는 주무관서 분이 연구하고 있으리라 생각하는데 희망을 말씀드립니다.

의장 : 36번, 35번이 출석했습니다.

8번(배병열[裵炳烈]) : 지금 11번 의원이 달서천 개수공사에 대해 질문하시고 또 희망을 말씀하셨는데, 저는 이 질문에 들어가기 전에 금호강개수공사의 몽리구역과 총평수는 어느 정도인지, 소위 토지 평수할을 내는 총면적과 이번에 새로 설계한 달서천 몽리구역…[11] 45만 원입니다. 연간 계속사업 공비에 필적하는 평수할이고 1평 10전 7리, 거의 11전입니다. 더구나 금호강 개수공사의 평수할로 소지주 사착농인 자는 지당 잡혀있는 현재, 또 달서천 개수공사를 하게 되면 거의 파산에 빠지는 게 아닌까 생각합니다. 저는 이 달서천 개수공사를 반대하는 것은 아닙니다. 지금까지 30만 원이라면, 같은 평

<hr />

[11] 한 페이지가 원문에서 누락되어 있다.

수할을 내도 45만 원의 평수할과 30만 원의 평수할을 비교하면 좀 싸게 드는 것은 아닐까 생각합니다. 소위 대지주를 돕기보다 소지주 내지 자작농들을 구제하려면 같은 사업에서 가장 부담을 경감시키고 또 그 효과가 있다면 부에서도 의원 모두가 찬성해서 진행해야 한다고 생각합니다. 이미 만들어진 천(川)을 이용하면 장래 공업지대가 되었을 때 다소 장애가 있으리라고 들었습니다만, 그것보다도 파산에 빠지는 사람들이 공장지대로 되고나서 많아지는 것은 아닐지, 그 점에 대해 상세한 설명을 원합니다. 그리고 30만 원에서 45만 원 드는 공사를 하지 않으면 안되는 그 이유도 이 자리에서 말씀해주시길 원합니다.

번외(하야미(速水) 토목과장) : 후쿠야마(福山直) 씨의 질문에 대해 답합니다. 달서천 개수에 의해서 경마장 부근의 논 등에서 현재 용수를 사용하고 있는 부분에 대해서는 금후 상세한 설계를 할 때 고려하겠습니다. 그리고 8번 의원에게 답하겠습니다. 금호강 몽리면적은 144만 4,700평, 그리고 달서천 개수공사의 몽리면적은 대략입니다만 84만 3,000평입니다. 다음으로 달서천 개수에 대해 상세한 설명을 드리겠습니다. 천(川)의 개수(改修)에 대해서 말씀드리겠습니다. 안동가도의 현재 철도가 있는 밭에서 약간 서쪽에 있는 철교를 기점으로 해서 제1 원대교(院垈橋)부터, 옛 노동학원 북쪽을 통해서 임업묘포의 뒤로 철로선에 면해있고, 서쪽으로 연결되어 금호강으로 흐르는 총연장 4,280미터로 되어 있습니다. 우측 제방을 금호강 제방과 연결해서 그 높이도 금호강 홍수로부터 절대 안전한 높이를 갖고 있습니다. 그 가운데 포용된 약 140만 평의 침수 범람 구역이 완전히 안전한 토지로 되어 있습니다. 그래서 달서천 개수공사에 대해서 부에서는 현재의 천의 부근을 통하는 선과 또 현재의 천이

있는 곳과 지금 계획하고 있는 그 사이를 통하는 선, 그리고 철도
선로에 의한 선 쪽과 비교 연구했는데, 대체로 하천 개수는 모두 감
독 관청의 지시에 의해서 해야 하고, 총독부와 절충한 결과, 철도선
로에 의하는 것이 가장 좋으므로 이렇게 할 수밖에 없었습니다. 이
에 의해서 대체로 추산을 해보면 약 45만 원 정도가 듭니다. 아까
말씀에 현재의 천을 이용하면 싸게 하는 것 아니냐는 말씀이셨는
데, 현재 천은 상당히 굴곡이 져서 그대로 두고 새로 만들 수 없습
니다. 또 신천(新川)을 통하는 것은 이 개수의 이용 현황에 있어서,
장래 시가지계획에 있어서, 현재의 한가운데에 높은 제방을 쌓는
것은 다소 공비는 쌀지도 모르지만 장래 계획상 좋지 않습니다. 이
러한 관계에서, 평수할 부담이라고 한다면, 대체로 달서천 쪽이 논
약 32전 정도, 밭 27전, 대지(垈地) 약 5전 정도가 됩니다. 역시 부담
하는 사람은 상당히 고통이 되겠지만 비싸다고는 생각하지 않습니
다. 현재 그대로 두면 언제까지나 진흙탕에 매몰되고 장래 도시로
서 발전 가치가 전혀 없습니다. 다소 고통을 참고 빨리 이 공사를
실현해서 토지 이용을 고려하는 방향으로 나아가려고 합니다.

8번(배병열[裵炳烈]) : 지금 토목과장 답변을 잘 들었습니다. 물론
이 사업은 감독관청의 지시를 받고 하니 보조 관계 등에서 그렇게
되리라 생각합니다. 그러나 한 가지 생각한 것은, 기설천을 이용하
는 것도 상당히 우여곡절이 있고 다소 비용은 싸겠지만, 또 그것이
시가계획에서 한가운데가 되면, 도시계획 도면을 봐도 이것이 한가
운데가 되지 않으면 안되는지, 이전 간담회 때 부윤의 취지는 기설
천을 이용해서 30만 원으로 해도 장래 발전에는 장애가 되지 않는
다는 식이었습니다. 확실하게 말한 것은 아니시만, 그런 취지라고
간담회 자리에서 시는 들었습니다. 달서천 3개년 사업만이면 몰라

도 금호강 개수공사 3년, 달서천 공사 3년을 더하면 6년 동안이나, 소작미 중 반 이상을 매년 내야 합니다. 특히 재작년에는 큰 가뭄으로 수확이 거의 없었는데도 그달 수입에서 내야 했고, 작년 정도의 수확이었다면 응할 수도 있지만 이것이 평년작으로 될지 알 수 없으니 지금부터 3년 또는 몇 년간은 소작인의 소득이 없는 것이나 마찬가지가 되므로, 빚이라도 내지 않으면 안된다고 합니다. 또 하나는 가령 총독부 또는 부에서 한 설계를 수행한다 해도, 그 부근 자작농 또는 소지주들은 지금 구제를 해달라는 진정을 하고 있다는 이야기가 있습니다. 역시 부회의원인 저로서도 부민인 소지주와 자작농의 사정을 참작해야 하므로, 사업만 완성되면 그것으로 됐다는 방침으로만 가기는 의원으로서 취할 태도는 아니라고 생각합니다.

(하략-편자)

2. 부산부회 회의록

1) 부산부회 회의록(제1차, 1937년 3월 22일)

항목	내용
문서제목	釜山府會會議錄(第一次)
회의일	19370322
의장	山本坂太郎(부산부윤)
출석의원	이영언(李榮彥)(1), 김준석(金準錫)(2), 山本榮吉(3), 加藤襄(4), 吉岡重實(5), 김원술(金元述)(6), 田代虎太(7), 권인수(權仁壽)(8), 池田祿次郎(9), 石原香香(10), 山川定(12), 中島鶴太郎(13), 坂田文吉(15), 목순구(睦順九)(16), 조진옥(趙辰玉)(17), 정사중(丁士中)(18), 桐岡槌雄(20), 中村高次(21), 김재준(金在俊)(22), 長富芳介(25), 이근용(李瑾鎔)(26), 戎才吉(27), 山内忠市(28), 原武一(29), 中山喜市(30), 久布白貫一(31), 飯田勝正(32), 김상홍(金相洪)(33), 大矣音松(34), 倉地哲(35), 松岡源太郎(36), 杉野勇次(37), 辛泌(39)
결석의원	
참여직원	上野彥八(부이사관), 万代清一(부속), 岩元雄一(부속), 西岡貞善(기사), 藤田米次郎(주사), 福垣金則(주사), 楠本博康(주사), 高橋清次(주사), 松尾孝平(서기), 財部彌一郎(서기), 竹島正男(부속), 田上健吉(부속), 松居辰雄(서기), 玖順鍏(서기), 末原盛彥(부기수), 大西房太郎(기수), 小澤富太(기수)
회의書記	尾吹武雄(서기), 安藤勝三(서기), 麻生能成(고원), 稻富正太(고원)
회의서명자(검수자)	山本坂太郎(부산부윤), 中村高次(21), 김재준(金在俊)(22)
의안	의안 2호 1937년도 부산부 세입출 예산안, 3호 1937년도 부산부 수도비 특별회계 세입출예산, 4호 1937년도 부산부 병원비 특별회계 세입출예산, 5호 하수개수공사비에 충당하기 위해 기채를 하는 건, 6호 도로 및 하수개수공사비에 충당하기 위해 기채를 하는 건, 7호 재해복구공사비에 충당하기 위해 기채를 하는 건, 8호 북빈 연안 설비와 산마굴 신규수축 기타 공사비에 충당하기 위해 기채를 하는 건, 9호 운동장설비비에 충당하

	기 위해 기채를 하는 건, 10호 소매시장 설비비에 충당하기 위해 기채를 하는 건, 11호 卸賣시장 설비비에 충당하기 위해 기채를 하는 건, 12호 보수천 도로 개수공사비에 충당하기 위해 기채를 하는 건, 13호 범어사 수원지 확장공사비에 충당하기 위해 기채를 하는 건, 14호 오물소제설비비에 충당하기 위해 기채를 하는 건, 15호 부평정시장 개축비에 충당하기 위해 기채를 하는 건, 16호 보수천도로개수공사를 위한 계속비 설정 건, 17호 오물소제설비를 위한 계속비 설정 건, 18호 부평정시장 개축을 위한 계속비 설정 건, 19호 특별영업세 잡종세 조례 중 개정 건, 20호 노면개량 토지 평수할 조례 중 개정 건, 21호 부산부 운동장 사용조례 중 개정 건, 22호 부산부 분뇨 흡취 수수료 조례 중 개정 건, 23호 수수료 징수조례 중 개정 건, 24호 이원봉급조례 중 개정 건, 25호 부산부 화재손해 塡補적립금 설치 및 관리조례 설정 건, 26호 기본재산 처분 건, 27호 기본재산 처분 건, 28호 기본재산 축적 정지 건, 29호 1936년도 부산부 세출 추가경정예산
문서번호(ID)	CJA0003268
철 명	부산부일반경제관계서철
건 명	부산부특별영업세잡종세조례중개정건(회의록)
면 수	49
회의록시작페이지	37
회의록끝페이지	85
설 명 문	국가기록원 소장 '부산부일반경제관계서철'의 '부산부특별영업세잡종세조례중개정건(회의록)'건에 포함된 1937년 3월 22일 부산부회 회의록(제1차)

해 제

본 회의록(총 49면)은 국가기록원 소장 '부산부일반경제관계서철'의 '부산부특별영업세잡종세조례중개정건(회의록)'건에 포함된 1937년 3월 22일 부산부회 회의록(제1차)이다.

1937년도 부산부 일반경제 세입출예산과 수도, 병원 등 특별경제 세입출예산안을 합쳐 총액 326만여 원을 상정 심의하고 있다. 부윤과 참여원의 예산 설명이 끝나고 곧장 의원들이 문제제기를 하고 있는데 그 주된 내용은 재정이 궁핍하고 물가가 등귀하는 시기에 방대한 예산을 편성하여 다액의 기채를 행하는 것이 무리라는 지적이다. 이에 대해 우에노(上野) 내무과장은 부의 재정, 국고보조 등을 고려하여 기채사업을 계획한 것이라서 안심할 수 있다는 확신을 피력하고 있다.

야마모토(山本) 부산부윤은 기채에 대한 양해를 얻기 위해 총독부에 왔다가 이 회의 전날 즉 3월 21일 부산으로 돌아왔는데, 돌아와서 다음과 같이 말했다. "올해 기채액은 지난번 제1, 제2교육부회에서 협의를 얻었던, 제1교육부회의 10만 원, 제2교육부회의 26만 원, 예산부회에서 심의 결정할 일반경제, 수도 특별경제 관계의 92만 6천 원, 합계 130만여 원을 상회한다. 기채액이 좀 방대하다는 의견도 있지만 여하튼 총독부의 승인과 양해를 얻었다. 남선합동전기 본사의 경성 가(假)결정에 관해서는, 부산은 아직 절망하지 않으므로 이때 크게 자중하여 정관적 태도를 갖고 장래에 신처하는 것이 가장 현명하다."[12]

'남선합동전기주식회사'는 '남조선'의 6도의 배전 통제를 완성하기 위해 대흥전기(大興電氣), 조선와사전기(朝鮮瓦斯電氣)(부산), 대전전기(大田電氣), 남조선전기(南朝鮮電氣), 목포전등(木浦電燈), 천안전등(天安電燈) 등 6사가 합동한 것으로 1937년 3월 4일 총독부로부터 인가를 받고 3월 10일 합병했다. 그런데 그 본사를 어디 두느냐의 문제로 부산, 대전, 대구 등 각시에서는 본사유치기성회를 조직하고 유치운동을 벌이면서 심한 지역 간 알력을 보였다. 3월 16일 본점 위치는 잠정적으로 경성으로 결정되었는데 위 부산부윤의 인삼은 이를 말하는 것이다. 결국 4월 10일 동경에서 열린 남조선합동전기주식회사 창립총회에서는 본사 소재지를 경성으로 두기로 결정했다.[13]

내 용

부윤(야마모토 사카타로(山本坂太郎)) : 의사에 들어가기 전에 우선 인사를 올리겠습니다. 이번 회의는 1937년도 부산부 세입출예산안과 이에 부수하는 여러 의안 및 당면한 사무 처리상 필요한 의안에 대해서 여러분의 심의를 받기 위해 소집을 원했습니다.

사실 좀더 빨리 모이기를 원하여 여러 노력을 했습니다만 여러 사정으로 제약을 받아서 오늘에 이르렀습니다. 이 점에 대해 양해 부탁드립니다.

예산 편성 방침과 신규사업 계획의 중요한 것에 대해서 말씀 드리겠습니다.

아시는 바와 같이 약진적 발전을 하고 있는 부세의 현황에 발맞추어 여러 시설이 급히 필요한 것이 많습니다. 또 작년 이래 일반 물가가 등귀하여 1937년도 예산 편성에 적지 않은 고심을 했습니다. 첫째로는 사무 개선과 능률 증진에 대해서 특별히 고려를 했습니다. 이에 대해서는 이미 여러분도 여러 주의를 주었고 또 지금 대단히 사업이 많아서 여력이 부족한 상태이므로, 그 의미에서 지금 불합리한 점을 개선하고자 합니다. 쓸데없는 비용은 가능한 절약하고 유용하게 사용함으로써 재정상 안전을 기하려고 했습니다.

신규사업은 우선 토목 방면에서는 아시는 것처럼 아직 시가지계획

13) 『조선일보』 1937.3.6·15; 4.11.

이 결정되지 않아서 어쩔 수 없이 부내 각지의 도로, 교량, 도랑 등의 개선에 대해 도시 정비상 긴급하게 필요한 것 중 적당한 곳을 선정하여 실시하고, 작년 재해를 입은 곳의 복구에는 국고 보조를 받기로 해서 이 경비를 계상했습니다. 또 간선 하수의 개선은, 작년 국고 보조를 받아 제1기공사를 완료하고, 또 부 경비를 들여 실시했습니다만, 이번에 새로 보조를 받기로 양해를 얻었으므로 그 일부를 실시하기로 했습니다. 그리고 서부시장을 관통하는 보수천(寶水川)은 불결해지기 쉬워서 교통상 지장이 있으므로 지하 배수로를 만들고 그 위를 도로로 이용하는 것이 보건위생상 또 교통보안상 유익하다고 생각하여, 본년도부터 2개년 계속사업으로서 실시 계획을 세웠습니다.

항만 방면의 시설은 도진교 등의 공사를 계속 실시하고 완전히 면목을 일신하여 국비사업과 마찬가지로서 항도 부산의 진가를 발휘하려고 합니다. 올해는 다시 북쪽 연안 무역 설비로서 상옥(上屋)을 건설하고 이쪽 길의 도로 포장을 함과 동시에, 살마굴(薩摩掘) 입구 방사제(防砂堤)를 연장해서 소형 어선의 안전을 도모한 경비를 계상했습니다.

그리고 각종 도시적 시설, 시가지계획에 대해서는 전년 이래 조사를 속행하고 있습니다만 계속 조사를 진행함과 함께 그 실시와 구획정리 지도 등에 필요한 경비를 예상하여 수행상 유감없도록 기하고 있습니다.

다음으로 오물처리장은 현재 남부민정(南富民町) 위치는 이미 부적당하게 되었으니 이전하자고 전부터 부회에서 계속 희망하여, 이미 본 가운데 위원을 선정하여 인선을 마쳤습니다. 당국자들도 신중히 고려를 기울인 결과 분뇨는 운송 설비로, 오물은 자동차로 반출한다는 안을 얻었습니다. 이를 본년도부터 2개년 계속사업으로 하여 실시할 계획을 세웠습니다.

또 운동장은 작년 경영장(競泳場)이 신설되었지만 역시 설비가 불완전하여 지금 전반적으로 완성을 도모할 경비를 계상했습니다.

우리 부 소매시장은 설치 이후 순조롭게 발전을 해왔습니다만 그 중 부평정시장은 그 규모에서도 내용에서도 전국 유수의 시장 중 하나입니다. 그러나 건물이 이미 상당히 오래되고 낡아서 민중이 이용하기에 매우 불편하므로, 이를 타지 않는 건물로 개축하고 보안 위생상 완전에 가깝도록 할 계획입니다. 이것도 본년부터 2개년 계속사업으로 하여 계상했습니다. 기타 소매시장도 각각 개선하고 새롭게 편입되는 곳에도 1개소를 신설할 계획입니다.

사매시장도 순차적으로 업적을 쌓고 있습니다만 금년에는 그 설비가 부족한 곳을 보완하는 경비를 계상했습니다.

다음으로 사회사업 방면은 이쪽 일을 하는 직원을 증가함과 동시에 순조로운 발달을 보고 있습니다. 방면위원 제도의 확충, 구료권 발행 등을 계획했습니다.

기타 공원 시설, 소방기관 충실, 청사의 일부 증축 등에 필요한 경비, 용두산 신사, 수산교 가설비에 대한 기부금, 화재손해 보전 적립금 등을 새로 계상했습니다.

또 위 외에 대신정(大新町)과 일주정(溢州町) 터널 공사, 범일정(凡一町) 운하 공사, 기타 중요사업에 대해서는 각각 조사비를 계상해서 장래를 대비하기로 했습니다.

이상에서 도로 및 하수개수공사, 재해복구공사, 하수개수공사, 보수천(寶水川) 도로개수공사, 북빈(北濱) 연안 설비와 살마굴 정박장 수축 기타공사, 오물소제설비, 운동장 설비, 부평정 시장 개축, 소매시장 설비, 사매시장 설비 등에 필요한 경비는 일시에 이를 지변하는 것이 곤란하므로, 일단 이를 기채에 의하는 것으로 했습니다. 그러나 모두 그 상환 재원은 확실한 것이고 이 때문에 장래 부담의 증가를 가져오는 것은 아니라고 믿습니다.

그리고 세입에서 한 말씀 드리면 부담 증가는 최대한 피했습니다만 시가지계획 관계의 여러 경비, 오물소제 설비비 등은 특별히 경비가 필요하므로 호별세 부가세와 분뇨흡취 수수료에서 약간을 증징하는 것으로 했습니다.

이상은 주로 일반회계에 속하는 사항이고, 수도비 특별회계에 대해 말씀드리겠습니다. 이 특별회계의 수지는 점차 개선되어 작년부터 균형을 이루고 있고, 요금 저감도 일단 고려했는데, 우리 부의 수도는 부세의 진전에 따라서 일대 확장을 해야 하는 시기이므로, 그 계획이 나오기까지 잠시 현재 그대로 나아가는 것으로 했습니다. 금년은 확장계획을 세우기 위한 경비를 계상한 외에 범어사 수원지 확장, 배수관 증설 개량, 법기리 수원지의 토지 매수 등 오로지 기설 기관의 개선, 급수 보급의 시설에 노력하는 것으로 했습니다. 위중 범어사 수원지 확장비의 일부는 기채에 의한 것입니다.

다음으로 병원비 특별회계는 작년부터 있었던 것입니다만 새 병원으로 이전하고부터 업적이 예상 이상으로 향상해서 본년에도 상당히 다수의 환자가 예상되므로, 경상적인 경비도 이에 따라서 팽창한 한편 여러 내용적인 설비 개신을 도모하려고 계획했습니다.

이상은 예산안 및 신규계획 개요인데 각 안건의 상세한 부분은 따로 참여원이 설명을 드리고자 합니다.

충분히 심의하여 협찬해주시길 바랍니다.

의장(야마모토 사가타로(山本版太郞) 부윤) : 오늘 인장을 보고 드리겠습니다. (중략·편자) 이상을 일괄해서 의제로 올리겠습니다.

참여원(우에노 히코하치(上野彦八) 이사관) : 오늘 제안한 1937년도 부
산부 세입출예산안 외 27건에 걸친 안건에 대해 지금 부윤이 연술
하셨고 또 각 의안에 대해 각각 제안 이유나 설명서를 첨부했습니
다만 상당히 광범하므로 다시 그 내용에 대해 일단 말씀드리겠습니
다.

예산 편성은 부윤 연술에도 있었지만 현재 부세의 진전 상황에 비
추어 극히 필요 적절하다고 생각되는 사항에 대해서는 상황이 어려
워도 그 실시 개선을 기획했고, 평소 여러분의 요망과 의견도 충분
히 고려하여 그 재원 등에 대해서도 신중히 조사 연구하여 가능한
부담의 과중을 피하고자 했습니다. 특히 본년도는 특별경제 교육부
예산에서 어느 정도 증징했으므로 이 때문에 일반경제 쪽은 가능한
보류하려고 생각했지만, 도시계획령 실시에 따른 조사와 기타 여러
긴급한 사업비의 일부를 충당하기 위해 호별세 부가세를 약간 증징
하고 또 분뇨흡취 수수료에서 약간 증액하고, 기타 여유 재원은 후
년으로 보류하고, 단순히 자연 증수에 그치고 일부는 기채에 의해
서 합니다. 이것도 국고 보조와 해당 사업 수입을 충당한 외에 근년
중에 변제할 구채 경감액을 돌아보는 등 신중하게 고려하여 적극적
으로 진행한 것입니다. 한편으로는 낭비되는 비용을 절약하는 데에
도 유의하여 편성했습니다.

본년도 예산 총액은 일반경제 253만 5,913원이고 전년도에 비해 76
만 452원 증가입니다.

수도비 특별회계 예산 46만 68원은 전년도에 비해 4만 7,993원 증가,
병원비 특별회계 예산 26만 9,172원은 전년도에 비해 6만 6,859원 증
가입니다. 이 세 가지를 합해서 326만 5,053원이며 전년도에 비해

87만 5,304원의 증가가 됩니다.

예산 각 항목에 걸친 증감은 각각 설명서에 나와 있지만 그 중 전년도에 비해 현저히 변화한 중요한 점을 말씀드리겠습니다.

우선 일반경제부터 말씀드립니다.

세출경상부에서는 8만 5,946원 증가이고 우선 사무비에서 2만 3,000여 원의 증가입니다. 이것은 부세의 발전에 따른 사무 증가는 물론이고 약진 부산에 순응하는 여러 사무적 조사를 위해, 또 작년 4월 신청사 이전 후의 실정에 비추어 용인 증가가 필요하여, 연봉을 받는 이원 3명, 월급을 받는 이원 4명, 고원 10명, 용인 9명 합해서 26명을 증원했습니다. 이 중 고원과 용인의 대부분은 이미 임시로 일하고 있고 다른 이원도 대부분 승격시켜 사무 능률을 증진하려고 생각했습니다. 그리고 연말 위로금은 종래 실적에 비추어 2할 증액하여 계상하고 수용비에서 물가 등귀와 신청사 이전 후의 실적에 비추어 약간 증액이 필요했습니다.

다음은 전염병 예방비입니다. 방역 시설의 적합성 즉 전염병 환자 발생율의 고저가 곧장 부의 발전에 크게 영향을 줍니다. 이 점에 비추어 본년은 방역상 만전을 기하기 위해 이원 1명 증가, 기타 수용비 증가를 예정해서 약 2,800원 증액했습니다.

다음은 오물소제비입니다. 오물 처리의 적부는 단순히 위생 문제만이 아니라 부민의 편리 혹은 부민의 정서 등에 중대한 관계가 있으므로 항상 여러분과 함께 그 개선에 고심을 하고 있습니다. 다행히 본년은 이 사업의 조사회라든가 부회 위원회의 조사에 의해 성안을 만들었으므로 임시부에 그 개선 소요 경비를 계상했습니다. 한편 경상 작업의 완벽을 기하여 소제 구역을 확대하고 이에 필요한 인부 임금, 마필 기타 기구 소모품 등을 합쳐 약 2만 6,000원 증액했습니다.

다음은 운동장비입니다. 부민 체육의 향상을 꾀함에 있어서 운동장 설비의 완성을 기하고 아동생활의 위험 구제의 하나의 수단으로서 아동 유원장을 확장할 필요가 있습니다. 이러한 의미에서 본년도는 우선 기설 대신정 운동장을 개선하기로 하고 그 경비를 임시부에 계상했습니다. 경상부에서는 수영장을 위한 용인료에서 1명 증원한 외에 수용비에서 약간 증가하여 약 1,600원 증가했습니다.

다음은 도서관비입니다. 도서관은 아직 원래대로이지만 곧 구청사 자리로 이전할 예정입니다. 이로써 내용을 개선할 주사 1명, 고원 3명, 기타 용인 합해서 6명을 증원하여 계상했습니다. 도서 구입비 수용비 등을 합해서 약 9,000여 원 증액입니다.

다음은 직업소개소비입니다. 근래 직업소개소 이용자가 점차 증가함에 따라 직원이 부족해졌으므로 새로 서기 1명을 증원하고 기타 수용비 등으로 약간 증가하여 1,800여 원 증가했습니다.

다음은 소매시장비입니다. 종래 소매시장은 8개소이고 각 시장마다 각각 소요경비를 계상했습니다만, 본년도에는 이를 통일하여 계상했습니다.

또 시장 이용자가 점차 증가함에 따라 다양한 사무가 많아져서 새로 서기 1명, 사무원 2명, 기타 용인 3명을 증원하려 합니다. 물론 이에 따른 수입도 증가할 것인데 전년도에 비교하면 인건비 기타를 합해서 약 3,500원 증액이 됩니다.

다음은 사매시장비입니다. 종래 실적에 비추어 이 역시 직원이 부족했으므로 새로 고원 1명을 증원하고, 기타 실정에 비추어 숙직비 등을 계상할 필요가 있어서 이를 합해 1,300여 원 증가했습니다.

다음은 연안 무역 설비비입니다. 종래 잔교비로서 계상한 것을 항

목을 통일했는데 큰 증액은 아닙니다.

다음은 사회사업비입니다. 근래 사회사업도 일반에 관심을 끌고 있습니다. 따라서 우리 부의 실정에 비추어 시설을 개선해야 한다고 생각합니다. 요컨대 구제 본위의 정책은 점차 배제하고, 자력갱생의 관념을 강조하는 데 노력하려고 합니다.

본년도는 방면위원 제도 확충 개선을 도모함과 동시에 세민 지구의 설치 촉진을 충분히 고려해보려고 합니다. 또 교화사업 보급 철저를 도모할 강습회, 강연회 영화교육 설비, 부락 진흥 개선에 필요한 경비를 어느 정도 증액하고, 또 구제비에서 종래 국비와 도비에서 배포한 구료권을 다시 부비에서 약간 증액해서 배포할 생각입니다. 한편 우리 부 선전을 위해 관광시설이 가장 필요하다는 점은 당연합니다. 이를 항목 하나로 묶어서 경비에는 큰 증감은 없습니다.

다음은 예선(曳船)[14]비입니다. 종래 실정에 비추어서 수선비 수용비에서 좀 증가하여 약 1,200원의 증가가 되었습니다.

다음은 권업비입니다. 부 발전도 한 두 개의 산업시설에 의존하는 바가 적지 않다고 생각합니다. 그래서 이를 생각할 때 그 조사 연구를 속행하여 개선을 도모해야 한다고 생각합니다. 그래서 본년도에는 임시 사업 조사의 완성을 기하고 산업 장려비 증가와 대부금 증가, 간이수산장비의 증가, 기타 새롭게 미곡조사비 등을 계상하여 약 3,000원을 증액했습니다.

다음은 경비비입니다. 작년 4월 부 구역 확장에 따라서 경비 시설을 충실히 해야 한다고 생각합니다. 따라서 본년도에는 북부에 망

---

14) 시세 항행력이 없는 부선이나 항행력이 있어도 원시적으로 사용되는 선박을 시설되 장소까지 끌어당기거나 밀어서 이동시키는 선박.

루를 1개소 증설하고자 임시부에 소요경비를 계상했습니다. 이에 따라 상비 소방수 4명을 증원하고 의용 소방에서 소두 2명, 소방수 20명을 증원하고, 그 소요경비를 계상하면 수용비, 피복비 등이 증가하므로 합해서 4,000여 원 증가하게 됩니다.

다음은 기본재산 조성비입니다. 이 항목은 기본재산 조성축적금 원금의 증가에 따라 이자가 증가하면 퇴은료 및 부조료 기금 조성비의 증액이 필요하고 합해서 1,600여 원을 증액했습니다.

기타 잡지출, 접대비 등은 과거 실적에 비추어서, 또 정동리 총대 조장 표창비 등의 증액이 필요하여 합해서 3,200여 원을 증액했습니다. 다음은 재산비입니다. 화재보험 물건의 감소에 따라 약 800여 원 감소했습니다.

이외에 토목비, 항만비, 묘지비, 화장장 및 재장(齋場)비, 도장(屠場)비, 공회당비, 청년훈련소비, 주택비, 부산진시장비, 행려병인 구호소비, 해수욕장비, 도개교(跳開橋)비, 교제비, 예비비 등 15항목에 대해서는 따로 말씀드릴 것은 없습니다.

(중략-편자)

의장(야마모토 사카타로(山本坂太郎) 부윤) : 곧장 제1독회를 열겠습니다.

27번(에비스 사이키치(戎才吉)) : 지금 이사자로부터 상세한 설명을 들었는데 제가 배부받은 예산안을 검토해보니, 이런 방대한 예산을 내어, 더구나 현재처럼 물가 등귀의 시대에 또 기채로써 이런 공사를 해야 하는 이유를 알고 싶습니다. 부민은 물가 등귀에 의해 도탄에 빠져있고 특히 상인들은 유례없는 불경기에 빠져있습니다. 상인은 물가 등귀 때문에 거의 매매가 없습니다. 이런 불경기 시대에 현재 필요하지 않은 사업 공사를 기채를 내서 하는 이유는 무엇입니까. 기채로써 공사를 일으키고 그 공사 완성과 사업에 의해 기채를 없앤다는 예정입니까? 특히 보수정의 보수천 같은 것은 현재 급박할 이유가 없다고 저는 생각합니다. 공사를 기채로써 하지 않으면 안되는 이유를 설명 부탁드립니다.

참여원(우에노 히코하치(上野彦八) 이사관) : 본년도 예산에 계상된 기채가 매우 방대하고 긴급하지 않은 사업까지도 하려고 한다고 말씀하셨는데 결코 그렇지 않습니다. 항상 여러분은 물론 주민들도 약진 항도 부산이라는 것을 강조하고 있으므로, 어떻게 하면 약진 항도 부산에 상응하는 사업을 일으킬 수 있을까 하는 점을 생각해 본다면 이 정도 기채로써 사업을 일으키는 것은 당연하다고 생각합니다. 특히 이 기채의 상환 재원 내용은 결코 부담금을 증징하고 있지 않습니다. 국고 보조금, 그 사업 수입, 혹은 곧 상환할 구채 경감액을 충당하여 계획한 것입니다.

그리고 보수천의 도로개수공사는, 보는 사람에 따라서는 그렇게 생각할 수도 있지만, 약진 부산에서 일층 발전하기 위해 이 보수천 도로 개수공사도 매우 적당한 사업으로서 제안한 것입니다.

27번(에비스 사이기치(戎才吉)) : 지금 답변하셨지만 보수천 이외의 사업에서 만약 예정대로 필요액에 달성하지 못하는 경우 어떻게 하실지 그 방법은 미리 생각하고 있습니까? 사업계획에서 다대한 기채를 일으키고 그것을 해결하기 위해 가능한 것을 매각한다는 설명이신데 그 예정대로 매각하지 못하는 경우 어떻게 해서 기채를 해결한다는 건지 설명을 부탁드립니다.

참여원(우에노 히코하치(上野彦八) 이사관) : 예정대로 계획 공사가 진행되지 못하는 경우를 질문하셨는데 저희는 이 계획 진행에 상당한 확신을 갖고 있습니다.

만일 예정한 사업이 불가능하여 수입을 얻지 못하는 경우 각 기관과 상담을 해야겠지만 지금으로서는 확신을 갖고 있습니다.

의장(야마모토 사카타로(山本坂太郎) 부윤) : 잠시 휴식하겠습니다.

(오후 2시 38분 휴식, 오후 2시 51분 재개)

의장(야마모토 사카타로(山本坂太郎) 부윤) : 지금부터 재개하겠습니다.

9번(이케다 로쿠지로(池田祿次郎)) : 저는 의사 진행에 대해 말씀드리고 제 질문을 이어가겠습니다. 본년 의안은 지금껏 제가 보지 못한 방대한 예산입니다. 따라서 이 심의에는 상당히 논의가 있으리라 생각합니다. 의사 진행에서 의장은 다른 사람의 질문 응답이 끝난 후에 다른 사람에게 질문 응답을 허락하는 식으로 해주시길 바랍니다. 한 사람의 질문이 끝나지 않은 중에 다른 사람에게 허락하면 회의가 혼란해집니다. 질문할 때도 중복되지 않도록 하는 게 좋다고 생각합니다. 그리고 의사의 원만한 진행을 위해, 자칫하면 예산 외의 부분을 신경쓸 수도 있는데 이런 것은 회의에서 분란을 초래하는 결과를 가져오니, 물을 것은 묻고 밝힐 것은 밝힌다는 태도를 의장이 갖고 진행하는 것이 이 의사를 진행하는 방도라 생각합니다.

그리고 제 질문을 드리겠습니다. 저는 예산 편성 방침에 대해 질문하고 싶습니다. 보여주신 예산을 보면 첫 번째로 붙어있는 게 기채, 인건비 증가, 부세 증가입니다. 부윤은 물가가 등귀했고, 사무 능률 증진을 위해 여하튼 사람을 늘릴 수밖에 없다고 말씀하셨는데, 저는 유감이지만 부윤과 견해가 다릅니다. 인원을 아무리 늘려도 적당한 사람을 두지 않으면 능률을 증진할 수 없습니다. 현재 부의 인사 문제에 대해서는 유감스럽게도 저는 찬성을 표할 수 없습니다. 인재 등용이라고나 할까, 적당한 사람을 들인다면 26명이나 되는 방대한 인원을 증가시킬 필요는 없습니다. 현재 인사 행정에 대해 부윤과 이사관은 정말 문제가 없다고 보시는 겁니까? 저는 크게 쇄신해서 사무 능률을 도모해야 한다고 생각합니다. 사람을 늘렸으니 그걸로 괜찮다고 한다면, 저는 실질적인 능률 증진은 되지 않는다고 생각합니다. 인원이 늘어났기 때문에 이번에는 가건물을 건설한다는 제안이신데 이 청사는 언제 건설한 것입니까. 작년에 낙성식을 했음에도 불구하고 1년이나 2년도 채 지나지 않아 다시 청사를 증축해야 한다는 것은 무슨 까닭입니까? 그건 이전 부윤과 이사관이 한 것이니 자기는 모른다고 한다면 그건 아니라고 생각합니다. 근본적 방침을 세워서 경제적으로 사무를 하는 게 첫째가 아닐까 생각합니다. 이렇게 인건비가 늘어난다면 장래 재정이 어떻게 될지 부윤과 이사관은 예상하고 있는지 어떤지, 저는 이 점에 대해 우려하고 있습니다.

금년도 증가 기채를 합하면 부채(府債)가 116만 9,000원 이상입니다. 어하튼 본년도에 승인한 부의 기채액이 116만 원입니다. 부산부는 종래 620만의 부채가 있는데 금년도에 또 116만 원의 부채 협의를 한다면 부산은 어떻게 되겠습니까. 재원에 걱정이 없기를 바라지만 저는 상환 재원이 없다고 생각합니다. 부산부에서 상환 재원에 염려가 없는 것은 수도와 병원입니다. 다른 것은 그렇지 않습니다. 이러한 때에 이하튼 기채를 일으킨다는 것은 약진 부산의 앞길을 막는 것입니다. 이렇게 해서 부산 백년대계가 수립될 수 있을지 의문입니다.

특히 제가 묻는 것은 올해 인건비 증가입니다. 인건비 증가는 성상부 64만 원에 대해서 38만 원입니다. 그리고 인건비 증가액이 7만 7,000원입니다. 아까 부윤은 물가 등귀를 말씀하셨지만 수용비 기타 액수가 겨우 3만 원입니다. 이렇게 인건비가 매년 증가해간다면 저는 부산의 장래 재정에 위험이 있다고 생각합니다. 백 몇십만 원이라는 부채의 상황 재원은 충분하다고 믿지만 현재 부산부가 갖고 있는 부유 재산은 600만 원 정도입니다. 만약 수도라도 없었으면 저는 되돌아볼 것도 없다고 생각합니다. 더구나 그 600만 원은 도로 교량입니다. 이렇게 편성된다면 마치 개인이 자기 재산에 맞지도 않는 옷을 입는 것이나 마찬가지입니다. 이사자는 상환 재원이 있으니 그 수입에서 한다고 말하지만 이는 증세와 같은 것입니다. 우리는 재정 정책을 가장 고려해야 하고 세금을 늘려서 인건비를 늘린다는 안에는 찬성하기 힘듭니다. 부윤은 크게 인사를 쇄신해서 실적을 거둔다고 하는데 여하튼 그렇게 하지 않으면 단지 지금의 안에는 찬성할 수 없습니다. 특히 신규사업으로서 이 예산 중 가장 부산 부민의 생활에 곧장 필요하다고 생각하는 것은 보수천의 통로 개수공사라 생각하고, 신규사업 중에는 급하지 않은 것도 있습니다. 그것은 누군가의 공적이 될지 모르겠지만 부민 생활 상태를 고려하지 않으면 안됩니다. 부의 이원 직원의 봉급을 내리라고 하는 것은 아니지만, 앞길의 광명을 생각하여 소위 능률 증진의 길을 강구한다면 26명이 아니라 5인이어도 충분하다고 생각합니다.

부윤(야마모토 사카타로(山本坂太郎)) : 지금 의견을 주로 말씀하셨는데 상세한 것은 좀 나중에 말씀드리겠습니다.

9번(이케다 로쿠지로(池田祿次郎)) : 의견만은 아닙니다. 116만 원의 상환 재원에 대해서도 저는 대단히 걱정하고 있습니다.

부윤(야마모토 사카타로(山本坂太郎)) : 그것은 좀 상세하게 하나하나 설명 드리려고 합니다.

9번(이케다 로쿠지로(池田祿次郎)) : 좀더 친절하게 해주시길 바랍니다. 소위 백척간두 진일보해야 이 방대한 300만 원의 예산이 척척 진행되리라 생각합니다. 그러나 회의만 자꾸 진행해달라고 한다면 곤란합니다.

부윤(야마모토 사카타로(山本坂太郎)) : 9번 의원이 질문한 인사 문제는 여기서 답변할 것은 아니지만 저희들도 여러 고려를 하고 있습니다.

32번(이이다(飯田勝正)) : 저는 직원 대우에 대해 질문하려고 합니다. 본 예산의 전부를 보면 지금 설명하신 것처럼 능률 증진이라는 원칙에 의해 직원 경질, 인사 이동을 시행한 사항이 사실 본 예산에 반영되어 있다고 저는 생각합니다. 이런 의미에서 일부에 대해서는 9번 의원의 느낌과 같은 부분도 있습니다. 그러나 저는 능률 증진도 중요하지만 한편으로 직원 대우 개선을 고려해야 한다고 생각합니다.

이런 의미에서 제가 부에 권하는 것은 직원의 급료가 조선 내 주요 도시에 비해 상위인지 하위인지, 둘째로는 현재 실정에서 보면 대부분 나라의 관리가 책임있는 지위를 점하고 있지만, 점차 부 이원에게 중요한 지위를 주어 관리를 대신하여 부 이원이 하는 것이 부산 같은 곳에서는 적절한 것 아닌지, 또 매년 계상되는 예산의 통제와 연결성을 볼 때, 그리고 아까 9번 의원이 말씀하신 것처럼 그 지방에 적신하고 영구성을 띠고 있는 부 이원이 업무를 하는 것이 부민의 이익이 아닌까 생각합니다. 그래서 지금 말씀드린 것처럼 나라 관리를 대신해서 점차 부 이원들을 중요한 지위에 둘 의사는 없는지, 이 점에 대해 묻고 싶습니다.

그리고 두 번째로는, 예산을 보면 교화적 방면에 매우 소심한 느낌이 있습니다. 전년도 예산에서도 그랬는데 금년도에도 그러한 느낌이 많이 듭니다. 타 도시의 예를 보면, 경성부 같은 곳은 전문학교 이상의 교육기관이 열 개 남짓 있는데, 우리 부산은 전문학교와 유사한 학교조차 없다는 것은 부산의 치욕이자 부민의 큰 불행이라고 생각합니다. 본 예산에는 이런 것이 어디에도 나타나 있지 않습니다. 지금 회사를 유치하기 위해서는 어느 정도의 신규 사업을 하겠지만 부산의 문화시설 방면에 대한 고려는 소심하다고 생각됩니다. 부 당국은 이 방면에 대해 어떠한 포부를 갖고 있고 또 실시할 생각이 있는지, 이 점에 대해 의견을 듣고 싶습니다.

참여원(우에노 히코하치(上野彦八) 이사관) : 답변 드리겠습니다. 부 직원 대우 개선에 대한 의견은 정말 감사합니다. 우리 부 이원의 대우는 다른 도시에 비교하여 결코 나쁜 것은 아닙니다.

그리고 부 이원을 책임 있는 지위에 두면 어떻겠냐는 의견을 잘 들었습니다만, 잘 모르시는 부분이 있지 않나 생각합니다. 현재 우리 부의 직제를 잘 이해하시면 아실 수 있으리라 생각하는데, 각각 책임 있는 지위에 있는 사람은 부 이원이 다수입니다. 단 질문하신 점이 현재 어느 정도가 부 이원이 아닌가를 질문하신 것이라면, 총체적으로 말씀드리면 직원 수 약 350명 중 관리가 약 15명입니다. 과장 4명 중 관리 3명, 부 이원 1명이고, 계장의 대다수는 부 이원인 실정입니다. 이 점은 지금 좀 내용을 살펴보시면 이해가 가실 것이라 생각합니다.

두 번째 질문인 교육시설은 제도상으로 보면 일반 경제에서도 학교경영이 가능합니다. 그러나 지금으로서는 부의 교육 경영기관은 1부와 2부로 되어 있으므로 우선 부에서는 아직 거기까지는 생각하지 않은 상태입니다.

32번(이이다(飯田勝正)) : 저의 질문이 충분하지 않았던 것 같은데, 부 자체가 전문학교를 만든다는 것은 아닙니다. 그것은 저도 분명히 하고 있습니다. 그러나 부 자체가 부산부의 장래와 문화시설에 대해서, 식견과 경륜이 있는 사람이 있으면 이를 부산에 데려오는 것이 불가능한 것은 아니라고 생각합니다. 우리가 과거에 좀 제언한 적이 있습니다. 또 현재 그런 것을 부산의 인사가 주장해주었으면 좋겠다라는 생각을 가진 사람들이 있습니다. 그런 방면에 대해서 부 당국은 어떤 생각을 갖고 있는지를 묻는 의미입니다. 1부와 2부에서 전문학교를 만든다는 그런 것은 아닙니다.

그리고 첫 번째 질문한 직원 문제인데, 이런 것까지 말씀드릴 것은 아니지만, 주로 각 과와 계 업무의 마지막 결정을 하는 소위 책임 있는 지위에 있는 사람들은 주로 관리 쪽 아닙니까?

참여원(우에노 히코하치(上野彦八) 이사관) : 그렇지 않습니다.

32번(이이다(飯田勝正)) : 현재 각 계에서 주임은 어떻게 되어 있는지 묻고 싶습니다. 계장이나 과장 같은 사람의 직무가 내용적으로 책임자인 간부라면 확실히 좋다고 생각됩니다.

참여원(우에노 히코하치(上野彦八) 이사관) : 별로 예산과 관련이 없는 것 같으니 나중에 의원에게 말씀드리는 것으로 하겠습니다.

32번(이이다(飯田勝正)) : 그것은 좀 제 견해와 다릅니다. 아까 말씀드린 것처럼 우리는 이 예산을 보고 상당히 조악하고 또 한편으로는 책임자가 바뀔 때마다 여하튼 신규 사업을 하고, 이런 사항이 여하튼 예산에서 잘 파악이 안되는 것입니다. 아까 번외의 답변 중 하나 있지만 1936년도 임시부에서 2만 8,500원을 도서관비로 하는 문제를 과거에 논의하여 결정했는데 불행히도 그 해에 실현을 보지 못했습니다. 이를 집행하지 못해서 심히 유감이라는 한 마디 말로써 끝내 버린 것입니다.

만약 당시 책임자가 이 예산을 짰다면 좀 다르지 않았을까 생각합니다. 그리고 전년도에 계획된 많은 것들 중 사업 자체가 중지되어 있는 것도 한두 개 있다고 생각됩니다. 그 대다수는 인사 이동 결과 나온 것 아닐까 생각합니다. 이는 결코 예산에 관계가 없는 사항이 아닙니다. 예산에 중요한 관계를 가진 것이라고 저는 생각합니다. 만약 이사자가 이러한 답변으로써 회피한다면 계속 논급하고자 합니다.

20번(기리오카 쓰치오((桐岡槌雄)) : 아까 부윤과 이사관이 부산의 약진을 위해 완급을 조절했다는 연술과 설명을 하셨습니다. 그런데 한편으로는 그렇지 않은 점도 있는 것 같아 한두 가지 질문하겠습니다. 첫째, 부산의 하천은 대단히 불결해서 여러 병의 근원지가 되고 있습니다. 이번에 보수천과 초량천을 개수한다는 안건을 제출하신 것에 대해 매우 감사하다는 뜻을 표합니다. 그런데 제 개인적인 생각이지만, 부산의 하천 전부가 좋지 않은데 그 중 가장 급선무인 하천이 무엇인가 하면, 보수천이나 초량천, 부산천 등이라고 생각합니다. 그 다음으로 곡정(谷町)의 하천이 있습니다. 거기에 이만큼의 방대한 예산을 짜는 것이라면 이 4개의 하천에 대해 금액을 좀더 늘리더라도, 혹은 2개년 계속을 4개년 계속으로 하더라도 시행하는 것이, 가장 완급의 적절성을 얻는 것이 아닐까 생각합니다. (하략 편자)

III

읍회 회의록

1. 강릉읍회 회의록

1) 강릉읍 제17회 읍회 의사록(제1일, 1938년 3월 25일)

항 목	내 용
문 서 제 목	江陵邑第十七回邑會議事錄
회 의 일	19380325
의 장	草場亮一(읍장)
출 석 의 원	佐藤治郎太(1), 井出龜(3), 권승수(權承洙)(4), 최찬윤(崔燦允)(6), 최장집(崔漳集)(7), 김석호(金奭鎬)(8), 최규창(崔圭昌)(9), 김문제(金文濟)(11), 吉田祐四郎(12)
결 석 의 원	波多野繁(5), 최명규(崔命圭)(10)
참 여 직 원	임병철(林秉轍)(부읍장), 김유실(金有實)(서기), 차인철(車仁轍)(서기), 김남두(金南斗)(기수), 德力覺次郎(수도계 기사)
회 의 書 記	原田喜久雄(읍서기)
회 의 서 명 자 (검 수 자)	
의 안	의안 제1호 1938년도 부가세 과율 결정 건, 2호 수도비 기채 건, 3호 수도사용규칙 제정 건, 4호 화장장 사용규칙 개정 건, 5호 묘지 사용규칙 개정 건, 6호 임시특별세 규칙 제정 건, 7호 지나사변에 종군한 군인 및 군속에 대한 읍세 감면, 조세 연기 등에 관한 규칙 제정 건, 8호 1938년도 읍 세입출 예산 결정 건, 9호 1938년도 소액생업자금 세입출 예산 결정 건, 10호 1938년도 벼 대부자금 특별회계 세입출 예산 결정 건, 11호 저곡창고 건설비 보조 건, 12호 공제조합비 보조 건, 13호 방호단 경비 보조 건, 14호 강릉신사유지비 기부 건, 15호 부역부과 건
문서번호(ID)	CJA0003363
철 명	읍특별회계세입출예산
건 명	소화13년도강릉읍인대부자금특별회계세입출예산(강릉읍제17회읍회회의록)
면 수	11
회의록시작페이지	1085

회의록끝페이지	1095
설 명 문	국가기록원 소장 '읍특별회계 세입출예산'철의 '소화13년도 강릉읍인대부자금특별회계 세입출예산(강릉읍 제17회 읍회 회의록)'건에 포함된 1938년 3월 25일 강릉읍회 회의록

해 제

본 회의록(총 11면)은 국가기록원 소장 '읍특별회계 세입출예산'철의 '소화13년도 강릉읍인대부자금특별회계 세입출예산(강릉읍 제17회 읍회 회의록)'건에 포함된 1938년 3월 25일 강릉읍회 회의록이다.

1938년도 강릉읍 예산안 16만 5,000원을 심의하는 강릉 읍회는 3월 25,26일 양일간에 걸쳐 개회되었다. 요시다 유지로(吉田祐四郎) 의원은 화장장의 파손 상태가 심각하다는 것과 도로 수리비가 예산에 계상되지 않은 것을 지적하고 있다. 이데(井出龜) 의원은 시가지계획 촉진을 주장하며 토목 기술원의 인건비가 계상되지 않은 것을 지적한다. 의안 중 임시특별세 규칙 제정 건은 더 연구가 필요하다는 의원의 의견을 따라서 보류되었으나 나머지는 원안 그대로 통과되었다.

내 용

(상략-편자)

의장(구사바 료이치((草場亮一) 읍장) : 그러면 지금부터 의사를 시작하겠습니다. 우선 의안 제1호 1938년도 읍 부가세 과율 결정 건을 의제로 하겠습니다.

(번외 김유실(金有實) 서기, 의안을 낭독함)

7번(최장집(崔漳集)) : 전년도 부가세 과율을 설명해주십시오.

번외(임병철(林秉轍) 부읍장) : 전년도와 동률입니다.

의장(구사바 료이치((草場亮一) 읍장) : 이의 없습니까?

("이의 없음")

의장(구사바 료이치((草場亮一) 읍장) : 이의 없으니 원안대로 가결하
겠습니다. 다음은 제2호 안을 심의하겠습니다.

(번외 김유실(金有實) 서기, 의안을 낭독함)

(번외(임병철(林秉轍) 부읍장) 수도비 기채 계획의 내용을 설명함)

3번(이데(井出龜)) : 지금 설명을 들어 내용을 잘 알았는데 재료 인상
으로 과연 계획대로 11만 원으로 완성 가능합니까?

번외(도쿠리키 가쿠지로(德力覺次郎) 수도계 기사) : 목적하는 공사에
는 조금도 지장 없이 할 계획입니다.

12번(요시다 유지로(吉田祐四郎)) : 기채 상환 자금은 충분히 연구하셨
으리라 생각하는데 수도 사용료 수입은 확실합니까?

의장(구사바 료이치((草場亮一) 읍장) : 충분히 조사 연구했으니 불안
한 점은 없다고 믿습니다.

8번(김석호(金頊鎬)) : 이 안은 8호안과 관련이 있으니 일괄해서 부의
하면 어떻겠습니까?

의장(구사바 료이치((草場亮一) 읍장) : 이 안은 계획안이고 이 안이
결정되어야 비로소 예산이 결정되므로 우선 먼저 이 안부터 심의를
하는 게 순서라고 생각합니다.

3번(이데(井出龜)) : 이의 없습니다.

("이의 없음")

의장(구사바 료이치((草場亮一) 읍장) : 이의 없으니 원안 가결하겠습
니다. 다음은 의안 3호 수도사용료 규칙을 심의하겠습니다.

(번외 김유실(金有實) 서기, 의안을 낭독함)

의장(구사바 료이치((草場亮一) 읍장) : 제1독회를 열겠습니다.

(번외(임병철(林秉轍) 부읍장) 규칙의 내용을 설명함)

12번(요시다 유지로(吉田祐四郞)) : 본 규칙 제정에 이의 없으니 곧장 제2독회로 넘어가길 희망합니다.

의장(구사바 료이치((草場亮一) 읍장) : 제2독회로 넘어가는 데 이의 없습니까.

("이의 없음" "이의 없음")

의장(구사바 료이치((草場亮一) 읍장) : 이의 없으니 제2독회로 넘어가서 각 항마다 심의를 원합니다.

12번(요시다 유지로(吉田祐四郞)) : 제8호는 필요 없다고 생각하니 삭제 수정 의견을 제출합니다.

7번(최장집(崔漳集)), 8번(김석호(金奭鎬)) : 찬성합니다.

12번(요시다 유지로(吉田祐四郞)) : 자가용(自家用) 펌프를 소지하고 급수 청구가 없는 경우는 어떻게 됩니까? 그 때문에 예정대로 사용료가 징수되지 않는 것 아닙니까.

의장(구사바 료이치((草場亮一) 읍장) : 상수도가 위생적이고 또 매우 편리하다는 점을 열심히 설명하고 선전하여 권유할 필요가 있습니다. 또 강릉에서는 다행히 철도에 급수하는 것이 강점입니다. 일반에 대해서도 경찰관헌이 충분히 연락을 하여 위생 방면에서도 권유할 생각입니다. 그러면 잠시 휴식하고 오후 1시 반부터 개회하겠습니다. (오후 0시 55분)

(휴식)

의장(구사바 료이치((草場亮一) 읍장) : 지금부터 계속해서 개회하겠습니다. 제3호안 심의를 원합니다.

4번(권승수(權承洙)) : 규칙을 공고날부터 시행하는데 공고만 하고 달리 주지시킬 방법은 없습니까. 가능한 철저히 주지시킬 수 있도록 희망합니다.

의장(구사바 료이치((草場亮一) 읍장) : 공고 외에 일반에 대해 주지시키는 방법을 강구하도록 하겠습니다. 12번 의원이 아까 제8조 제7호를 삭제하자는 의견을 냈는데 7번 8번 양 의원이 찬성하는 동의가 성립했으므로 위 수정안을 의제로 하겠습니다. 이의 없습니까?

("이의 없음")

의장(구사바 료이치((草場亮一) 읍장) : 이의 없으니 제8호안을 삭제하기로 결정합니다. 각 장에서 달리 의견 없으신 듯하니 제3독회로 넘어가겠습니다.

12번(요시다 유지로(吉田祐四郎)) : 제35조와 제40조를 별지와 같이 글자 수정하길 바랍니다.

의장(구사바 료이치((草場亮一) 읍장) : 12번 의원의 수정안에 이의 없습니까?

("이의 없음")

의장(구사바 료이치((草場亮一) 읍장) : 그러면 이의 없으니 수정안으로 결정하겠습니다.

11번(김문제(金文濟)) : 어떤 읍에서는 일정 기간을 정해 그 기간의 신청자에 대해서는 요금 할인을 해주고 좋은 성적을 거두고 있는데 뭔가 그런 계획은 없습니까?

의장(구사바 료이치((草場亮一) 읍장) : 현재 고려하고 있지 않지만 연구해보겠습니다. 그 외에 이의는 없습니까?

("이의 없음")

의장(구사바 료이치((草場亮一) 읍장) : 제8조 제7호를 삭제하고 제35조 및 제40조에 글자 수정을 하고 기타는 원안대로 결정하겠습니다. 다음으로 의안 제4호를 의제로 하겠습니다.

(번외 김유실(金有實) 서기, 의안 낭독)

12번(요시다 유지로(吉田祐四郞)) : 화장장 공사는 어느 정도로 진행했습니까. 언제쯤 완성할 예정입니까?

의장(구사바 료이치((草場亮一) 읍장) : 공사가 결빙기에 들어가서 준공이 늦어졌지만 금월중 완성할 예정입니다. 그 외에 의견 없습니까?

("이의 없음" "이의 없음")

의장(구사바 료이치((草場亮一) 읍장) : 이의 없으니 원안으로 결정하겠습니다. 다음은 제5호 의안을 부의하겠습니다.

(번외 김유실(金有實) 서기, 의안 낭독)

의장(구사바 료이치((草場亮一) 읍장) : 원안에 이의 없습니까?

("이의 없음" "이의 없음")

의장(구사바 료이치((草場亮一) 읍장) : 이의 없으니 원안대로 결정하겠습니다. 다음은 제6호 의안을 의제로 하겠습니다.

(번외 김유실(金有實) 서기, 의안 낭독)

8번(김석호(金奭鎬)) : 토지세와 건물세를 합해서 어느 정도 예상합니까?

번외(임병철(林秉轍) 부읍장) : 총액 1만 6,636원 예정입니다.

12번(요시다 유지로(吉田祐四郞)) : 본 안은 상당히 연구할 여지가 있으니 일단 보류하는 게 좋다고 생각합니다.

("찬성" "찬성")

의장(구사바 료이치((草場亮一) 읍장) : 다음은 제7호 의안입니다.

(번외 임병철(林秉轍) 부읍장 의안 낭독)

7번(최장집(崔漳集)) : 이의 없습니다.

의장(구사바 료이치((草場亮一) 읍장) : 이의 없습니까?

("이의 없음" "이의 없음")

의장(구사바 료이치((草場亮一) 읍장) : 그럼 원안대로 결정하겠습니다. 의안 제8호를 의제로 하겠습니다.

(번외 김유실(金有實) 서기, 의안 낭독)

의장(구사바 료이치((草場亮一) 읍장) : 본 안의 제1독회에 들어가겠습니다.

12번(요시다 유지로(吉田祐四郎)) : 현재 화장장은 파손이 심해 거의 사용할 수 없는 상태인데 읍 당국이 이를 알고 있다면 어떤 조치를 취하고 있습니까? 인생의 마지막 행사를 하는 장소이므로 극히 중대한 문제입니다. 또 새로운 화장장은 언제쯤부터 사용가능한지 묻고 싶습니다. 둘째는 욱정의 도로수선은 전년도 예산에 계상되어 있었는데 결국 실시되지 않았고 금년 예산에는 빠져있는데 그 이유는 무엇입니까?

의장(구사바 료이치((草場亮一) 읍장) : 현 화장장은 곧장 수리에 착수하게 됩니다. 이 문제는 민심의 향방이 큰 문제임을 알고 있어서 신경쓰고 있습니다. 욱정 방면의 도로 수리는 전년도에는 공사비 일부를 수익세에 의해 실시할 계획이라서 최근에 수익세 규칙 인가 신청을 했는데 그것이 인가되지 않았기 때문에 결국 실시 불가능하게 된 것입니다. 본년도 예산편성에서도 이를 고려했지만 결국 처리하지 못한 점은 유감이라고 생각합니다.

3번(이대(加出鋼)) : 강롱은 현재 싱세상 대강롱 싱싱의 기조식 공사를 하는 가장 중요한 시기이고 이를 위해 토목 기술원의 인건비가 필요합니다. 그런데 그 인건비가 조금도 예산에 나타나있지 않습니다. 빨리 시가지계획령을 실시하여 백년대계를 정해야 한다고 생각하는데 읍 당국은 이에 대한 어떤 방법을 생각하고 있는지 묻고 싶습니다.

의장(구사바 료이치((草場亮一) 읍장) : 시가지계획령 실시가 급하다는 점은 완전히 동감합니다. 기회 있을 때마다 상부에 요망하고 있는데 1938년도에 결국 선택되지 않은 점은 대단히 유감입니다. 내년에는 모든 난관을 무릅쓰고 실시할 수 있도록 노력하려고 합니다. 본년도 예산에 기술원 인건비가 없는 것은 예산 관계상 어쩔 수 없었습니다.

12번(요시다 유지로(吉田祐四郎)) : 우리 읍의 상황에서 보아 행정구역 확장이 필요하다고 생각하는데 당국자의 의견은 어떻습니까?

의장(구사바 료이치((草場亮一) 읍장) : 행정구역 확장은 필요를 느끼고 있지 않습니다. 단 강릉 상황을 생각하면 곧 가까운 시일 내에 그렇게 해야 하지 않을까 하여 연구 중입니다. 오늘 회의는 이걸로 끝내겠습니다. 내일은 오전 10시부터 여니 정각까지 출석 바랍니다.

2. 거창읍회 회의록

1) 제7회 거창읍회 회의록(1938년 3월 23일)

항 목	내 용
문 서 제 목	第七回居昌邑會議錄
회 의 일	19380323
의 장	有田淸信(읍장)
출 석 의 원	신용조(愼鏞祚)(1), 장동관(章東觀)(2), 신창재(愼昌緈)(3), 최영숙(崔永塾)(4), 今井孝一(5), 송재술(宋在述)(6), 신창선(愼昶銑)(7), 전경현(全景鉉)(8), 전상길(全相吉)(9), 이범구(李範九)(10), 황덕원(黃德元)(11)
결 석 의 원	
참 여 직 원	장기명(章基明)(부읍장), 이현철(李鉉徹)(서기), 신용수(愼鏞壽)(서기), 이태양(李泰陽)(서기)
회 의 書 記	
회 의 서 명 자 (검 수 자)	有田淸信(읍장), 최영숙(崔永塾)(읍회의원), 장동관(章東觀)(읍회의원)
의 안	결의안 1호 1938년도 거창읍 세입출예산 건, 2호 1938년도 거창읍 소농생업자금 특별회계 세입출예산 건, 3호 1938년도 거창읍 농량대부사업 특별회계 세입출예산 건
문서번호(ID)	CJA0003363
철 명	읍특별회계세입출예산
건 명	소화13년도거창읍농량대부사업비특별회계세입출예산(제7회거창읍회의록)
면 수	9
회의록시작페이지	742
회의록끝페이지	750
설 명 문	국가기록원 소장 '읍특별회계세입출예산'철의 '소화13년도거창읍농량대부사업비특별회계세입출예산(제7회거창읍회의록)'건에 포함된 1938년 3월 23일 제7회 거창읍회 회의록

해 제

본 회의록(총 9면)은 국가기록원 소장 '읍특별회계세입출예산'철의 '소화13년도거창읍농량대부사업비특별회계세입출예산(제7회거창읍회의록)'건에 포함된 1938년 3월 23일 제7회 거창읍회 회의록이다.

거창은 1937년 7월 1일 17개 면이 읍으로 승격할 때 포함되었으며, 이 회의록은 읍 승격 후 첫 회의로 1938년도 예산을 심의하고 있다. 읍으로 승격된 후 호별세 부가세는 증가하면서도 주민 생활과 직접 관련이 있는 토목비나 위생비는 오히려 감소한 상황을 볼 수 있다.

내 용

(상략-편자)

의장(아리타 기요노부(有田淸信) 읍장) : 이번 결의안은 여러분에게 배부된 1938년도 거창읍 세입출예산 건 외 2건입니다. 예산 내용을 대략 말씀드리면 세입에서 기본재산 수입 증가는 소작료 증가이고, 교부금 증가는 도세와 학교비 등의 교부금 증가입니다. 보조금 감소는 면 이원 증원에 의한 보조금인데, 면이었을 때에는 보조가 있었지만 읍에는 보조가 없습니다. 그리고 읍세 증가는 호별세 부가세인데, 종래대로 하면 경제가 곤란하기 때문에 1호 평균 1원 80전을 2원 30전으로 하여, 1호당 50전씩을 올려 계상했습니다. 또 특별세는 1938년도부터 신설하여 부과하는 것입니다.

그리고 세출에서, 사무비 증가는 읍 사무의 만전을 기하기 위한 것이고, 토목비와 위생비 감소는 본년도 예산 상황상 감소된 것인데, 이는 본년 중 신규 기채를 하여 사업 수행을 하고자 합니다. 대체로 위와 같은데 충분히 심의하셔서 원안대로 찬성해주시길 원합니다.

의장(아리타 기요노부(有田淸信) 읍장) : 1독회는 세입부터 한번 읽을까요. 어떻게 하면 좋겠습니까?

1번(신용조(愼鏞祚)) : 한번 읽는 것이 좋다고 생각합니다.

(전원 "이의 없음")

의장(아리타 기요노부(有田淸信) 읍장) : 그러면 세입부터 읽는 것으로 하겠습니다.

(참여원 신용수(愼鏞壽)(서기)로 하여금 낭독시킴)

5번(이마이(今井孝一)) : 상설점포 수리비로 430원 계상했는데 430원을 들여 수리한다면 320원이라는 수입은 없는 것입니까?

의장(아리타 기요노부(有田淸信) 읍장) : 대체로 그렇게 될 예정입니다.

5번(이마이(今井孝一)) : 그렇다면 작년도의 600원을 더해 1,000원 이상의 비용이 드는데 그 수리 계획은 무엇입니까?

(의장이 계획 도면을 보이며 설명함)

5번(이마이(今井孝一)) : 이 도면과 같이 수리하면 사용 희망자는 많이 있겠습니까?

의장(아리타 기요노부(有田淸信) 읍장) : 현재 희망자가 많아서 그건 걱정 없다고 생각합니다.

1번(신용조(愼鏞祚)) : 토목비의 도로 축조비 중 묘지도로 축조비 200원을 계상했는데 이는 어떤 것입니까?

의장(아리타 기요노부(有田淸信) 읍장) : 현재 공동묘지에 들어가는 도로가 협소하므로 이를 축조하는 것입니다.

2번(장동관(章東觀)) : 토목비의 시구개정비 1,000원 계상한 것은 어디에 사용합니까?

의장(아리타 기요노부(有田淸信) 읍장) : 그것은 상리선(上里線)을 축조하는 것입니다.

2번(장동관(章東觀)) : 예산서 설명을 보면 시구개정은 기채로써 하는 것 같은데 어떻게 할 예정입니까?

의장(아리타 기요노부(有田淸信) 읍장) : 예산에 계상한 액수로는 도저히 불가능하므로 기채를 써서 용지 매수에 사용할 예정입니다.

2번(장동관(章東觀)) : 그렇다면 기채가 불가능하면 시구개정은 불가능한 것입니까?

의장(아리타 기요노부(有田淸信) 읍장) : 예산 범위 내에서 시공할 예정입니다.

2번(장동관(章東觀)) : 그렇다면 금년도 예산을 보면 사업비로서는 하나도 확정한 것이 없네요.

의장(아리타 기요노부(有田淸信) 읍장) : 금년 중에 화장장은 반드시 설치할 계획입니다.

2번(장동관(章東觀)) : 본 읍은 읍으로 승격한 후 읍민들도 상당히 부담이 과중한 것은 알고 있으니, 과중하게 부과해서라도 사업을 진행하는 게 어떻습니까?

의장(아리타 기요노부(有田淸信) 읍장) : 시구개정 등은 다액의 경비가 들어서 호별세 부가세의 최고한도를 징수해도 도저히 실시하기 곤란합니다.

2번(장동관(章東觀)) : 예산에 계상한 사업이 중도에 그치지 않았으면 좋겠는데 재판소 동쪽 정장리(正莊里) 등외도로 축조비 등은 금년부터가 아니라 작년부터 계상해온 것입니다. 작년도 예산액은 어떻게 했습니까? 빨리 완성해주십시오.

의장(아리타 기요노부(有田淸信) 읍장) : 알고 계신 것처럼 정장리선 등은 김천의 김창수(金昌守)와 읍내 군민의 토지 기부 문제 때문입니다.

3번(신창재(愼昌縡)) : 사무비의 도서 인쇄비 중 지적 약도 정리비로서 180원 계상했는데 이는 세무서로부터 통지가 있을 때마다 정리한다면 한번에 이런 다액의 비용이 들어가지 않을 수 있고, 또 읍민의 불편도 적어지리라 생각합니다. 이런 것은 읍에도 상당히 책임이 있다고 생각합니다. 그리고 이번 상설시장 같은 것도 작년에 600원이라는 다액의 비용을 들였는데 아무것도 된 것이 없는데도 또 금년에 수선비로서 430원을 들여 수리하는 것은 모순적인 일이 아니겠습니까. 이런 것은 읍에 상당한 책임이 있습니다.

의장(아리타 기요노부(有田淸信) 읍장) : 1934년 이후 정리가 태만하여 손을 대지 않았으므로 매우 유감입니다. 이후에는 이런 일이 없도록 하겠습니다.

4번(최영숙(崔永塾)) : 시구개정비 625원 중에는 용지매수비가 들어간 것입니까?

의장(아리타 기요노부(有田淸信) 읍장) : 시구개정에 필요한 용지는 매수하지 않으면 불가능하므로 기채를 해서 매수할 예정입니다.

2번(장동관(章東觀)) : 시구개정에 필요한 용지는 이후 전부 매수한다는 의견입니까?

의장(아리타 기요노부(有田淸信) 읍장) : 용지를 매수하지 않으면 곤란하다고 생각합니다.

4번(최영숙(崔永塾)) : 그러면 금년도 예산에 계상한 축조비 625원은 1938년도 중에 공사를 축조한지 아직 미화정이라는 것입니까?

의장(아리타 기요노부(有田淸信) 읍장) : 금년 중에 기채를 한 계획입니다.

4번(최영숙(崔永塾)) : 이런 미화정식인 일에 예산을 1,000원이나 계상해도 좋습니까? 현재 부담이 과중한 읍민에게 호별세 부가세를 인시에 50전이나 올리면서 만약 기채가 불가능하다면 전연 무용한 예산 아닙니까.

의장(아리타 기요노부(有田淸信) 읍장) : 만약 기채가 안되면 예산 범위 내에서 시공할 예정입니다.

2번(장동관(章東觀)) : 시구개정비에 필요한 기채는 단지 지금 의장 설명에 의하면 용지를 매수할 예정인데 이후에는 어떤 도로 용지를 매수할 예정입니까?

의장(아리타 기요노부(有田淸信) 읍장) : 시가지는 매수하지 않으면 안된다고 생각합니다.

2번(장동관(章東觀)) : 그럼 용지매수비만으로도 상당한 것이라 생각하는데 만약 매수해서 축조한다면 현재 지가가 오르기 전에 매수하는 쪽이 좋다고 생각합니다. 그리고 용지매수비를 기채로 하는 것은 전혀 시공하지 않는다는 이야기 아닙니까?

의장(아리타 기요노부(有田淸信) 읍장) : 그렇지 않습니다. 금년 중에 확실히 축조할 예정입니다.

3번(신용재(愼昌縡)) : 아까 의장의 설명에서 시구개정에 필요한 용지를 매수해서 한다는 것은 저도 크게 동감합니다. 종래 면이었을 때에는 예산 관계에서 어쩔 수 없이 기부를 받았지만, 일반의 편리를 도모하기 위해 개인이 손해를 입는 것은 대단히 좋지 않다고 생각합니다.

2번(장동관(章東觀)) : 읍에 시구개정 도면이 있고 그것은 비밀이라고 하여 우리에게는 보여주지 않지만 사람들은 대개 알고 있습니다. 금년 중에 시공한다면 일반 읍민에게도 알리는 게 좋다고 생각합니다. 왜냐하면 일반 읍민은 그 예정선을 알지 못하기 때문에 예정선 쪽에 집을 건축한다거나 하고나서 나중에 축조할 때는 서로 의혹을 갖게 되니 알리는 게 좋다고 생각합니다.

의장(아리타 기요노부(有田淸信) 읍장) : 그것은 저도 동감합니다.

6번(송재술(宋在述)) : 장팔리선(長八里線) 및 정장리선 공사비는 수년 전부터 계상되어 왔는데 이는 공사비로 계상하기보다 용지 매수비로서 계상하여 매수하여 축조하는 게 어떻습니까?

의장(아리타 기요노부(有田淸信) 읍장) : 지금까지 기부가 된 노선이므로 그 연장도 기부로 하지 않으면 불합리합니다. 또 기채에 의하면 그 상환 재원이 있어야 하는데 시가지 이외에는 특별세를 부과하기 곤란합니다.

8번(전경현(全景鉉)) : 그럼 언제까지나 기부 승낙이 되지 않으면 관통할 수 없다는 것입니까.

의장(아리타 기요노부(有田淸信) 읍장) : 그렇긴 한데 가급적 빨리 완성하도록 하겠습니다.

의장(아리타 기요노부(有田淸信) 읍장) : 지금부터 약 1시간 휴회하겠습니다.(오후 2시 40분)

의장(아리타 기요노부(有田淸信) 읍장) : 다시 속회하겠습니다.(오후 3시 40분)

2번(장동관(章東觀)) : 아까 시구개정에 필요한 용지 매수 문제는, 물론 사유재산제도가 있는 이상 국가사업이나 공공단체사업이 시행되어도 가치가 있도록 하는 것은 아주 좋다고는 생각하시만, 예산을 보면 도저히 용지를 매수할 만큼의 예산이 없기 때문에, 이하른 사업을 빨리 진행하는 식으로 하시길 바랍니다.

의장(아리타 기요노부(有田淸信) 읍장) : 잘 알겠습니다.

2번(장동관(章東觀)) : 사람이 재산을 화재로 소실하는 것은 대단히 유감천만한 일이지만, 적은 예산에 비해 경비비가 다액이라고 생각합니다. 본 읍과 같이 하천의 흐름 및 수로가 편리한 곳은 어디에도 없다고 생각하는데, 경비비가 이만큼 예산을 차지하면 다른 사업은 불가능하다고 생각합니다.

의장(아리타 기요노부(有田淸信) 읍장) : 현재 수로가 편리하긴 하지만 논에 물을 끌어들이므로 여름에는 용수가 적습니다. 또 겨울에는 결빙되므로 용수에 곤란한 점이 많기 때문에 이것을 계상한 것입니다.

3번(신용재(愼昌緈)) : 기부금 중 사방관리비 기부금 100원이 증가 계상된 것은 무엇입니까?

의장(아리타 기요노부(有田淸信) 읍장) : 군(郡)의 지시에 의해 계상한 것입니다.

5번(이마이(今井孝一)) : 위생비 중 검미비(檢黴費)를 50원이나 계상했는데 이는 검미를 받는 사람 수에 따라 증감해야 한다고 생각하는데 어떻습니까? 그리고 격리병사비는 좀 적다고 생각합니다.

의장(아리타 기요노부(有田淸信) 읍장) : 검미비는 종래대로 계상한 것입니다. 격리병사는 기채 인가를 얻어 금년에 실현하고자 합니다.

5번(이마이(今井孝一)) : 경비비에서 잡급 장려비 40원을 계상했는데 40원 중 20원은 소방수 장려비로 충당하고 20원은 구장 등을 독려하여 각 구에서 방화 선전을 철저히 하도록 하여 화재가 적은 성적 순에 의해 장려금을 주는 게 어떻습니까?

의장(아리타 기요노부(有田淸信) 읍장) : 가급적 그렇게 하겠습니다.

3번(신용재(愼昌緈)) : 세입으로 넘어가서 심의했으면 합니다.

의장(아리타 기요노부(有田淸信) 읍장) : 그럼 세입으로 넘어가겠습니다.

(전원 "이의 없음")

3번(신용재(愼昌縡)) : 세입의 읍세 1번 끝부분에 특별세 중 엽총, 개 및 예기 등의 특별세 부과는 폐지하는 게 어떻습니까?

의장(아리타 기요노부(有田淸信) 읍장) : 지금 3번 의원이 말씀한 엽총, 개 및 예기 등에 대한 부과 문제는 의장에게 위임하는 게 어떻 겠습니까.

(전원 동의함)

3번(신용재(愼昌縡)) : 재산 매각대에서 토지 매각대 500원을 계상한 것은 무엇입니까?

의장(아리타 기요노부(有田淸信) 읍장) : 금천동(金川洞), 송정리(松亭 里), 상동(上洞), 중동(中洞)의 공동묘지는 여름에 홍수가 나기 쉬워 적당한 토지를 찾아 이동하고 그 불용 묘지의 부지를 매각할 예정 입니다.

7번(신창선(愼昶銑)) : 토목비의 가로등비 508원을 계상했는데 이는 어 디에 설치하는 것입니까?

의장(아리타 기요노부(有田淸信) 읍장) : 본년도부터 정(町)의 어두운 곳에 설치할 예정입니다.

7번(신창선(愼昶銑)) : 1937년도 예산에 계상한 시구개정비 2,000원은 어디에 사용했습니까?

의장(아리타 기요노부(有田淸信) 읍장) : 1937년도 시구개정비 2,000원 은 아직 사용하지 않았습니다. 이는 전에도 말씀드린 것처럼 2,000원 의 적은 경비로는 도저히 불가능하므로 1938년도에 기채에 의해 할 예정입니다.

7번(신창선(愼昶銑)) : 예산에 계상해서 사용하지 않은 것을 어떻게 계 상했습니까? 1937년도의 2,000원을 사용하지 않고 1938년도에 1,000원 은 어디에 사용할 계획입니까?

의장(아리타 기요노부(有田淸信) 읍장) : 1938년도에는 반드시 시공하도록 노력하겠습니다.

4번(최영숙(崔永塾)) : 본 읍에 읍제가 시행된 후 첫 예산을 심의하는 우리로서도 상당히 두드러지는 바가 있다고 생각하는데, 예산을 보면 전년도와 대동소이하고 다른 점은 호별세 부가세에서 1호당 50전 증가한 것뿐이고 다른 사업비는 오히려 감소했습니다. 일단 예산에 계상한 사업비 등은 조월하지 말고 진행해주길 바랍니다. 또 1938년도에 진행할 시구개정 격리병사 및 공동묘지 이전 등은 기채를 해서라도 확실히 금년도 중에는 시공해주길 바랍니다.

의장(아리타 기요노부(有田淸信) 읍장) : 잘 알겠습니다. 금년 중에는 반드시 시공할 예정입니다.

의장(아리타 기요노부(有田淸信) 읍장) : 제1호 결산안 세입세출에서는 이의 없습니까?

(전원 "이의 없음")

의장(아리타 기요노부(有田淸信) 읍장) : 그럼 제2호 및 제3호 결의안도 함께 심의할까요.

(전원 "원안 찬성")

의장(아리타 기요노부(有田淸信) 읍장) : 그럼 제1호, 제2호, 제3호 결의안은 전부 원안대로 가결하겠습니다. (하략-편자)

3. 원주읍회 회의록

1) 원주읍 제3회 읍회 회의록(제1일, 1938년 3월 22일)

항 목	내 용
문 서 제 목	原州邑第三回邑會會議錄(第一日)
회 의 일	19380322
의 장	홍의식(洪義植)(원주읍장)
출 석 의 원	林岩藏(1), 조규창(曺圭昌)(2), 안한현(安漢鉉)(3), 음종식(陰鍾植)(5), 中田藤楠(6), 정호필(鄭鎬弼)(8), 吉田光太郎(9), 박충모(朴忠模)(10)
결 석 의 원	장경호(張慶浩)(4)
참 여 직 원	진영하(陳榮夏)(서기), 이호익(李鎬翼)(서기), 원세순(元世詢)(서기), 장기호(張基鎬)(서기), 박태희(朴台熙)(서기)
회 의 書 記	
회 의 서 명 자 (검 수 자)	
의 안	1호 1938년 원주읍 세입출예산을 정하는 건, 2호 1938년도 원주읍 소액생업자금 특별회계 세입세출 예산을 정하는 건, 3호 1938년도 원주읍 벼 대부자금 특별회계 세입세출예산을 정하는 건, 4호 1937년도 원주읍 세입세출 추가경정예산을 정하는 건, 5호 1937년도 원주읍 소액생업자금 특별회계 세입세출 추가경정예산을 정하는 건, 6호 읍유 부동산 처분 건, 7호 배수로 개축공사비 기채 건, 8호 원주읍 벼 대부특별회계 적립금 신치 및 관리규칙 제정 건, 9호 원주읍 전염병 예방 조치에 관한 급여금 규칙 제정 건, 10호 원주읍 숙직 회료 지급규칙 제정 건, 11호 원주읍 이원 급료규칙 개정 건, 12호 원주읍 여비규칙 개정 건, 13호 원주읍 수수료규칙 개정 건, 14호 부의부과 건, 15호 원주읍사무소 건축비 적립금 신치 및 관리규칙 제정 건, 16호 원주읍 부가세규칙 개정 건, 17호 원주읍 부가세 내용을 정하는 건, 18호 호별세 부과 기인 경과 후 새로 납세의무가 발생한 경우 등급 및 부과액 산정 건, 19호 원주 공립청년훈련소 신치 건, 20호 읍 구역변경에 의한 편입 구역 추가 변경 건, 21호 원주읍 시장 사용료규칙 중 개정 건

문서번호(ID)	CJA0003363
철 명	읍특별회계세입출예산
건 명	읍특별회계세입출예산보고의건-강원도(원주읍제3회읍회회의록)
면 수	27
회의록시작페이지	1052
회의록끝페이지	1078
설 명 문	국가기록원 소장 '읍특별회계세입출예산'철의 '읍특별회계세입출예산보고의건-강원도(원주읍제3회읍회회의록)'건에 포함된 1938년 3월 22일 원주읍 제3회 읍회 회의록(제1일)

해 제

본 회의록(총 27면)은 국가기록원 소장 '읍특별회계세입출예산'철의 '읍특별회계세입출예산보고의건-강원도(원주읍제3회읍회회의록)'건에 포함된 1938년 3월 22일 원주읍 제3회 읍회 회의록(제1일)이다.

1938년도 원주읍 세입세출예산 심의를 하고 있는데, 시가지의 오물소제 문제에 많은 시간을 할애하고 있다. 박충모(朴忠模) 의원은 이에 대한 감독을 철저히 해달라고 주문하며, 감독원을 설치하거나 위생인부의 담당 구역을 지정하고 위생 인부의 봉급 향상을 주장하고 있다. 다음으로 토목비에 대해, 다른 예산에 비해 소액이라고 박충모가 지적하고, 음종식(陰鍾植) 의원은 이에 동조하며 고식적 시설을 피하고 영구적 시설을 희망한다고 주장한다. 이외에 읍 기본재산 중 토지에 대한 대지료가 개인의 소작료에 비교하여 저렴하다고 음종식 의원이 주장하여, 이에 대한 실지 조사를 위원회에 부쳐 적절한 대부료를 부과하기로 결정했다. 또한 시장 사용료 중 우시장 사용료 인상과, 잡종세 중 전주세를 증액하라고 여러 의원들이 주장하는데, 의장은 우시장 사용료는 규칙 개정의 문제라면서 난색을 표했으나 결국 개정안을 제출하기로 했고, 전주세는 의원들의 말에 동조하면서 고려해보겠다고 답변하고 있다.

내 용

(상략-편자)

의장(홍의식(洪義植) 원주읍장) : 오늘 심의를 할 의안은 이미 사흘 전 받아보셨습니다. 우선 제1호 의안을 부의하겠습니다. 의안 낭독은 생략하는 게 어떻겠습니까?

10번(박충모(朴忠模)) : 이의 없습니다.

("이의 없음")

의장(홍의식(洪義植) 원주읍장) : 이의 없으니 의안 낭독은 생략하겠습니다.

10번(박충모(朴忠模)) : 세입세출 전반에 걸쳐 하기보다는 세입 예산부터 순차적으로 심의하면 어떻겠습니까.

의장(홍의식(洪義植) 원주읍장) : 10번 의원 의견에 이의 없습니까?

1번(하야시 이와조(林岩藏)) : 이의 없습니다.

(전원 "이의 없음")

의장(홍의식(洪義植) 원주읍장) : 그럼 세입예산부터 심의하겠습니다.

5번(음종식(陰鍾植)) : 세입경상부 제1관 제1항 제1목 대지료는 작년에 비해 202원 증가했는데, 적진히 조사한 것으로 생각하나, 그 중 진답의 대부료는 종전과 큰 차이 없이 보이는 5석 7두를 올리고 밭는 겨우 9되의 증가를 보이는데 그 경지 면적에 비추어보면 매우 적다고 생각합니다. 이는 조사가 철저하지 않은 데에서 기인한 것이라 생각합니다. 실지 조사 서류를 열람하게 해주십시오. 만약 그 조사가 적당하지 않다고 생각되면 의원 중에서 조사위원을 선정하여 읍 이원과 함께 재조사한 후 기본재산 수입 증가를 도모해야 한다고 생각합니다.

의장(홍의식(洪義植) 원주읍장) : 이 건은 작년 9월말 읍 이원이 실지에 출장하여 조사를 했습니다. 읍유 토지는 5분의 4가 원래 극빈자나 자식이 없는 자가 소유했던 것이 읍유로 되어서, 산간벽지에 산재한 천수답 또는 사전(砂田)이므로 도저히 예상한 수확을 얻기 어려운 상태입니다. 문서상 숫자로는 대부료가 저렴하다는 느낌이 없지 않으나 그 원인이 위와 같기 때문에, 적당한 시기를 봐서 의원 분들의 조사를 원합니다. 그리고 아까 실지조사 서류는 열람하실 수 있도록 참여원이 조치하겠습니다.

2번(조규창(曹圭昌)) : 현재 물가가 극도로 등귀하여 소 한 마리가 100원이 넘는 상태입니다. 우시장 유지비도 상당히 다액이 필요하고 그 수지가 맞지 않다고 생각합니다. 우시장 사용료를 성우(成牛) 한 마리당 5전을 10전으로, 송아지는 한 마리당 3전을 5전으로 각각 인상해도 업자들은 별로 지장이 없을 뿐 아니라 재정에도 도움되리라 생각하는데 어떻습니까?

의장(홍의식(洪義植) 원주읍장) : 말씀해주신 의견은 좋지만 소 매매 여부와 상관없이 입장 사용료로서 징수하는 것입니다. 뿐만 아니라 현재 전시경제가 되어 물가가 등귀하고 재계가 불황이므로 매매가 한산한 실정에 비추어 많은 고려가 필요합니다. 그리고 해당 규칙의 개정을 하지 않으면 사용료 증액은 불가능합니다.

5번(음종식(陰鍾植)) : 우시장 사용료를 전년도에 비해 5,6전을 줄인 것은 예산 설명서대로 재계 불황으로 인해 입장하는 소가 감소할 것을 예상한 것이겠지만, 소 가격은 종래보다 폭등하여 거의 배 이상일 뿐 아니라 우시장에 입장하는 자는 대개 영리를 목적으로 하는 상인으로 근소한 사용료 때문에 입장을 주저하지는 않으리라 생각하므로, 저도 2번 의원의 의견에 찬동하고 규칙을 개정하길 바랍니다.

의장(홍의식(洪義植) 원주읍장) : 그러면 다른 분의 의견은 어떻습니까?

10번(박충모(朴忠模)) : 해당 사용료규칙은 탄력성 없이 고정적인 것입니까?

의장(洪義植(원주읍장)) : 규칙은 모두 고정적인 것이고 탄력성은 없습니다.

10번(박충모(朴忠模)) : 저도 5번 의원의 말씀에 동의합니다.

의장(홍의식(洪義植) 원주읍장) : 달리 이의 없습니까?

("이의 없음")

의장(홍의식(洪義植) 원주읍장) : 그러면 해당 규칙 개정안을 제출하는 것으로 하겠습니다.

5번(음종식(陰鍾植)) : 대지료는 농지령의 범위 내에서 그 수확량과 대지료와의 균형을 맞추는 것인데 그 액수를 인상하면 법령에 위반되는 것이라 생각하는데 어떻습니까?

의장(홍의식(洪義植) 원주읍장) : 소작계약은 3개년으로 하고 그 기한 중에는 기정 대부료의 변경은 불가능하나, 대부자 및 차수인 간에 협의가 있으면 대부료를 증액해도 상관없습니다.

5번(음종식(陰鍾植)) : 세입 경상부 제5관 제7항 제2목 잡종세에서 전주(電柱) 1개에 대해 1원인데, 인접지인 횡성면(橫城面)에 비해 3원의 차이가 있습니다. 같은 회사인데 이렇게 차이가 나는 것은 심히 유감일 뿐만 아니라, 전등료는 조선에서 제일 높으니 상당히 이익을 보고 있다고 생각되는데 전주세를 인상하면 어떻습니까?

의장(홍의식(洪義植) 원주읍장) : 좋은 의견이십니다. 적당한 시기를 봐서 회의에 부치고 싶습니다. 세액은 몇 원까지가 적당하겠습니까?

5번(음종식(陰鍾植)) : 전주 1개 당 2원 정도로 인상하는 게 좋습니다.

의장(홍의식(洪義植) 원주읍장) : 본 건은 고려해보기로 하겠습니다.

10번(박충모(朴忠模)) : 관내에서 기르는 개는 예산표에 의하면 겨우 19마리에 불과하다고 되어 있는데 이는 필경 조사가 철저하지 못한 것이라 생각되어 심히 유감입니다. 과세할 축견은 어떤 것을 말하는 겁니까?

의장(홍의식(洪義植) 원주읍장) : 해당 규칙에 기초하여, 식용으로 제공되는 개 및 생후 6개월 이내의 개에 대해서는 과세하지 않고, 그 이외는 과세하는 것으로 되어 있으며, 충분히 조사 후 탈세가 없도록 하려고 합니다.

5번(음종식(陰鍾植)) : 작부 1명을 계상하고 있는데 이건 어떤 것을 말하는 겁니까?

의장(홍의식(洪義植) 원주읍장) : 작부란 당국의 허가를 받아 접대하는 것이고 우리 읍에서는 현재 일력정(一力亭)에 1명만 있습니다.

2번(조규창(曹圭昌)) : 음식점에서 접대하는 자의 월수입은 60원을 넘는 실정에 비추어 당국의 허가를 받은 작부와 하등 다를 점이 없다고 생각하니 그들에게도 잡종세를 부과하는 게 어떻겠습니까?

3번(안한현(安漢鉉)) : 작부는 조선의 옛 관습에 의해 음식점 하나당 1명이 정원으로 있을 뿐 아니라 그들의 수입도 풍부하고 그 업무가 하등 차이가 없는 것은 공인된 바이니 동일하게 부과하면 어떻습니까?

의장(홍의식(洪義植) 원주읍장) : 음식점에 있는 작부는 정규 면허 없이 단지 단순히 고용인으로서 고용된 것에 불과하므로, 본세 규칙에서 제외되어 있는데, 과세하는 경우에는 해당 규칙 개정이 필요하니, 적당한 시기에 회의에 부쳐서 선처하고 싶습니다.

1번(하야시 이와조(林岩藏)) : 특별영업세 명세표에 의하면 제조업이 3개로 나뉘어 있는데 이는 그 영업 주체가 다른 것입니까?

의장(홍의식(洪義植) 원주읍장) : 이 건은 지금 인가 수속 중인데, 국세인 영업세 부과를 받지 않는 제조업 중 정미업 등에 대해서는 갑(甲)의 과율을, 제분, 제사, 제유, 방직, 제재 등에 대해서는 을(乙)의 과율을, 기타에 대해서는 병(丙)의 과율을 부과하게 되어 있기 때문에 3개로 나눈 것입니다.

1번(하야시 이와조(林岩藏)) : 잡종지의 부과 물건인 개에 대해서는 식용으로 제공하는 것인지 아닌지를 인지하기 어려우니 전부 일률적으로 부과하는 게 어떻겠습니까.

의장(홍의식(洪義植) 원주읍장) : 좋은 의견입니다. 그 구분이 불명확하니 시기를 봐서 해당 규칙을 개정할 것입니다.

10번(박충모(朴忠模)) : 우리 읍에서 각 요리옥의 예기는 항상 20명을 넘는 상황인데 24명분을 계상한 것은 무슨 까닭입니까?

의장(홍의식(洪義植) 원주읍장) : 요리옥의 예기는 경기 이하에 의한 것으로 그 이동이 빈번한 실정에 비추어 다소 감소한 것으로 예상하여 계상했습니다.

5번(음종식(陰鍾植)) : 세입경상부 제1관 제2항 물품매각대 5원을 계상했는데 그 종류를 명시해주십시오.

의장(홍의식(洪義植) 원주읍장) : 공동변소 3개소의 분뇨와 고신문 매각대를 예상하여 계상했습니다.

5번(음종식(陰鍾植)) : 공동변소의 분뇨는 그 양이 상당하고 매수 희망 자도 많은데 매각 때 경쟁 입찰에 부쳐서 다소나마 증수를 계획하 면 어떻겠습니까?

의장(홍의식(洪義植) 원주읍장) : 좋은 의견이니 이후 고려해보겠습니 다.

5번(음종식(陰鍾植)) : 세입임시부 제2관 제3항 군 농회 보조액 1원을 계상했는데 이는 어떤 겁니까?

의장(홍의식(洪義植) 원주읍장) : 이는 유치(有置) 과목에 불과합니다. 만약 예정보다 초과하는 경우 그때 추가할 것입니다.

의장(홍의식(洪義植) 원주읍장) : 달리 이의 없습니까?

(전원 "이의 없음")

의장(홍의식(洪義植) 원주읍장) : 그럼 세입에 대한 제2독회를 열지, 열지 않을지에 대해 의견을 묻겠습니다.

10번(박충모(朴忠模)) : 제2독회는 필요 없습니다.

(다수가 "이의 없음")

의장(홍의식(洪義植) 원주읍장) : 그럼 만장일치로 세입은 본안대로 의결하겠습니다. 다음은 세출을 부의하겠습니다.

의장(홍의식(洪義植) 원주읍장) : 5분간 휴식하겠습니다.

(오후 2시)

의장(홍의식(洪義植) 원주읍장) : 계속 개회하겠습니다.

5번(음종식(陰鍾植)) : 세출경상부 제9관 제1항 제1목 잡급 중 촉탁 운 전수 2명의 월 수당을 5원씩 계상했는데 운전수는 누구에게 촉탁한 것입니까.

의장(홍의식(洪義植) 원주읍장) : 소방조원 중 기수인 자를 소방자동차 운전수로 정했습니다.

5번(음종식(陰鍾植)) : 일정한 사람으로 촉탁할 때에는 그 사람이 사고 시 결근할 우려가 있으니 이를 폐지하고 출동 때에 기술원을 고용하는 게 만전을 기하는 게 아닐까 생각하는데 어떻습니까?

의장(홍의식(洪義植) 원주읍장) : 우리 읍에서 촉탁한 운전수는 소방에 대한 일반 훈련을 받은 자일뿐 아니라 소방차는 다른 자동차에 비해 그 구조가 다르기 때문에 그 운전을 특별히 연습한 자이며, 평소 책임을 지고 있기 때문에, 말씀처럼 두 사람 모두 결근하는 일은 없으리라 생각합니다.

10번(박충모(朴忠模)) : 세출예산을 보면 전년도에 비해 5,200여 원이 증가했는데 이는 사무비가 대부분을 점하고 사업비는 근소한 감이 있어서 매우 유감입니다.

의장(홍의식(洪義植) 원주읍장) : 본 예산 편성은 대단히 고심한 것으로 사무비에서 1,900여 원이 증가한 것은 주로 부읍장 설치와 서기 1명 증원, 또 물가 등귀로 인한 수용비의 자연 증가이며, 또 경상부에서 1,200원 염출하여 임시부 토목사업비로 한 것이므로 양해 부탁드립니다.

10번(박충모(朴忠模)) : 세출경상부 제4관 예비비 743원이 증가했는데 무슨 이유입니까?

의장(洪義植(원주읍장)) : 예산 정리의 원활을 도모하기 위해 증액했고 많지는 않습니다.

1번(하야시 이와조(林岩藏)) : 세출경상부 제1관 신사비 제1목 신찬(神饌) 폐백료 130원은 종래 실정에 비추어 적지 않습니까?

의장(洪義植(원주읍장)) : 충분하진 않지만 임시부에 신사공진료(神社

供進料)로 100원을 계상했고 또 신사는 별도의 예산을 정할 예정입니다.

10번(박충모(朴忠模)) : 세출경상부 제5관 제5항 제1목 잡급에서 270원 증가했는데, 위생인부 4명의 출근 상황을 보면 1936년에 채용되었을 때와 변한 것 없이 식산은행 뒤 거리 등은 언제나 오물이 쌓여있어 위생상으로도 미관상으로도 좋지 않으니, 위생인부에 대한 엄밀한 감독을 하여 이런 일이 없기를 바랍니다.

의장(홍의식(洪義植) 원주읍장) : 인부 출근에 대해서는 평소 주의를 기울이고 있는데 한층 더 주의를 촉구하여 태만하지 않도록 하겠습니다.

5번(음종식(陰鍾植)) : 세출경상부 제4관 제2항 제1목 하수구 개수비 180원을 계상하고 있는데 이는 적다고 생각합니다. 남문가도(南門街道) 및 재판소 앞과 관동여관(關東旅館) 앞 하수구가 불완전하기 때문에 비가 올 때는 갑자기 범람하여 부근 일대는 불안한 상태이므로 증액해주시기 바랍니다.

의장(홍의식(洪義植) 원주읍장) : 재정 때문에 응급 수리를 하는 외에 방법이 없습니다.

10번(박충모(朴忠模)) : 오물소제 인부 중 근무 성적이 우수한 자 1명을 선정하여 오물소제 감독원으로 하고 얼마간 물적으로 좋은 대우를 하면 상당히 효과가 있으리라 생각합니다.

의장(홍의식(洪義植) 원주읍장) : 현재 있는 위생인부 중에서 감독원을 두어도 별로 변하는 것은 없다고 생각합니다. 이후 감독을 강화하여 유감없도록 하고자 합니다.

9번(요시다 고타로(吉田光太郎)) : 감독원을 두어도 별로 효과가 없다고 생각합니다. 동리를 4구역으로 나누어 1구역 당 1인씩 분담시켜

만약 직무를 잘 이행하지 않은 자에 대해서는 마지막 수단을 강구
하는 외에 방법이 없습니다.

10번(박충모(朴忠模)) : 위생인부의 일급이 50전이면 희망자가 상당히
있을 것입니다. 제가 사는 곳에도 언제인지 기억은 안 나지만 4,5명
운동자가 있었습니다.

의장(홍의식(洪義植) 원주읍장) : 현재 비상시국에 물가등귀에 따라
생활비는 종래보다 상당히 다액이 필요하고 위생인부는 현재 45전
의 일급을 받지만 다른 일반 노임은 일급 70전을 넘는 실정에 비추
면 낮은 봉급이므로 양해 부탁드립니다.

의장(홍의식(洪義植) 원주읍장) : 5분간 휴식하겠습니다.

(4시 5분)

의장(홍의식(洪義植) 원주읍장) : 계속 개회하겠습니다.

10번(박충모(朴忠模)) : 세출경상부 제4관 토목비 1,332원을 계상했으
나 현재 실정에 비추어 이것으로는 도저히 유지와 수리가 쉽지 않
다고 생각되므로 연차사업으로서 1개소라도 완전한 수선을 해주시
길 바랍니다.

의장(홍의식(洪義植) 원주읍장) : 충분히 고려할 예정입니다.

1번(하야시 이와조(林岩藏)) : 세출경상부 제9관 제1항 소방비에서 350원
을 늘렸는데 이는 소방 자동차 운전수의 수당 120원과 소방조연합
연습비 200원, 소방수 모자구입비 30원이고 소방기구 기계비는 전
혀 없어서 심히 유감입니다. 종래에는 소방조에서 기구 기계를 보
충해왔으나 소방조에 이런 재원이 없다고 생각되니, 해당 비용을
계상해주시길 바랍니다.

의장(홍의식(洪義植) 원주읍장) : 좋은 의견이지만 재정상 계상한 금액 이상 염출할 재원이 없습니다. 소방에 필요한 경비 경리상 유감이 없도록 기할 예정입니다.

1번(하야시 이와조(林岩藏)) : 소방은 읍민의 생명과 재산을 보호하는 기관이므로 만일의 경우는 그 영향이 크다고 생각합니다. 현 수용비의 3할 정도를 증액해주시길 바랍니다.

의장(홍의식(洪義植) 원주읍장) : 충분히 고려하는 것으로 하겠습니다.

의장(홍의식(洪義植) 원주읍장) : 다른 의견 없습니까?

10번(박충모(朴忠模)) : 격리병사 신축 부지는 어디입니까.

의장(홍의식(洪義植) 원주읍장) : 확정하진 않았지만 현 도수장에서 약 400미터 뒤쪽을 후보지로 하고 있습니다.

5번(음종식(陰鍾植)) : 격리병사 신축비 870원 중 지변이 약 600원이고 270원은 읍비에서 부담하는 것으로 되어 있는데 전액을 얻는 특단의 노력을 기울이는 게 어떻습니까.

의장(홍의식(洪義植) 원주읍장) : 이 건에 대해서는 여러 번 교섭한 결과 해당 보상금이 민간 부분에 비해 상당히 증액된 것입니다.

9번(요시다 고타로(吉田光太郎)) : 읍사무소 증축비로서 평당 50원의 견적을 냈는데 이것으로는 물가가 오른 이때 목수의 임금에 지나지 않는다고 생각합니다. 증액하는 게 어떻겠습니까?

의장(홍의식(洪義植) 원주읍장) : 충분하진 않지만 응급책으로 가건물식으로 증축해서 사무실 협애를 완화할 계획입니다.

의장(홍의식(洪義植) 원주읍장) : 다른 이의 없습니까?

(일동 "이의 없음")

의장(홍의식(洪義植) 원주읍장) : 그러면 세출안 제1독회는 이걸로 끝내겠습니다. 제2독회를 열지 아닐지에 대해 의견을 묻습니다.

10번(박충모(朴忠模)) : 제2독회를 생략하고 곧장 본 건 가부를 채결하
　길 바랍니다.

6번(나카타(中田藤楠)) : 찬성합니다.

의장(홍의식(洪義植) 원주읍장) : 그러면 독회 생략하고 곧장 가부를
　채결하겠습니다. 찬성하는 분은 기립해주십시오.

(기립자 전원)

의장(홍의식(洪義植) 원주읍장) : 원안대로 결정하겠습니다. 회의 시간
　은 통지한대로 오후 4시까지인데 의사진행상 예정 시간을 넘기게
　되어 죄송합니다.

읍장(홍의식(洪義植)) : 오늘은 이것으로 폐회하겠습니다.

(오후 5시 30분)

4. 진주읍회 회의록

1) 진주읍회 회의록(1938년 6월 9일)

항 목	내 용
문 서 제 목	晋州邑會議錄
회 의 일	19380609
의 장	山下正道(진주읍장)
출 석 의 원	上原三四郎(1), 황한철(黃漢喆)(2), 藤川國善(3), 塩尻庄市郎(4), 정규용(鄭圭鎔)(6), 신현수(申鉉壽)(7), 北川戊三郎(9), 福島是(10), 장성룡(張成龍)(11), 長尾米賴(12), 강문현(姜汶鉉)(13), 이장희(李章喜)(14)
결 석 의 원	이병황(李炳晃)(5), 原田定造(8)
참 여 직 원	최원식(崔元植)(부읍장), 和田平一(서기), 霜降松次郎(서기), 友光淺一(서기)
회 의 書 記	
회 의 서 명 자 (검 수 자)	山下正道(진주읍장), 福島是(10), 長尾米賴(12)
의 안	경상남도지사 자문에 관계한 본 읍 구역변경에 따른 재산 처분에 관한 답신 건
문 서 번 호 (I D)	CJA0003234
철 명	읍면재산처분서류
건 명	진주읍회회의록
면 수	4
회의록시작페이지	1189
회의록끝페이지	1192
설 명 문	국가기록원 소장 '읍면재산처분서류'철의 '진주읍회회의록'건에 포함된 1938년 6월 9일 진주읍회 회의록

해 제

본 회의록(총 4면)은 국가기록원 소장 '읍면재산처분서류'철의 '진주 읍회회의록'건에 포함된 1938년 6월 9일 진주읍회 회의록이다. 진주에 서는 1937년 10월 26,27일 이틀 동안, 인접면인 평거면, 도동면, 나동면 등 3개 면의 면장과 진주읍장이 모여서, 앞으로 진주읍이 부(府)로 될 것임에 따라 인접 리(里)의 편입에 관해서 협의한 바 있다. 그 결과 도 동면 전부와 내동면 주약리와, 평거면 유곡리, 판문리, 이현리, 신안 리, 평거리 등 5개 리를 진주읍에 편입하고, 평거면의 남은 3개 리 중 우수리와 용산리는 명석면에, 귀곡리는 내동면에 합하기로 결정했다. 이렇게 구역 폐합을 하면 진주읍은 4만 2,332명의 인구를 갖게 되는 것이었다.[15] 이 회의에서는 면 폐합에 따른 부근 면의 소유재산 처분 을 논의하고 있는데, 도동면 소유재산 전부와 평거면 소유재산 일부 는 진주읍에 귀속하고, 나동면과 집현면의 소유재산 전부는 그대로 나동면과 집현면에 존속시키는 안을 통과시키고 있다. 진주는 1939년 10월 1일을 기해 부제가 실시된다.

내 용

읍장(야마시타(山下正道)) : 개회를 선포합니다.

(오전 10시)

의장(야마시타(山下正道)) : 회의록 서명자는 전례에 의해 의장이 서 명하고자 합니다. 이의 없습니까?

(전원 "이의 없음")

의장(야마시타(山下正道)) : 이의 없으시니 10번 후쿠시마(福島是) 의원과 12번 나가오 요네요리(長尾米賴) 의원을 지명합니다.

의장(야마시타(山下正道)) : 오늘 긴급히 소집한 의안은 갖고 계신 것처럼 본 읍 구역 변경에 따른 본 도 지사의 자문안에 대한 답신 건입니다. 자문안을 참여원이 설명 드립니다.

(참여원 와다 다이치(和田平一)가 자문안을 낭독함)

의장(야마시타(山下正道)) : 지금 낭독한대로입니다. 심의를 바랍니다.

의장(야마시타(山下正道)) : 본년 6월 1일 관보에 등재한 것처럼 도동면(道洞面) 전부, 평거면(平居面), 나동면(奈洞面), 집현면(集賢面)의 일부분을 병합합니다. 요점은 평거면의 재산인데, 면적, 호수, 면세의 비율에 따라서 본 읍 외 2개 면에 안분한 것입니다. 신중히 심의를 부탁드립니다.

2번(황한철(黃漢喆)) : 평거면 귀곡리(貴谷里)는 어디에 속합니까?

읍장(야마시타(山下正道)) : 나동면에 속합니다.

3번(후지카와 구니요시(藤川國善)) : 집현면과 나동면에서 분할 편입될 구역은 작습니다만, 지금 설명한 원칙에 기초하여 재산 분배를 하는 것은 당연하지 않습니까?

읍장(야마시타(山下正道)) : 말씀하신대로 편입될 구역은 작습니다. 따라서 그 소속 재산도 적습니다. 집현면과 나동면은 빈약한 면이어서 이번에 분할되면 그만큼 재원을 잃게 되고 그 면의 존립에 상당히 곤란을 가져오게 되므로 이 점을 고려해서 이 양 면의 재산은 그대로 존속시키려고 합니다.

12번(나가오 요네요리(長尾米賴)) : 재산 안분 방법은 무엇입니까?

읍장(야마시타(山下正道)) : 면적, 호수, 면세 비율에 따라서 배분합니다.

6번(정규용(鄭圭鎔)) : 편입 구역부터 말씀드리면 평거면사무소 건물은 당연히 본 읍 소유로 귀속해야 한다고 생각하는데 이 취득 비율에 의하면 나동면에 귀속시키는 것으로 되어 있습니다. 그 이유는 무엇입니까?

참여원 와다 다이치(和田平一) : 건물은 평가해서 분배할 재산에 포함 계산해서 안분하고 있으므로 지장 없다고 생각합니다.

10번(후쿠시마(福島是) : 대체로 심의도 끝냈으니 원안에 찬성합니다.

14번(이장희(李章憙)) : 집현면과 나동면의 재산 존속의 건은 아까 읍장의 설명대로 당연한 것이라 생각하니 이대로 원안에 찬성합니다.

9번(기타가와(北川戊三郞)) : 본건은 당국에 대해 경의를 표하고 원안에 찬성합니다.

(전원 "찬성")

의장(야마시타(山下正道)) : 그러면 전원 찬성이니 1938년 6월 3일부 지제(地第) 279호로써 자문한 본 읍 구역 변경에 따른 재산처분 건은 이의 없다고 본 읍회 의장 명의로 답신서를 보내겠습니다.

(전원 "이의 없음")

읍장(야마시타(山下正道)) : 폐회를 선포합니다.

(오전 11시)

5. 통영읍회 회의록

1) 제46회 통영읍회 회의록(제1일, 1938년 3월 23일)

항 목	내 용
문 서 제 목	第四十六回統營邑會會議錄寫
회 의 일	19380323
의 장	山口精(통영읍장)
출 석 의 원	谷本寅吉(1), 衛藤竹彦(2), 서병두(徐炳斗)(3), 島村新平(4), 寺西義治(5), 松淸準一(6), 嘉戸孫十(7), 임철주(林轍主)(8), 山根才吉(9), 탁응조(卓應朝)(10), 西澤孝三郎(11), 兒玉鹿一(13)
결 석 의 원	이태봉(李太奉)(14)
참 여 직 원	김장엽(金章燁)(부읍장), 若竹繁(서기), 矢野三二(서기), 木村泰次(서기), 瀨間平八郎(서기)
회 의 書 記	
회 의 서 명 자 (검 수 자)	
의 안	의안 1호 1936년도 통영읍 세입출 결산보고, 2호 1936년도 통영읍 농량대부사업비 특별회계 세입출 결산보고, 3호 1938년도 통영읍 세입출예산, 4호 1938년도 통영읍 농량대부사업비 특별회계 세입출예산, 5호 읍 기채의 건, 6호 통영읍 농량대부 및 관리규칙 중 개정 건, 7호 1938년도 읍세 과율 등 결정 건
문 서 번 호 (ID)	CJA0003363
철 명	읍특별회계세입출예산
건 명	소화13년도통영읍농량대부사업비특별회계세입출예산(제46회통영읍회회의록)
면 수	15
회의록시작페이지	662
회의록끝페이지	676
설 명 문	국가기록원 소장 '읍특별회계세입출예산'철의 '소화13년도통영읍농량대부사업비특별회계세입출예산(제46회통영읍회회의록)'건에 포함된 1938년 3월 23일 제46회 통영읍회 회의록(사)(제1일)

해 제

본 회의록(총 15면)은 국가기록원 소장 '읍특별회계세입출예산'철의 '소화13년도통영읍농량대부사업비특별회계세입출예산(제46회통영읍회 회의록)'건에 포함된 1938년 3월 23일 제46회 통영읍회 회의록(제1일) 이다.

1938년도 통영읍 예산을 심의하면서, 읍 인사 행정에 대해 공격적인 질문을 하고 있다. 긴축 재정이라 신규 사업도 없고 전체 예산의 각 항목이 거의 전부 감액된 것에 반해 세출경상부에서 사무비만 증액되고, 또 이에 비해 세입에서 사무적 수수료는 줄었으므로, 결국 이는 사무 능률 저하를 반증한다고 주장하고 있다. 읍 이원의 수를 줄이는 대신 사무 능률을 올리고, 인사 쇄신을 단행하여 관리의 기강을 바로 잡아야 한다고 주문하고 있다.

내 용

야마구치 세이(山口精) 통영읍장 : 지금부터 개회하겠습니다.

의장(야마구치 세이(山口精) 통영읍장) : 이번 읍회 회의록 서명은 5번 의원과 8번 의원에게 의뢰하겠습니다. 그러면 1936년도 읍사무 감 원 결과를 상임위원장이 보고하겠습니다.

(13번 고다마 시가이치(兒玉鹿一) 상임위원장, 별지 보고서 낭독)

의장(야마구치 세이(山口精) 통영읍장) : 그러면 제1호 의안 1936년도 통영읍 세입출 결산보고의 건 제1독회를 열겠습니다.

야마구치 세이(山口精) 통영읍장 : 결산보고는 결산시 작성 후 곧장 하려고 했는데 상임위원의 위원 보충 및 사무감원 등을 기다렸기 때문에 늦어졌으니 이 점 양해 바랍니다.

2번(에토 다케히코(衛藤竹彦)) : 호별세 부가세의 체납 인원, 임시특별
세의 부과 인원 및 체납 인원 작년도 수입 등을 합한 미수금 중 결
손 처분한 것의 총액, 해저도로 통행료 345원여가 수입 감소했는데
산양면 측에서 부담할 유지비의 일부를 읍이 부담하기로 된 것 아
닌지, 국고보조금 1935년도 이전의 교부금은 예산보다 많았는데 그
이유 및 경리 방법, 이상 각 사항에 대해서 답변을 바랍니다. 그리
고 수도 예산은 흙관의 고장이 속출하여 다른 사업을 대부분 그만
둔 것 같은데 큰 금액의 유용은 반드시 읍회에 부의되기를 희망합
니다.

번외(와카타케(若竹繁) 서기) : 호별세 부가세의 체납자는 156명입니
다. 임시특별세 부과 인원은 해저도로 분 387명, 시구개정 분 588명
으로 체납자는 양쪽 합해서 61명입니다.

미수금 중 결손 처분한 것이 약 270원입니다.

해저도로 통행료는 모두 정기 자동차의 격감에 의한 것이고, 산양
면과의 유지비 부담 관계를 고려하여 세출을 조절했습니다.

국고보조금은 최초의 지령서에 의해서 교부된 것이 대부분입니다.
그 차액은 잉여금으로서 잔존해두었지만 1936년도에 차감 계산이
끝나서 그만큼 세입의 결산 숫자가 감소하게 되었습니다.

4번(시마무라 신페이(島村新平)) : 세입경상부 제1관 제1항 제1목 대지
료 감수의 내용, 동 제2관 제3항 제1목 수도료 수입 증수는 이전에
예측 가능했던 것 아닌지, 동 제4관 제1항 수도 설비비 증수의 이
유, 세입 임시부 제3관 제1항 제1목 호별세는 예산의 약 반액만 수
입으로 되어 있는 이유, 이상에 대해 설명 바랍니다.

번외(와카타케(若竹繁) 서기) : 대지료 감수 111원 여에 대해서는 현재

열심히 미수 정리 중입니다.

수도료는 종래 시구개정 관계로 내수(內需)에서 간과하고 있었던 것의 증수 및 급수 종별의 변경 등에 의한 것입니다.

수도 설비비의 증수는 시구개정 관계에 의한 것입니다.

호별세의 과년도 수입은 크게 노력했지만 예상대로 성적을 거둘 수 없었습니다.

4번(시마무라 신페이(島村新平)) : 세출경상부 제4관 제4항 제6목 수선비 1,200원 불집행으로 되어 있는데 이유를 듣고 싶습니다.

번외(와카타케(若竹繁) 서기) : 보조금이 없어서 집행하지 못했습니다.

4번(시마무라 신페이(島村新平)) : 세출경상부 제6관 제4항 제4목 배수관비는 대부분 불집행된 것 같은데 최근에는 각 방면에서 배수관의 연장을 간절히 탄원하고 있으니 이를 연장해주시길 바랍니다.

번외(와카타케(若竹繁) 서기) : 배수관 연장 계획 내 일부를 중지했지만 잔금은 송수관비로 충용했습니다.

2번(에토 다케히코(衛藤竹彦)) : 독회 생략하고 원안 승인하자는 동의를 제출합니다.

5번(데라니시(寺西義治))·13번(고다마 시카이치(兒玉鹿一)) : 2번 의원의 말에 찬성합니다.

(전원 "찬성, 찬성"이라 말함)

의장(야마구치 세이(山口精) 봉영읍장) : 모두 2번 의원 말씀에 찬성하니 제1호 의안 1936년도 봉영읍 세입출 결산보고 건은 독회 생략하고 원안 승인하는 것으로 결정하겠습니다.

다음은 제2호 의안 1936년도 봉영읍 농량대부사업비 특별회계 세입출 결산보고 건의 제1독회를 열겠습니다.

2번(에토 다케히코(衛藤竹彦)) : 독회 생략하고 원안 승인하자는 동의를 제출합니다.

13번(고다마 시카이치(兒玉鹿一))·9번(야마네 사이키치(山根才吉)) : 2번 의원의 말에 찬성합니다.

(전원 "찬성, 찬성"이라 말함)

의장(야마구치 세이(山口精) 통영읍장) : 전원이 2번 의원의 말에 찬성하니 제2호 의안 1936년도 통영읍 농량대부사업비 특별회계 세입출 결산보고 건은 독회 생략하고 원안 승인으로 결정하겠습니다.

다음은 제3호 의안 1938년도 통영읍 세입출 예산 건 제1독회를 열겠습니다.

야마구치 세이(山口精) 통영읍장 : 1938년도 예산 편성에 관해서 말씀드립니다. 당국으로부터 시국에 대응하여 특별히 긴급한 것 외에 보조 또는 기채에 관계가 있는 사업은 인정하지 않는다는 통첩이 있었습니다. 그래서 통영은 사업이 산적해 있지만 어쩔 수 없이 당국 방침에 순응해서 예산 편성을 했습니다. 예산액은 세입출 모두 각 12만 8,512원이고 1937년도보다 15만 2,511원 감소했는데 이는 대체로 사업비의 감소에 의한 것입니다.

1938년도 신규 사업은 길야정 유곽 방면 및 통영좌의 좌우부터 간선도로로 통하는 도로 축조비 예산 약 1만 원을 당국과 논의하여 계상했습니다. 기타 신규 사업은 거의 없습니다.

간단히 원안에 대해 설명 드리겠습니다.

재산 관계에 있어서, 전년도에 비해 토지 2만 4,020평, 가액 2,490원 50전 증가는, 읍사무소 대지 9평, 폐도 편입 증가와 화장장 대지 288평, 부지 등기 완료 수도 용지 11평, 지목 변환 편입 운동장 용지 1,239평, 매수 등기 완료 임야 연고 불하 미등기 분 2만 2,473평 등이 증가했기 때문입니다. 전년도에 비해 건물 52평 2홉(合) 7작(勺), 가액 2,278원

85전 증가는, 살수차 치장(置場) 및 재료 창고 19평, 화장장 상옥 및 번택(番宅) 37평 5홉(合) 등 신축에 의한 증가에 대해 구 화장장 건물 멸실 4평 2홉(合) 2작(勺)을 차감해서 결국 증가로 된 것입니다. 전년도에 비해 현금 1,421원 증가는 1937년도 축적금 적립 증가로 인한 것입니다.

세입 관계에서 본년도 예산은 세입 12만 8,512원이고 전년도에 비해 항목별로 증감을 말씀드리면 세입경상부는 4,097원 증가했습니다. 그 중요한 것은 제1관 재산에서 생긴 수입 243원, 제2관 사용료 및 수수료 1,844원, 제3관 교부금은 13원, 제5관 읍세 1,426원 등입니다. 감수로 된 것은 제4관 잡수입에서 229원입니다. 임시부 세입은 15만 6,608원 감수를 예상하고 있었는데, 이는 주로 일부 지정 기부금으로 증수를 예정한 것 외에 보조금에서 실제 소요액을 예정하고 또 시구개정비채의 감소 등에 의한 것입니다.

세출 관계에서 본년도 예산은 세출 12만 8,512원입니다. 전년도에 비해 항목별 증감을 말씀드리면 세출경상부에서는 1,492원 증가하고 있습니다. 그 중요한 것은 제3관 사무비 442원, 이는 주로 기수 1명 증원에 따른 증가입니다. 제4관 토목비 929원, 제8관 사회사업비 55원, 제9관 권업비 1,471원, 제11관 기본재산 조성 및 적립금비 15원, 제14관 접대비 16원, 제15관 조성금 113원, 제16관 잡지출 97원, 제17관 예비비 300원 등이 증가했습니다. 감액한 것은 제2관 회의비 120원, 제5관 위생비 220원, 제6관 수도비 1,200원, 제7관 청년훈련소비 5원, 제10관 경비비 310원, 제12관 재산비 91원 등입니다. 임시부 세출은 15만 4,003원 감소로 되어 있는데 이것은 주로 전년도에 완료한 신영비, 지적 개조비, 화장장 신설비 및 사업을 중인하거나 혹은 보류하게 되어 시장 부지 매수비, 시구개정비 등의 항목

을 폐지한 것이 대부분이고, 기타 본년도에 신설 설계상으로 된 제5
관, 제6관, 제7관, 제8관 및 일부 증가한 제3관, 제4관 등을 차감한
결과 감소한 것입니다.

상세한 것은 질문을 받고 설명 드리겠습니다.

2번(에토 다케히코(衛藤竹彦)) : 1938년도 예산을 보면 적극적인 종래
의 임시부 예산에 비해 1938년도 임시부는 역시 소극적인 감이 있
는데 당국의 방침이 그렇다면 어쩔 수 없는 것이라 생각합니다.

경상부 세입 증가의 주요한 것은 제2관 사용료 및 수수료와 제5관
의 읍세인데, 호별세를 4,500호에 대해 부과한 것이 과연 타당한지,
부과 호수가 많으면 상급 등급에 있는 자는 현저히 부담이 증가하
게 됩니다. 4,300호 정도로는 불가능합니까?

그리고 1937년도 징수 실적은 어떻습니까.

경상부 세출 증가는 인건비 증액만 증가하고 있습니다. 그리고 인
건비는 경비비의 잡금을 제하고 경상부 예산의 약 5할 즉 3만 1,064원
이며 전년도 예산보다 1,484원이 늘어나 있습니다.

여러 수수료 같은 것은 전년도 예산과 거의 변함이 없고 임시부 사
업은 전년도의 3분의 1에도 미치지 못하는데 인건비 증가는 불합리
합니다. 예산을 보면 부읍장 이하 서기 16명, 기수 2명, 고용인 31명,
기타 임시 고원도 있는 듯한데 현재 실제로 이만큼의 인원이 일하
고 있습니까? 나중에 직원 명부를 보여주시길 바랍니다.

읍의 인사 쇄신은 여러 번 읍회에서 이야기가 나왔는데 최근 항간
에서 여러 공격적 소문을 들었습니다. 특히 그 내용 중에 외부 사람
이 알 수 없는 사항까지 포함되어 있는 듯합니다. 만약 내부 사람이
그런 종류의 이야기를 뿌리고 다닌다면 심한 기강 문란이라 생각합
니다. 이 문제에 대한 읍장의 의견을 듣고 싶습니다.

야마구치 세이(山口精) 통영읍장 : 호별세는 연 수입 50원 미만에게는 부과하지 않습니다. 면세되는 지점의 인상에 대해서는 종래 여러 번 당국과 절충했습니다. 현재 면세 호수를 증가하는 것은 불가능합니다. 1937년도 호별세 면세는 600여 호이고, 체납자는 현재 열심히 정리 중입니다. 인건비 증가는 기수 1명의 증원과 증급 때문이고 그 외에 농촌 진흥 방면의 서기 1명을 증원했지만, 한편으로는 고원을 1명 줄였습니다.

인사 쇄신을 위해 항상 노력하고 있지만, 최근과 같이 물가 등귀의 시대에는 상당한 급료를 주지 않으면 적당한 사람을 얻을 수 없어서 매우 곤란합니다. 또 항간의 풍설에 대해 읍은 공명정대하고 하등의 꺼림칙한 점은 전혀 없습니다.

2번(에토 다케히코(衛藤竹彦)) : 호별세 부과 범위에 대해서는 크게 고려가 필요하다고 생각합니다. 부과 호수를 늘리면 호별세 부가세액이 많아지고 따라서 상급의 사람에게 무리를 가져오게 됩니다. 직원 대우는 결코 충분하다고 생각하지 않지만, 직원 수를 줄여서 한편으로 대우를 개선하는 것은 가능하지 않을까 생각합니다. 상세한 것은 제2독회에서 질문하여 심의하는 것으로 하겠습니다.

13번(고다마 시카이치(兒玉鹿一)) : 신규 사업 중지 통첩이 온 것 같은데 항목 하나를 추가하는 것이 가능한지 묻고 싶습니다. 통영 발전의 기초는 항구입니다. 통영항은 사실 비교할 수 없이 양호한 항구이고, 내측 만(灣)은 영구히 보존할 필요가 있다고 생각합니다. 1936년 봄 총독부에 내측 만 준설의 진정을 했는데 대단히 후의를 표시하고, 기성회가 아닌 읍이 주체가 되어 실시하는 편이 좋다는 이야기가 있었습니다. 준설비로서 항목을 추가할 의향은 없습니까? 그리고 내측 만 준설 이외에 간단한 정박지가 가능하다면 그 방법을 본고 싶습니다.

흄관이 대단히 고장이 많아서 철저한 수리를 위해 1,300여 원 예산을 계상했는데, 완전히 수리 가능합니까? 수리 방법을 묻고 싶습니다. 최근 읍에서는 상급 관청의 명령에 의해 상당히 많은 각종 단체 사무를 하고 있고 또 지역의 각종 단체 사무도 취급하고 있는데 이 때문에 읍의 고유한 사무에 지장을 가져오지 않습니까? 이것이 직원 증가의 원인은 아닙니까?

야마구치 세이(山口精) 통영읍장 : 내측 만 준설은 현재 읍 재정으로는 곤란합니다. 역시 항만 계획은 보조금이 반드시 필요합니다. 흄관은 수원지부터 해저도로까지 철제 밴드를 넣고 있는데 이것이 완성되면 완전해지리라 생각합니다.

각종 단체 사무는 명령에 의한 것과 지역 자체의 것 모두 읍에서 인수한 것은 아닙니다. 근래와 같이 매년 사무가 격증하는 때에 다른 단체 사무를 인수하는 것은 매우 힘들지만 단체의 목적에 비추어 가능한 조합시켜 사무를 취급하고 있습니다.

번외(와카타케(若竹繁) 서기) : 흄관에 대해서 한 말씀 설명 드리겠습니다. 작년 경성에서 직공을 불러 약 40개소에 철제 밴드를 넣었고, 약 300미터의 흄관에 철제 밴드를 넣으면 완전하게 된다고 봅니다. 철제 밴드는 고무와 철판으로 된 이중 끈이므로 대단히 성적이 좋습니다. 지금까지의 고장은 주로 접합 부분뿐입니다.

13번(고다마 시카이치(兒玉鹿一)) : 육지의 시설에 비해 항만 시설이 항상 무시되고 있는 점이 유감입니다. 금액의 다소와 상관없이 예산을 계상하는 것은 시민에게 인식을 부여하는 데에도 효과가 있다고 생각합니다.

흄관의 접합 부분 수리는 철제 밴드 이외의 방법은 없습니까? 철제 밴드로는 아직 다소 물이 새는 것 같습니다.

야마구치 세이(山口精) 통영읍장 : 지금의 수리방법으로서는 철제 밴드가 가장 좋은 것 같습니다.

4번(시마무라 신페이(島村新平)) : 현재 읍민이 가장 불안하게 생각하는 것은 수도입니다. 가뭄이 계속되면 곧장 단수가 되므로 전반적인 개선이 필요합니다. 약 1,000원이 필요한 기수 1명 증원은 임시부 사업도 별로 없으니 지금 종래의 기수로 좁히고 채용하지 않기를 바랍니다. 읍민 중에는 먹는 것도 궁핍한데 세금을 납부하고 있는 사람도 있습니다.

야마구치 세이(山口精) 통영읍장 : 기수는 1명 있지만 수도 사무가 많아서 여유는 없습니다. 장래 토목 방면의 기초 계획 등을 입안하려면 역시 토목을 전담할 기수가 필요합니다. 임시 사업 실시 때 한시적으로 채용한 기수로는 여유가 없습니다.

3번(서병두(徐炳斗)) : 신규 사업을 당국에서 인정하지 않는 것은 보조관계 때문이고 읍 자체가 실시하는 부분은 지장 없다고 생각합니다. 그런데 1938년도 예산은 신선미가 없다고 생각됩니다. 특히 사무비가 증가한 것은 잘 이해가 안갑니다.

도로 살수비로 약 1,000원 계상했는데 살수는 간선도로만인지 아니면 다른 도로까지 살수하는지, 대체로 살수는 여름에만 필요하다고 생각하므로 월액 30원 정도로 노동자를 고용하여 살수하면 충분하다고 생각하는데 어떻습니까?

군인회관 부근의 시장 문제는 당국의 이해를 얻고 있습니까? 아까에토 다케히코(衛藤竹彦) 의원의 질문 중 인사 쇄신 및 기강 문제는 아직 납득이 되지 않습니다.

읍장이 출장을 갔을 때 관련 없는 곳에 전례 없이 머무르면서 군

(郡)으로부터 식사를 대접받았다는 일이 신문에 났는데 진상을 묻고 싶습니다.

야마구치 세이(山口精) 통영읍장 : 당국에서 신규 사업을 인정하지 않는 것은 보조 관계만이 아니라 기채 관계도 인정하지 않는 것이라서 완전히 사업은 불가능합니다.

신규 사업이 적으니 사무비는 증가하지 않아도 된다는 것은 일단 지당하지만, 종래의 임시 토목사업은 6,7명의 임시 직원을 써서 시행한 것인데 올해는 전부 해고했습니다. 근래 읍 사무는 고유한 사무와 위임받은 사무 모두 대단히 격증하고 있습니다. 따라서 사무비 증가는 어쩔 수 없습니다. 도로 살수는 대체로 간선도로에 주로 하지 않으면 안됩니다. 다른 도로는 폭이 좁아서 살수차로 살수할 수 없습니다. 이전에는 인부 2명 정도가 차를 끌고 살수했는데 능률이 오르지 않아 별로 효과가 없었지만, 좀 싼 자동차가 있어서 매입한 것입니다. 살수는 여름 이외에도 필요합니다. 운전수는 살수가 없을 때는 다른 사무를 하고 있습니다.

군인회관 부근의 시장 문제는 당국에서도 곤란한데 시장 부지가 달리 없어서 어쩔 수 없이 포장도로 사이에 한해 점포를 내도록 하고 있습니다. 만약 이를 허가하지 않으면 읍 밖에서 시장으로 오는 자를 읍내에 들이지 않는 것 외에는 방법이 없습니다. 그렇게 되면 통영의 번영에도 큰 영향을 가져오므로 어쩔 수가 없습니다.

인사 문제는 항상 충분히 주의하고 있습니다. 종래보다 향상하는 방법으로서 읍 직원들이 토요회라는 모임을 조직하여 매월 1,2회 개회하여 인격 향상, 법규 연구 등을 하고 있습니다.

읍장의 출장 운운의 문제는, 근래 시국 관계로 각지 모두 지방 관공리는 부임한 곳을 가급적 이탈하지 않는 것으로 되어 있습니다. 지난번 수산시장 읍영 문제에 관해 상공회 등으로부터 부산 내왕을 의뢰받았을 때, 이미 결정한 당국의 수산시장 방침에 대해 읍장이 반대운동을 한다면 온당하지 않다는 이야기가 있었습니다.

8번(임철주(林轍主)) : 1936년도에 정량리(貞梁里)에 소방용 저수탱크를 만들었는데 도로가 협소하여 소방 펌프가 자유롭게 출입할 수 없습니다. 읍 당국의 방침을 듣고 싶습니다.

야마구치 세이(山口精) 통영읍장 : 도로 계획은 이미 3,4년 전부터 수립하여 매년 보조 신청을 하고 있지만 아직 실현되지 않았습니다. 읍 재정만으로는 실현 불가능합니다.

9번(야마네 사이키치(山根才吉)) : 수원지에 관해서는 현재 조사 중인 것 같은데 안정사(女靜寺)부터는 대단히 다액의 공사비가 필요합니다. 안정사의 계획 실현까지 수도는 현재 그대로 진행할 계획입니까?

간선도로 시장 문제는 아직 해결되지 않았는데 어떤 방침입니까?

토목비는 자갈 비용이 상당히 적은 것 같습니다. 1936년도 결산을 보고 절감한 것 같은데 자갈을 깔 도로가 아주 많으니 절감하지 않기를 바랍니다.

일본의 중국에 대한 공작이 진행됨에 따라서 상당히 높은 급여를 주지 않으면 좋은 기술자는 얻을 수 없으리라 생각하는데 예산에 계상된 정도의 봉급으로 좋은 기술자를 구할 수 있습니까?

야마구치 세이(山口精) 통영읍장 : 수도에 관해서는 제2호 저수지의 댐의 물이 넘치는 부분을 좀 올리는 계획을 현재 도 당국과 협의 중입니다.

간선도로의 시장 문제는 잘 아시는 것처럼 장래 철도가 생기고 도시의 인대 변혁을 하는 경우 등이 아니면 해결이 곤란하다고 생각합니다.

자갈을 깔아야 하는 도로가 있는데 깔지 않은 일은 없습니다. 도로 공부(工夫)는 매일 열심히 일하고 있습니다.

기술인을 구하는 것에 대해서는 가능한 노력하려고 생각합니다.

4번(시마무라 신페이(島村新平)) : 살수차에 대한 3번 의원의 이야기에 동감합니다. 자동차 살수는 별로 신통치 않습니다. 중고품을 사서 1,000원여의 수리를 하고 또 운전수에게 임시로 사무를 취급하게 한다면 본 업무 이외에는 별로 능률이 오르지 않는다고 생각합니다. 간선도로의 일부의 사람 때문에 1,000원여를 써서 살수하는 것은 경제적이지 않습니다. 재고를 부탁드립니다.

노점 시장에 몰려드는 사람에 대해서는 단속할 필요가 있다고 생각합니다.

전화장부를 보면 51번 통영병원으로 되어 있는데 병원에는 전화가 없습니다. 집세를 월 30원 받고 있으니 다소의 편의를 줄 필요가 있다고 생각합니다.

군과 읍 사이의 관계에 대해서 아까 말씀이 있으셨지만 군과 읍 사이가 만약 원만하지 않으면 그 손해는 모두 읍민이 입게 됩니다. 선처하시기를 희망합니다.

소학교 부근의 간선도로부터 콘크리트로 오르막길이 생기는데 이해 관계가 있는 읍 직원의 노력에 의해서 되었다는 풍설이 있습니다. 사람의 통행이 적은 곳인데 읍장은 알고 계십니까?

야마구치 세이(山口精) 통영읍장 : 살수는 인부를 써보았지만 자동차가 아니면 유효하게 살수할 수 없습니다. 살수 예산은 전액을 반드시 지출해야 하는 것은 아닙니다.

노점시장에 몰려드는 것은 조속히 조사하겠습니다.

병원 전화는 하이즈카(灰塚) 씨가 통영에 왔을 때 전화를 사용하도록 장려했는데 당시 무슨 일인지 사용할 의지가 없다고 했습니다. 1,2개월 전부터 또 전화를 사용하도록 장려하여 최근 점차 사용하고 있습니다.

군과 읍 관계에서 군수와 읍장 간에는 별로 문제가 없습니다.

소학교 부근의 간선도로부터 오르막길 콘크리트 길은 간선도로 공사 때 끊겨서 도로가 매우 불완전하여, 그 지역 부락민이 교통상 위험하니 빨리 수리를 해달라고 왕성하게 진정을 하고 있습니다. 사실을 조사해보니 상당히 교통량도 있고 또 교통상 꽤 위험한 상태이므로 지역에서 부역을 하고 읍에서 돌과 공비 약간을 내어서 시공했습니다.

의장(야마구치 세이(山口精) 통영읍장) : 잠시 휴식하겠습니다.

(오후 4시 40분부터 오후 4시 50분까지 휴식)

의장(야마구치 세이(山口精) 통영읍장) : 회의를 계속하겠습니다.

13번(고다마 시카이치(兒玉鹿一)) : 오늘은 이것으로 폐회하자는 동의를 제출합니다.

2번(에토 다케히코(衛藤竹彦))·4번(시마무라 신페이(島村新平)) : 13번 의원의 말에 찬성합니다.

(전원 "찬성 찬성"이라 말함)

의장(야마구치 세이(山口精) 통영읍장) : 전원이 13번 의원의 말에 찬성하므로 오늘은 이것으로 폐회하겠습니다. 내일은 오후 1시부터 개회하겠습니다.

(오후 4시 55분 폐회)

2) 제46회 통영읍회 회의록(제2일, 1938년 3월 24일)

항 목	내 용
문 서 제 목	第四十六回統營邑會會議錄寫
회 의 일	19380324
의 장	山口精(통영읍장)
출 석 의 원	谷本寅吉(1), 衛藤竹彦(2), 서병두(徐炳斗)(3), 島村新平(4), 寺西義治(5), 松淸準一(6), 嘉戸孫十(7), 임철주(林轍主)(8), 山根才吉(9), 탁응조(卓應朝)(10), 西澤孝三郎(11), 兒玉鹿一(13)
결 석 의 원	이태봉(李太奉)(14)
참 여 직 원	김장엽(金章燁)(부읍장), 若竹繁(서기), 木村泰次(서기), 瀨間平八郎(서기)
회 의 書 記	
회 의 서 명 자 (검 수 자)	
의 안	의안 1호 1936년도 통영읍 세입출 결산보고, 2호 1936년도 통영읍 농량대부사업비 특별회계 세입출 결산보고, 3호 1938년도 통영읍 세입출예산, 4호 1938년도 통영읍 농량대부사업비 특별회계 세입출예산, 5호 읍 기채의 건, 6호 통영읍 농량대부 및 관리규칙 중 개정 건, 7호 1938년도 읍세 과율 등 결정 건
문서번호(ID)	CJA0003363
철 명	읍특별회계세입출예산
건 명	소화13년도통영읍농량대부사업비특별회계세입출예산(제46회통영읍회회의록)
면 수	7
회의록시작페이지	677
회의록끝페이지	683
설 명 문	국가기록원 소장 '읍특별회계세입출예산'철의 '소화13년도통영읍농량대부사업비특별회계세입출예산(제46회통영읍회회의록)'건에 포함된 1938년 3월 24일 제46회 통영읍회 회의록(사)(제2일)

해 제

본 회의록(총 7면)은 국가기록원 소장 '읍특별회계세입출예산'철의 '소화13년도통영읍농량대부사업비특별회계세입출예산(제46회통영읍회회의록)'건에 포함된 1938년 3월 24일 제46회 통영읍회 회의록(사)(제2일)이다.

전날에 이어 1938년도 읍 세입출예산 건에 대해 의원들의 질문이 오가고 있다. 가도(嘉戶係十) 의원은 타 지역은 신규 사업을 계획하여 매진하고 있는데 통영은 신규사업비가 거의 계상되지 않고 다년간 현안인 제3차 시구개정비 등이 계상되지 않은 것을 추궁한다. 여러 의원들은 항만 시설을 기부에만 의존하지 말고 예산을 계상해서 시행하라고 주문하고, 전날에 이어 인사 쇄신과 관리 기강 숙정을 계속 요구하고 있다.

내 용

의장(야마구치 세이(山口精) 통영읍장) : 지금부터 어제에 이어 개회하겠습니다.

7번(가도(嘉戶係十)) : 시국 때문에 당국에서는 별로 신규 사업을 인정하지 않는 방침인데 다른 지방에서는 왕성하게 신규 사업을 계획하고 있습니다. 현재 읍장은 수산학교 승격문제와 여학교 설치 문제 등에 상당히 확신을 갖고 있는 것 같은데 제3차 시구개정 같은 것도 읍민이 협력 일치하여 진행하면 실현 가능하지 않겠습니까? 1938년도에 제3차 시구개정비가 계상되지 않은 이유를 듣고 싶습니다.

임시토목비 1만여 원을 계상해서 (3)부근의 도로를 축조하는 것 같

은데 이 사업은 당국의 승인을 얻은 것입니까? 어제 4번 의원이 질
문한 소학교 부근 경사지 도로 축조 문제는, 부근에 토지를 가진 이
원이 자신의 이익 때문에 실시한 것이라면 상당히 온당치 못합니
다. 상세한 설명을 부탁드립니다.

통영신사 유지비는 내선인 공평히 부담해야 하고 유지비를 기부에
의한 경우는 거의 일본인만 부담해서 매우 불공평합니다. 공평을
기하기 위해서는 읍비에서 지출하는 것이 가장 공평합니다. 그런데
1938년도는 200원을 증액했을 뿐입니다. 왜 전액을 계상하지 않았
습니까?

야마구치 세이(山口精) 통영읍장 : 긴급한 사업 외에 신규 사업을 인
정하지 않는 당국의 통첩도 있고 또 제3차 시구개정은 본년도는 보
조 예정이 없어서 계상하지 않았습니다. ③부근의 도로 축조는 보
조금 관계가 없고 군 당국과 합의하여 계상했습니다.

여학교 문제는 설명하려면 끝이 없지만 참고로 말씀드리는데 이는
설립 인가신청 등의 관계가 있어서 조합 예산으로 계상한 것입니
다. 대체로 당국의 방침에 순응해서 나아가고 있습니다. 신사 기부
금은 200원 증액했습니다. 유지비의 대부분은 숭경자(崇敬者)가 부
담할 것입니다. 현재 본 읍의 신사기부금은 다른 읍에 비해 결코 소
액이 아닙니다.

번외(와카타케(若竹繁) 서기) : 소학교 부근 도로 문제에 대해서 답변
드리겠습니다. 문제가 된 도로는 대단히 오래된 도로이고 교통량도
상당히 많습니다. 간선도로 축조 때문에 끊어져서 급경사가 되고
도로가 불완전하기 때문에, 소가 떨어져 죽는다든가 혹은 임신부가
떨어져 유산을 한다든가 여러 사고가 일어나서, 부근 주민들이 빨
리 수축해달라고 진정서도 제출하고 계속 진정을 해오고 있습니다.

그래서 사실을 충분히 조사하고 읍 경제도 고려하여 부락이 임의 부역을 하는 조건으로 시공했습니다. 읍 이원의 이익 운운 등은 전혀 문제가 아닙니다. 또 공사에는 읍에서 돌 약간과 70원여를 내고 부락에서는 170여 명의 부역을 냈습니다.

7번(가도(嘉戸孫十)) : ③부근의 도로는 제3차 시구개정에 포함해서 실시하면 보조를 받을 수 있을 것이라 생각하는데 이를 제3차 시구개정에서 떼어내서 실시하는 이유를 듣고 싶습니다.

야마구치 세이(山口精) 통영읍장 : ③부근의 도로는 제3차 시구개정에 포함해서 보조신청을 했지만, 당국의 방침으로는 1만 원 내외의 부분적이고 작은 공사에는 보조가 곤란한 모양입니다. 또 일부는 이미 공사가 완료되어 있어서 어쩔 수 없이 분리해서 계상했습니다.

2번(에토 다케히코(衛藤竹彦)) : 읍 행정구역 변경 문제는 그 후 어떻게 되어 있습니까? 1934년부터 실현을 열망해왔지만 아직 실현되지 않았습니다. 만약 실현 불가능하다면 해저도로 축조 당초의 분담 계획대로, 수익세를 읍내에 거주하는 몽리 지역 소유자에게 부과하는 식으로 비상수단을 써서 해결했으면 합니다.

1937년도에 예산을 계상한 시장부지 매수가 되지 않은 이유를 듣고 싶습니다.

야마구치 세이(山口精) 통영읍장 : 행정구역 변경 문제는 산양면 측의 보통학교 면사무소 이전 문제 등으로 상당히 어려운 문제가 있습니다. 그리고 현재 군 당국에서 열심히 노력하고 있으므로 곧 해결할 것이라 생각합니다.

시장 부지는 감독국이 당분간 매각하지 않을 방침이라서 시기를 기다려 말하를 받을 생각입니다.

9번(야마네 사이키치(山根才吉)) : 이제 읍장의 답변에 의하면 제2호 저수지의 댐을 1척 정도 올린다고 설명하셨는데, 읍에서 아직 확고한 방침이 결정되지 않은 것 아닙니까? 수도 급수를 제한하면 읍민이 모두 대단히 힘듭니다. 공사를 1938년도 중에 추가해서 실시할 의지가 있습니까?

야마구치 세이(山口精) 통영읍장 : 지난번 도(道) 토목과에서 조사하러 왔을 때 협의했는데, 흙을 파기보다 댐을 1척 올리는 편이 유리하다는 의견이었습니다. 1척을 올리는 기초 설계와 저항력 등 기술 방면을 충분히 조사해서 결과를 듣기로 했지만, 그쪽도 대단히 바빠서 아직 회답이 없습니다. 회답이 오면 적당히 조치할 생각입니다. 그리고 댐을 1척 올리면 약 4만석의 저수(貯水)가 가능합니다.

1번(다니모토 도라키치(谷本寅吉)) : 어제 13번 의원이 제창한 항만 준설 문제는 크게 동감합니다. 통영은 수산도시입니다. 즉 바다는 생명입니다. 그런데 읍은 바다에 대한 시설을 거의 실시하지 않는 듯합니다. 종래에 2번 정도의 준설을 시행했는데, 기부에만 의존하여 실시했습니다. 금후 기부에 의한 사업은 매우 곤란하다고 생각합니다. 읍 예산에 다소라도 경비를 계상하면 기부 모집 등도 상당히 잘 시행되리라 생각합니다. 각 지역 모두 항만시설비를 상당히 예산에 계상하고 있으므로, 본 읍에서도 부디 상당액의 예산을 계상해주시기 바랍니다.

인사문제에 관해 어제부터 여러번 질문이 있었는데, 인사쇄신 기강 숙정은 읍의 향상과 발전에 다대한 영향이 있습니다. 최근 들리는 풍설이 사실이라면 매우 유감입니다. 장래 명랑한 도시 건설을 위해 크게 진력해주시길 바랍니다.

야마구치 세이(山口精) 통영읍장 : 항만 준설은 고려하고 있습니다. 읍비 또는 기부만으로는 상당히 곤란하므로, 보조금이 필요합니다.

도회의원 분도 크게 힘쓰고 있으니 읍에서도 노력해서 실시하고자 하고 있습니다. 현재로는 시국 관계상 신규 사업 계획이 불가능하지만 곧 대대적으로 실시할 때가 올 것이라 생각합니다.

인사 쇄신과 기강 숙정을 열렬히 말씀하시는데, 현재 읍에서는 별로 사무적으로 지장을 가져온 일도 없고 또 부정사건 등도 일어난 적이 없습니다. 물론 항상 충분히 주의를 기울여 직원의 기강을 이끌고 있습니다. 상급 관청으로부터도 별로 특별한 주의를 받은 적도 없습니다. 읍에 관계 있는 자들 중에 악선전을 하는 자가 있는 것 같은데, 읍은 공명정대합니다. 이제 읍장을 신뢰해주시기 바랍니다.

1번(다니모토 도라키치(谷本寅吉)) : 읍장의 답변에 만족했습니다. 항만 문제에 대해서는 장래 크게 진력해주시기 바랍니다.

6번(마쓰키요 준이치(松淸準一)) : 임시특별세 납세고지서 중에 납기일을 기입하지 않은 것이 배부되었는데 이런 누락은 읍의 불명예가 됩니다. 만약 이런 것이 잘못되어 독촉이라도 하면 큰 문제입니다.

야마구치 세이(山口精) 통영읍장 : 잘 조사해보겠습니다.

3번(서병두(徐炳斗)) : 직원 채용에 관해서, 추천한 것이 용납되지 않아 사직한 자가 있다든가 혹은 승급에 대해 의견이 달라서 사직한 자가 있다든가, 항간에 여러 풍설이 나돌고 있습니다. 인사 문제는 사적인 감정을 배제하고 가장 공평하고 신중하게 시행하도록 고려 부탁드립니다.

야마구치 세이(山口精) 통영읍장 : 정실 관계에 의해 훌륭한 이원을 사직시킨다든가 혹은 승급시킨다든가 하는 일은 없습니다. 인사는 읍장의 전권사항이고 다른 데서 참견할 것이 아닙니다. 면 예규 등도 있어서, 읍장이라도 적당히 처리할 수는 없습니다. 묻은 인사에 관해서는 항상 신중하게, 오해를 사지 않도록 노력하겠습니다.

1번(다니모토 도라키치(谷本寅吉)) : 제1독회를 종료하고 제2독회로 넘어가길 희망합니다.

2번(에토 다케히코(衛藤竹彦))·13번(고다마 시카이치(兒玉鹿一)) : 1번 의원의 말에 찬성합니다.

(전원 "찬성"이라고 말함)

의장 : 전원이 1번 의원의 말에 찬성하니 제1독회를 끝내고 제2독회에 들어가겠습니다.

2번(에토 다케히코(衛藤竹彦)) : 제2독회는 전원위원회에서 심의하길 희망합니다.

1번(다니모토 도라키치(谷本寅吉))·13번(고다마 시카이치(兒玉鹿一)) : 2번 의원의 말에 찬성합니다.

(전원 "찬성"이라고 말함)

의장 : 전원이 2번 의원의 말에 찬성하니까 제3호 의안 1938년도 통영읍 세입출예산 건 제2독회는 전원위원회에 부탁하기로 결정하겠습니다. 그러면 본회의는 전원위원회 종료 후 곧장 개의하는 것으로 하고 일단 이것으로 폐회하겠습니다.

(오후 2시 55분)

3) 제46회 통영읍회 회의록(제3일, 1938년 3월 25일)

항　목	내　용
문　서　제　목	第四十六回統營邑會會議錄寫
회　　의　　일	19380325
의　　　　　장	山口精(통영읍장)
출　석　의　원	谷本寅吉(1), 衛藤竹彦(2), 서병두(徐炳斗)(3), 島村新平(4), 寺西義治(5), 松淸準一(6), 嘉戸孫十(7), 임철주(林轍主)(8), 山根才吉(9), 탁응조(卓應朝)(10), 西澤孝三郎(11), 兒玉鹿一(13)
결　석　의　원	이태봉(李太奉)(14)
참　여　직　원	김장엽(金章燁)(부읍장), 若竹繁(서기), 瀬間平八郎(서기)
회　의　書　記	
회 의 서 명 자 (검　수　자)	山口精(통영읍장), 寺西義治(5), 임철주(林轍主)(8)
의　　　　　안	의안 1호 1936년도 통영읍 세입출 결산보고, 2호 1936년도 통영읍 농량대부사업비 특별회계 세입출 결산보고, 3호 1938년도 통영읍 세입출예산, 4호 1938년도 통영읍 농량대부사업비 특별회계 세입출예산, 5호 읍 기채의 건, 6호 통영읍 농량대부 및 관리규칙 중 개정 건, 7호 1938년도 읍세 과율 등 결정 건
문　서　번　호(I D)	CJA0003363
철　　　　　명	읍특별회계세입출예산
건　　　　　명	소화13년도통영읍농량대부사업비특별회계세세입출예산(제46회통영읍회회의록)
면　　　　　수	4
회의록시작페이지	684
회의록끝페이지	687
설　　명　　문	국가기록원 소장 '읍특별회계세세입출예산'철의 '소화13년도통영읍농량대부사업비특별회계세세입출예산(제46회통영읍회회의록)'건에 포함된 1938년 3월 25일 제46회 통영읍회 회의록(사)(제3일)

해 제

본 회의록(총 4면)은 국가기록원 소장 '읍특별회계세입출예산'철의 '소화13년도통영읍농량대부사업비특별회계세입출예산(제46회통영읍회회의록)'건에 포함된 1938년 3월 25일 제46회 통영읍회 회의록(사)(제3일)이다.

전날에 세입출예산 제2독회를 전원위원회에 부탁하기로 결정하였으므로, 이날 본회의는 전원위원회의 심의 결과를 보고하면서 시작되었다. 세입출예산 제3독회는 생략하고 가결하였고, 나머지 의안들 즉 농량대부사업비 특별회계 세입출예산, 읍 기채의 건, 읍 과세율 결정 건 등은 모두 독회 생략하고 원안대로 가결하고 있다.

내 용

의장(야마구치 세이(山口精) 통영읍장) : 지금부터 어제에 이어 회의를 열겠습니다. 그러면 어제 이후 전원위원회에서 심의한 결과를 위원장이 보고해주십시오.

13번(고다마 시카이치(兒玉鹿一) 위원장) : 전원위원회에서 심의한 결과를 보고 드리겠습니다. 어제 이사자의 입회하에 조항을 심의한 결과, 세출경상부 제5관 제3항 검사비는 현재 예창기 수에 비해 좀 지나치게 많다는 느낌이 있습니다. 동항 제1목 중 소모품비 150원을 66원으로 수정했습니다. 그리고 감액한 84원은 이사자의 희망에 따라 세출경상부 제17관 예비비에 추가했습니다. 이상을 보고 드립니다.

야마구치 세이(山口精) 통영읍장 : 지금 위원장이 보고한 수정 사항을 승인합니다.

2번(에토 다케히코(衛藤竹彦)) : 제3호 의안은 3독회 생략, 2독회는 일부 위원장 보고대로 수정, 기타는 원안에 찬성하자는 동의(動議)를 제출합니다.

1번(다니모토 도라키치(谷本寅吉)) : 2번 의원의 말에 찬성합니다.

(전원 "찬성"이라고 말함)

의장(야마구치 세이(山口精) 통영읍장) : 전원이 2번 의원의 말에 찬성하시니 제3호 의안 1938년도 통영읍 세입출예산 건은 3독회 생략하고 2독회는 일부 수정, 기타는 원안으로 의결 확정하겠습니다. 다음은 제4호 의안 1938년도 통영읍 농량대부사업비 특별회계 세입출예산 건의 제1독회를 열겠습니다.

2번(에토 다케히코(衛藤竹彦)) : 독회 생략하고 원안에 찬성하는 동의(動議)를 제출합니다.

1번(다니모토 도라키치(谷本寅吉))·13번(고다마 시카이치(兒玉鹿一)) : 2번 의원의 말에 찬성합니다.

(전원 "찬성"이라고 말함)

의장(야마구치 세이(山口精) 통영읍장) : 전원이 2번 의원의 말에 찬성하니 제4호 의안 1938년도 통영읍 농량대부사업비 특별회계 세입출예산 건은 독회 생략하고 원안으로 의결 확정하겠습니다. 다음은 제5호 의안 읍 기채의 건의 제1독회를 열겠습니다.

13번(고다마 시카이치(兒玉鹿一)) : 독회 생략하고 원안에 찬성하는 동의(動議)를 제출합니다.

1번(다니모토 도라키치(谷本寅吉))·7번(가토(嘉藤係一)) : 13번 의원의 말에 찬성합니다.

(전원 "찬성"이라고 말함)

의장(야마구치 세이(山口精) 통영읍장) : 전원이 13번 의원의 말에 찬
성하니 제5호 의안 읍기채의 건은 독회 생략하고 원안으로 의결 확
정하겠습니다. 다음은 제6호 의안 통영읍 농량대부 및 관리규칙 중
개정 건의 제1독회를 열겠습니다. 일단 원안을 설명 드리겠습니다.

번외(세마 헤이하치로(瀨間平八郎) 서기) : 현행 농량대부는 매년 3월
에 시행하기로 규정되어 있는데 이번 준칙 개정에 따라 매년 4월부
터 9월까지의 기간에 농량대부를 시행하도록 규정을 개정했습니다.

1번(다니모토 도라키치(谷本寅吉)) : 독회 생략하고 원안에 찬성하는
동의를 제출합니다.

2번(에토 다케히코(衛藤竹彦))·13번(고다마 시카이치(兒玉鹿一)) : 1번
의원의 말에 찬성합니다.

(전원 "찬성"이라고 말함)

의장(야마구치 세이(山口精) 통영읍장) : 전원이 1번 의원의 말에 찬성
하시니 제6호 의안 통영읍 농량대부 및 관리규칙 중 개정 건은 독
회 생략하고 원안으로 의결 확정하겠습니다. 다음은 제7호 의안
1938년도 읍세 과율 등 결정 건의 제1독회를 열겠습니다.

2번(에토 다케히코(衛藤竹彦)) : 독회 생략하고 원안에 찬성하는 동의
를 제출합니다.

1번(다니모토 도라키치(谷本寅吉))·4번(시마무라 신페이(島村新平)) :
2번 의원의 말에 찬성합니다.

(전원 "찬성"이라고 말함)

의장(야마구치 세이(山口精) 통영읍장) : 전원이 2번 의원의 말에 찬성
하니 제7호 의안 1938년도 읍세 과율 등 결정 건은 독회 생략하고
원안으로 의결 확정하겠습니다.

야마구치 세이(山口精) 통영읍장 : 이번 읍회에 제출한 1호부터 7호

의안 전부를 토의 완료했으니 이것으로 폐회합니다.

(오후 3시 55분)

4) 제54회 통영읍회 회의록(1939년 6월 6일)

항 목	내 용
문 서 제 목	第五十四回統營邑會會議錄 寫
회 의 일	19390606
의 장	小川增太郎(통영읍장)
출 석 의 원	서병두(徐炳斗)(1), 兒玉鹿一(2), 島村新平(3), 谷本寅吉(4), 김인수(金仁洙)(5), 지홍규(池弘圭)(6), 장주한(張柱漢)(7), 藤田利實(8), 탁동조(卓同朝)(10), 原田長次郎(11), 김영훈(金英壎)(12), 하상문(河尙文)(13), 嘉戶孫十(14)
결 석 의 원	山根才吉(9)
참 여 직 원	若竹繁(서기), 永山初太郎(서기), 加納勝(서기), 박성기(朴性琪)(서기)
회 의 書 記	
회 의 서 명 자 (검 수 자)	小川增太郎(통영읍장), 서병두(徐炳斗)(1), 兒玉鹿一(2)
의 안	의안 1호 공설시장부지 매수비 기채 건, 2호 산양면사무소 신축비 기부 건, 3호 1939년도 통영읍 세입출 추가경정예산, 4호 통영읍 조흥세규칙 설정 건
문서번호(ID)	CJA0003434
철 명	읍면기채인가서
건 명	통영읍시장부지매수비기채의건-경상남도통영군(회의록도면첨부)
면 수	7
회의록시작페이지	561
회의록끝페이지	567
설 명 문	국가기록원 소장 '읍면기채인가서'철의 '통영읍시장부지매수비기채의건-경상남도통영군(회의록도면첨부)'건에 포함된 1939년 6월 6일 제54회 통영읍회 회의록 사본

해 제

본 회의록(총 7면)은 국가기록원 소장 '읍면기채인가서'철의 '통영읍
시장부지매수비기채의건-경상남도통영군(회의록도면첨부)'건에 포함된
1939년 6월 6일 제54회 통영읍회 회의록 사본이다.

5월 21일 개선(改選) 후 첫 회의이므로 의원 석차를 우선 결정하고,
의장이 긴 연술을 하고 있는데 내용은 항만 시설 확충, 상수도 확충과
완비, 공장 유치, 시구개정, 철도 부설, 의료기관 확충 등이다. 의안 심
의에 들어가 시장부지 매수비 기채 건, 산양면사무소 신축비 7,000원
기부 건, 1939년도 세입출 예산 추가경정 건 등을 별다른 이의 없이
채결했다. 이어 상수도 저수지 준설공사 문제, 전등회사의 가로등 설
치 개수 문제, 구장 대우 문제, 회계사무검사위원 선임 문제 등에 대
해 몇 가지 질문이 오갔지만 거의 원안대로 찬성하고 있다.

내 용

오가와 마스타로(小川增太郞) 통영읍장 : 의사에 들어가기 전에 한마
디 인사 말씀 드립니다. 읍면제가 시행된 후 제3회 읍회원 총선거
에서 당선되어 읍회의원이라는 요직에 취임하신 것에 대해, 읍장으
로서 최대의 경의를 표하고 충심으로 축하드립니다. 우리 통영읍은
해야 할 사업이 많은데 이를 말씀드리겠습니다.

(1) 통영은 다른 곳과 비교로 할 수 없는 천연의 항구를 가졌으나
통영항은 항만 시설이 하등 보잘 것 없으므로 항만 시설이 읍
발전을 위해 긴요한 사항이라고 생각합니다. 그리고 항만시설을
완비하려면 세선잔교(繫船棧橋)[16] 개조와 해안 벽의 축조, 준설

매축 등에 관해 기본조사가 필요해서, 그 조사비를 본년도 예산
에 계상하고 현재 총독부와 본도에 기술관 파견을 신청 중입니다.
완료를 하고 구체적 계획을 세우면 실행에 옮길 예정입니다.

(2) 다음은 상수도문제인데, 3만 읍민의 일상생활에 물 문제처럼 중
요한 문제는 없다고 생각합니다. 대통영 건설을 위해 또 공장
유치를 위해 수원을 풍부히 해야 합니다. 현재 저수지를 준설
중인데 이에 의해 저수량은 증가하지만 이것으로도 아직 충분하
지는 않습니다. 또 수도 확장이 필요하므로 예전부터 광도면(光
道面) 노산리(魯山里)를 수원으로서 지하수를 조사 중입니다. 이
결과에 의해서 수도 확장을 행할 예정입니다.

(3) 다음은 대통영을 건설하기 위한 공장 유치입니다. 공장을 유치
하려면 우선 공업 용수가 풍부하고 또 저렴하게 물을 공급하는
것, 동력 요금을 저렴하게 하는 것, 공장 용지가 비교적 저렴할
것, 잉여 노동력이 풍부한 것, 교통 운수가 편한 것, 임금 인상
을 하지 않는 것 등의 조건이 필요합니다. 현재 통영읍은 아직
이러한 조건이 상당히 결여되어 있습니다.

(4) 다음은 교육 문제입니다. 수산학교 승격, 학년 연장, 고등여학교
신설을 촉진해야 한다고 생각합니다.

(5) 다음은 통영신사 조영 문제입니다. 통영신사는 지정신사로서의
요건을 구비하고 있지 않아서 이제 속히 정비가 필요합니다. 지
난번에 봉찬회를 조직하여 군수를 회장으로 추대했습니다. 기부
금 모집을 통하여 신역(神域) 확장, 참배도로 신설, 신찬소(神饌
所), 신고(神庫), 수세소(手洗所), 사무소(社務所), 결재소(潔齋所),

---

16) 배를 매어두기 위해 물가에 만든 구조물.

사택, 기타 여러 설비를 정돈하기로 되어 있습니다.

(6) 다음은 시구개정입니다. 제1차 제2차 공사에 의해 간선도로는 완성했지만 다른 도로는 아직 되어 있지 않습니다. 이제 도시계획을 세워 대통영 건설의 근본계획을 확립할 필요가 있으므로, 속히 본 읍에 조선시가지계획령이 실시되도록 신청 중입니다. 이것이 적용되면 주택지역, 상업지역, 공업지역, 풍치지구, 미관지구, 풍기지구 등이 확립되리라 생각합니다.

(7) 다음은 상공업 진흥책입니다. 통영읍은 어항을 겸한 상공도시로서 장래 진흥을 꾀해야 한다고 생각합니다. 현 상공회를 더 강화하고 이와 서로 제휴하여 중추 기관으로서 나아가야 할 필요를 통감합니다.

(8) 다음은 철도 문제입니다. 이것도 오랜 기간 현안이었습니다만 통영 발전을 위해 가장 긴요한 사항이고 읍민은 결속하여 그 실현에 매진해야 한다고 생각합니다.

(9) 다음은 의료기관 충실입니다. 통영읍은 현재 지역의 개업의만 있지만, 특히 통영은 2백여 개의 섬을 갖고 있어서 하루라도 속히 의료기관의 충실을 도모해야 합니다. 도립병원 설치 촉진, 간이보험 건강상담소의 유치를 해야 합니다.

중요한 문제는 이상의 9항목이고, 이를 실현하려면 읍민의 일치 협력이 절대로 필요합니다. 현 히라누마(平沼) 수상의 제창과 같이 총진화(總親和), 총노력(總努力), 혼연일체가 되어 실현에 매진하고자 합니다. 3만 읍민을 대표하는 새 읍회의원 여러분이 저를 편달해주시고 아무쪼록 앞으로 한층 지도와 원조를 해주시길 바랍니다. 신기 후 첫 읍회이니 이상의 말씀으로 인사드립니다.

의장(오가와 마스타로(小川增太郎) 통영읍장) : 지금부터 의사에 들어가겠습니다. 이번 회의의 회의록 서명자를 결정하겠습니다. 전례에 의해 의장이 지명하는 방법으로 결정하고자 합니다. 이의 없습니까?

(전원 "이의 없음"이라고 말함)

의장(오가와 마스타로(小川增太郎) 통영읍장) : 전원 이의 없으시니 1번과 2번 의원에게 부탁드립니다. 그러면 일정을 변경해서 제4호 의안 통영읍 조흥세규칙 설정의 건을 부의하겠습니다. 일단 원안을 낭독하겠습니다.

(번외 가노 마사루(加納勝)서기, 원안 낭독)

3번(시마무라 신페이(島村新平)) : 조흥세는 세무서에서 100분의 14, 읍에서 100분의 6을 취하는 것으로 되면 결국 100분의 20이 되는데 그 세율은 읍에서 정한 것입니까?

오가와 마스타로(小川增太郎) 통영읍장 : 도에서 정한 것입니다.

4번(다니모토 도라키치(谷本寅吉)) : 이 조흥세규칙은 관계자들이 정한 것이니 독회 생략하고 원안에 찬성하는 동의(動議)를 제출합니다.

3번(시마무라 신페이(島村新平)), 10번(탁동조(卓同朝)) : 4번 의원의 말에 찬성합니다.

(전원 "찬성"이라고 말함)

의장(오가와 마스타로(小川增太郎) 통영읍장) : 전원이 4번 의원 말에 찬성하니 독회 생략하고 곧장 채결하겠습니다. 제4호 의안 통영읍 조흥세규칙설정 건은 원안대로 가결 확정합니다. 다음은 제1호 의안 공설시장 부지 매수비 기채의 건을 부의하겠습니다.

오가와 마스타로(小川增太郎) 통영읍장 : 최근 시장부지를 매수하려고 했는데, 그 당시는 관의 상황 때문에 매각하지 않았지만, 이번에 이를 매각한다는 내시(內示)가 있어서, 기채에 의해 매수하기로 해서 본안을 제출했습니다.

2번(고다마 시카이치(兒玉鹿一)) : 시장부지 매수에 대해서는 종래부터 여러 번 말이 나왔습니다. 사용료와 연부 상환 재원은 충분하다고 생각하지만, 읍민의 부담을 고려해서 기채를 하지 않는 것이 어떻겠습니까?

오가와 마스타로(小川增太郎) 통영읍장 : 작년 12월에 대부 기간이 만료해서 계속 사용한다면 사용료를 상당히 증액한다는 의향입니다. 현재는 1개년 대부료 1,550원인데 한번 사용료를 증액하면 그 후에 매수할 때 상당히 매상의 앙등이 예상되므로, 지금 매수하는 게 득책이라고 생각했습니다. 기채 상환 재원은 시장사용료 수입으로써 충당하니 읍민의 부담이 늘어날 걱정은 없습니다.

14번(가도(嘉戶孫十)) : 시장매수 문제에 대해서 하나 질문 드리는데 시장부지로 592평은 너무 협소하다는 느낌이 있습니다. 이 문제를 근본적으로 해결하길 희망하는데 이후 방침은 어떻습니까?

오가와 마스타로(小川增太郎) 통영읍장 : 시장에 대해서는 여러 고려를 하고 있습니다. 아시는 것처럼 정기시장은 간선도로에서 개시하고 있어서 이를 다른 적당한 곳으로 옮기는 것에 대해서는 다시 자문할 기회가 있으리라 생각합니다. 일용품시장, 식료품시장, 어채시장 부지를 이번에 매수해서 정비하고자 합니다.

4번(다니모토 도라키치(谷本寅吉)) : 금후 매입한 시장은 어디입니까?

오가와 마스타로(小川增太郎) 통영읍장 : 현재 시장으로 사용하고 있는 지역의 전부입니다.

1번(서병두(徐炳斗)) : 기채상환 방법은 어떻게 합니까?

오가와 마스타로(小川增太郎) 통영읍장 : 종래 시장사용료는 1개년 6,000원 이상의 수입이 있으니 시장사용료 수입으로써 상환 재원에 충당하고 15개년 균등상환 방법에 의한다는 생각입니다만, 재정 상황에 따라서는 앞당겨서 상환할지도 모릅니다.

2번(고다마 시카이치(兒玉鹿一)) : 독회 생략하고 원안에 찬성하는 동의를 제출합니다.

3번(시마무라 신페이(島村新平))·14번(가도(嘉戸孫十)) : 2번의 발에 찬성합니다.

(전원 "찬성"이라고 말함)

의장(오가와 마스타로(小川增太郎) 통영읍장) : 전원이 2번 의원의 말에 찬성하시니 본안은 독회 생략하고 곧장 채결하겠습니다. 제1호 의안 공설시장 부지 매수비 기채 건은 전원 찬성으로 인정하여 원안대로 가결 확정하겠습니다. 다음은 제2호 의안 산양면 면사무소 신축비 기부 건을 부의하겠습니다.

오가와 마스타로(小川增太郎) 통영읍장 : 본안은 읍 행정구역 변경 실시 결과 산양면사무소는 산양면 행정구역 내에 면사무소를 이전 신축해야 합니다. 그래서 공사비 총액 1만 2,300여 원이 필요한데, 현재 산양면 적립금은 3천 원이고 지역의 기부금을 합하면 2,300여 원이므로 차액 7,000원을 본 읍이 기부하려고 생각합니다. 본건은 이미 읍행정구역 변경에 관한 자문 회의 때 협의한 사항입니다.

14번(가도(嘉戸孫十)) : 독회 생략하고 원안에 찬성하자는 동의를 제출합니다.

11번(하라다 초지로(原田長次郎))·3번(시마무라 신페이(島村新平)) : 14번 의원 말에 찬성합니다.

(전원 "찬성"이라고 말함)

의장(오가와 마스타로(小川增太郎) 통영읍장) : 전원이 14번 의원의 말에 찬성하니 본안은 독회 생략하고 곧장 채결하겠습니다. 제2호 의안 산양면사무소 신축비 기부의 건은 원안대로 가결 확정합니다.

다음은 제3호 의안 1939년도 통영읍 세입출추가경정예산 건을 부의하겠습니다. 의안이 간단하니 낭독을 생략하고자 합니다. 이의 없습니까?

14번(가도(嘉戸孫十))·2번(고다마 시카이치(兒玉鹿一))·4번(다니모토 도라키치(谷本寅吉)) : 이의 없습니다.

(전원 "이의 없음"이라고 말함)

의장(오가와 마스타로(小川增太郎) 통영읍장) : 전원 이의 없으시니 낭독을 생략합니다.

오가와 마스타로(小川增太郎) 통영읍장 : 본안은 주로 통영읍 조흥세 규칙 설정에 의한 수입 영업세 부가세 전년도 조월금의 자연 증가와 기채를 재원으로서 산양면사무소 건축비 기부, 시장부지 매수비에 충당하기 위해 타 감독관청으로부터의 지시에 기초하여 추가경정을 하기로 제안했습니다. 의안이 간단하니 세입과 세출을 함께 심의 부탁드립니다.

4번(다니모토 도라키치(谷本寅吉)) : 독회 생략하고 원안 찬성하는 동의를 제출합니다.

3번(시마무라 신페이(島村新平))·14번(가도(嘉戸孫十)) : 찬성합니다.

(전원 "찬성"이라고 말함)

의장(오가와 마스타로(小川增太郎) 통영읍장) : 전원이 4번 의원 말에 찬성하니 본안은 독회를 생략하고 곧장 재결하겠습니다. 제3호 의안 1939년도 통영읍 세입출 추가경정예산 건은 원안대로 가결 확정합니다. 그러면 지금부터 읍면세 제15조 제1항에 읍회는 읍의 사무에 관한 서류 및 계산서를 검열하고 사무 관리 의결의 집행 및 출납을 검사할 수 있다고 규정하고, 동 제2항에 읍회는 의원 중에서 위원을 선기하여 전항에 규정한 읍회의 권한에 속하는 사건을 행하게

할 수 있다는 규정이 있으니 전례에 의해 상임위원 선거를 하고자
합니다.

잠시 휴식합니다.

(오후 2시 51분부터 2시 59분까지 휴식)

의장(오가와 마스타로(小川增太郎) 통영읍장) : 계속해서 회의를 하겠
습니다.

4번(다니모토 도라키치(谷本寅吉)) : 상임위원을 두면 불편한 점이 있
다고 생각합니다. 일례를 말씀드리면 여행 중일 때는 사실 곤란하
리라 생각하니, 필요할 때에 그때마다 상임위원 또는 특별위원을
정하는 게 맞다고 생각하는데 의원 여러분은 어떻습니까?

(전원 "찬성 찬성"이라고 말함)

의장(오가와 마스타로(小川增太郎) 통영읍장) : 그러면 의원 여러분의
의견대로 상임위원은 필요에 따라 선거하는 것으로 하겠습니다. 의
안 전부를 논의 완료하여 회의를 종료하겠습니다.

오가와 마스타로(小川增太郎) 통영읍장 : 이로써 제54회 읍회를 폐회
합니다.

(오후 3시 30분)

5) 제57회 통영읍회 회의록(1939년 11월 20일)

항 목	내 용
문 서 제 목	第五十七回統營邑會會議錄 寫
회 의 일	19391120
의 장	小川增太郎(통영읍장)
출 석 의 원	서병두(徐炳斗)(1), 兒玉鹿一(2), 島村新平(3), 谷本寅吉(4), 김인수(金仁洙)(5), 장주한(張柱漢)(7), 藤田利實(8), 山根才吉(9), 탁동조(卓同朝)(10), 김영훈(金英壎)(12), 河尙文(13), 嘉戶孫十(14)
결 석 의 원	지홍규(池弘圭)(6), 原田長次郎(11)
참 여 직 원	김장엽(金章燁)(부읍장), 若竹繁(서기), 永山初太郎(서기), 加納勝(서기), 박성기(朴性琪)(서기)
회 의 書 記	
회 의 서 명 자 (검 수 자)	小川增太郎(통영읍장), 藤田利實(8), 탁동조(卓同朝)(10)
의 안	의안 1호 통영읍 해저도로공사비 임시특별세규칙 중 개정 건, 2호 1939년도 통영읍 세입출 추가경정예산 건, 3호 1938년도 통영읍 소농생업자금 대부사업비 특별회계 세입출 결산보고 건
문 서 번 호 (I D)	CJA0003865
철 명	읍면임시특별세규칙인가서
건 명	통영읍해저도로공사비임시특별세규칙중개정의건(경남) 제57회 통영읍회회의록도면
면 수	4
회의록시작페이지	200
회의록끝페이지	203
설 명 문	국가기록원 소장 '읍면임시특별세규칙인가서'철의 '통영읍해저도로공사비임시특별세규칙중개정의건(경남)제57회통영읍회회의록도면'건에 포함된 1939년 11월 20일 제57회 통영읍회 회의록 사본

해 제

본 회의록(총 4면)은 국가기록원 소장 '읍면임시특별세규칙인가서'철의 '통영읍해저도로공사비임시특별세규칙중개정의건(경남)제57회통영읍회회의록도면'건에 포함된 1939년 11월 20일 제57회 통영읍회 회의록 사본이다.

1939년 통영읍에 산양면의 일부 구역이 편입될 때 문제가 되었던 것 중 하나가 산양면 임시특별세규칙 문제였다. 이는 통영운하와 해저도로 축조 공사비를 위한 기채상환액 때문에 설정했던 것으로, 그 부과 구역인 미수리, 봉평리, 도남리, 당동리 등 4개 리가 전부 통영읍에 편입되어 산양면은 과세 지역을 잃게 된다. 이는 편입 후 새로 통영읍에서 부과하는 것으로 되었고, 산양면은 이 규칙을 구역 변경과 동시에 폐지했다. 또, 축조비 부담을 위해 1931년도부터 1950년도까지 20년에 걸친 공사비 18만 5,000원 중 국고 및 도비 보조금 8만 원을 공제한 잔액 10만 5,000원에 대해 그 10분의 3의 금액을 산양면에서 부담하기로 1932년 1월 22일 통영읍과 체결한 계약은, 구역 변경과 동시에 폐지했다. 그리고 통영운하 해저도로 유지비로서 산양면이 통영읍에게 매년 기부해온 기부금 300여 원 역시 폐지되었다.[17]

이에 따라 통영읍의 임시특별세규칙을 개정하는 이 1939년 11월 20일 통영읍회에서 시마무라 신페이(島村新平) 의원이 문제제기를 하고 있다. 즉 해저도로의 혜택은 산양면 전체가 받고 있음에도 산양면이 처음부터 4개 리에게만 이 특별세를 부과한 것은 무엇이냐, 필경 통영읍에 4개 리가 편입될 것을 예상한 것 아니냐, 현재 산양면도 어느 정도

---

[17] 「산양면 임시특별세규칙 폐지의 건」·「통영읍 해저도로공사비 임시특별세규칙 중개정 건」, 『읍면임시특별세규칙인가서』(CJA0003865).

경비를 부담하는 것이 타당하다고 주장했다. 이에 대해 읍장은 이 사업비는 사람에게 부과하는 게 아니고 몽리지역의 토지에 부과하는 것으로 규정되어 있으므로 지금 다시 산양면 전체에 부과하는 것은 곤란하다고 답하고 있다.

내 용

(상략-편자)

의장(오가와 마스타로(小川增太郎) 통영읍장) : 제1호 의안 통영읍 해저도로공사비 임시특별세규칙 중 개정 건을 부의하겠습니다. 일단 원안을 낭독시키겠습니다.

(가노 마사루(加納勝) 서기, 원안 낭독)

오가와 마스타로(小川增太郎) 통영읍장 : 통영읍 해저도로 축조를 위해 본 읍에서 공사비 18만 5,000원을 기채로 하여 공사를 집행하고 산양면은 1931년부터 상환 완료 연도까지 국고보조, 도비 보조금 8만 원을 공제한 잔액 10만 5,000원에 대해 매년 그 상환 경비의 10분의 3을 부담하는 것으로 되었습니다. 그 재원은 원 산양면 당동리, 미수리, 봉평리, 도남리 등 4개 리 구역의 토지에 대해 임시특별세 토지할 부과를 함으로써 본 읍에 기부를 시키는 것입니다. 1939년 4월 1일 통영읍 행정구역 변경에 의해 당동리, 미수리, 봉평리, 도남리가 본 읍에 편입되었으므로, 원 산양면 당시의 부담 정도를 참작하여 반시 부의안과 같이 규칙 제2조 제1항과 별표를 추가 개정하려고 합니다.

3번(시마무라 신페이(島村新平)) : 원 산양면 당시 4개 리에 대해 특별세를 부과해온 것은 전부터 알고 있지만, 해저도로의 혜택은 원 산양면 측의 사람들 전체가 받고 있음에도 불구하고, 산양면이 최초 4개리에게만 부과한 이유는 무엇이었을까를 생각합니다. 필경 통영읍에 4개 리가 편입되리라고 예상한 것 아니겠습니까? 현재 산양면도 어느 정도 경비를 부담하는 것이 타당하다고 생각합니다.

오가와 마스타로(小川增太郞) 통영읍장 : 이는 본 사업을 일으킨 당초 이미 약속한 것입니다. 본 사업비는 사람에게 부과하지 않고 몽리지역의 토지에 부과하기로 규정한 것이므로, 지금 다시 산양면 전지역에 부과하는 것은 곤란합니다.

9번(야마네 사이키치(山根才吉)) : 산양면 당시의 등급 과세와 본 읍의 과세 비율은 얼마나 다릅니까?

오가와 마스타로(小川增太郞) 통영읍장 : 본 읍과 원 산양면 당시의 부과 비율은 완전히 다릅니다.

12번(김영훈(金英壎)) : 설명에 의해 이유를 충분히 이해했으니 독회 생략하고 원안에 찬성하자는 동의를 제출합니다.

1번(서병두(徐炳斗))·14번(가도(嘉戶孫十)) : 12번 말에 찬성합니다.

(전원 "찬성")

의장(오가와 마스타로(小川增太郞) 통영읍장) : 전원 12번 말에 찬성하니 제2독회를 생략하고 곧장 제3독회로 가서 채결합니다. 이의 없습니까?

(전원 "이의 없음")

의장(오가와 마스타로(小川增太郞) 통영읍장) : 제1호 의안 통영읍 해저도로공사비 임시특별세규칙 중 개정 건은 원안대로 가결 확정하겠습니다. 제2호 의안 1939년도 통영읍 세입출추가경정예산 건을 부의하겠습니다. 의안이 간단하니 세입출 모두를 심의 원합니다. 낭독은 생략하려고 합니다. 이의 없습니까?

(2번 고다마 시카이치(兒玉鹿一), 4번 다니모토 도라키치(谷本寅吉),
"이의 없음")

(전원 "이의 없음")

의장(오가와 마스타로(小川增太郎) 통영읍장) : 전원 이의 없으니 낭
　독을 생략하겠습니다.

오가와 마스타로(小川增太郎) 통영읍장 : 이것은 제55회 읍회에서 협
　찬을 얻어서, 시국관계 사무 처리를 위한 서기 정원 1명 증원과 읍
　직원 처우 개선비 충당을 위해 상부 지시에 의해 지세부가세와 가
　옥세 부가세 제한외 과세의 건을 인가 신청했습니다. 그런데 본 읍
　재정상 제한 외 부과에 의하지 않아도 정원 증가와 처우 개선 실시
　에 지장이 없다는 이유로 불인가되었습니다. 그리고 조흥세에서 기
　정 예산액에 비해 1,100원 감액 경정한 것은, 당초 본세는 창기의
　재산에도 부과할 예정이었는데 부과하지 않는 것으로 되었으므로
　경정하려고 합니다.

4번(다니모토 도라키치(谷本寅吉)) : 독회 생략하고 원안에 찬성하는
　동의를 제출합니다.

3번(시마무라 신페이(島村新平))·13번(하상문(河尙文)) : 찬성합니다.

(전원 "찬성"이라고 말함)

의장(오가와 마스타로(小川增太郎) 통영읍장) : 전원이 4번 의원에게
　찬성하니 본안은 제2독회를 생략하고 곧장 채결하고자 합니다. 이
　의 없습니까?

(전원 "이의 없음")

의장(오가와 마스타로(小川增太郎) 통영읍장) : 제2호 의안 1939년도
　통영읍 세입출추가경정예산 건은 원안대로 가결 확정하겠습니다.
　다음으로 제3호 의안 1938년도 통영읍 소액생업자금 대부사업비

특별회계 세입출결산 보고 건을 부의하겠으니 심의를 바랍니다.

오가와 마스타로(小川增太郞) 통영읍장 : 본건은, 1939년도에 산양면 평림리 대평부락(大坪部落)에 권농공제조합을 설정하여 소농생업자금 대여를 하고, 농촌진흥을 도모하기 위해 자금 600원을 차입하며, 조합비에 대해 20원 정도로 40명 대부를 하고, 이후 소농의 생업 보도(輔導)를 계속 하고 있는 중입니다. 1938년도의 본 사업은 산양면에서 경리했으나, 1939년 4월 1일 통영읍 행정구역 변경에 의해 평림리가 본 읍에 편입되었으므로, 당 읍에서 결산을 하고 보고를 하는 것입니다.

3번(시마무라 신페이(島村新平)) : 설명에 의해 이유도 충분 이해했습니다. 독회 생략하고 원안 승인의 동의를 제출합니다.

4번(다니모토 도라키치(谷本寅吉))·7번(장주한(張柱漢))·9번(야마네 사이키치(山根才吉)) : 3번 의원 말에 찬성합니다.

(전원 "찬성")

의장(오가와 마스타로(小川增太郞) 통영읍장) : 전원이 3번 의원 말에 찬성하니 제3호 의안 1938년도 통영읍 소농생업자금 대부사업비 특별회계 세입출결산보고 건은 독회 생략하고 모두 원안대로 승인하신 것으로 결정하겠습니다. 이로써 의사를 마칩니다.

오가와 마스타로(小川增太郞) 통영읍장 : 제57회 읍회는 이것으로 폐회합니다. (오후 2시 20분)

6) 제58회 통영읍회 회의록(제1일, 1940년 3월 25일)

항 목	내 용
문 서 제 목	第五十八回統營邑會會議錄 寫
회 의 일	19400325
의 장	小川增太郎(통영읍장)
출 석 의 원	서병두(徐炳斗)(1), 兒玉鹿一(2), 島村新平(3), 谷本寅吉(4), 김인수(金仁洙)(5), 지홍규(池弘圭)(6), 장주한(張柱漢)(7), 山根才吉(9), 탁동조(卓同朝)(10), 原田長次郎(11), 김영훈(金英壎)(12), 하상문(河尙文)(13)
결 석 의 원	藤田利實(8), 嘉戶孫十(14)
참 여 직 원	兵本銀次郎(부읍장), 若竹繁(서기), 永山初太郎(서기), 加納勝(서기), 遠藤薰(서기), 박성기(朴性琪)(서기)
회 의 서 기	
회 의 서 명 자 (검 수 자)	
의 안	1호 1940년도 통영읍 세입출예산, 2호 1940년도 통영읍 농량대부사업비 특별회계 세입출예산, 3호 1940년도 통영읍 소농생업자금대부사업비 특별회계 세입출예산, 4호 통영읍 조종세규칙 폐지 건, 5호 통영읍 부가세규칙 중 개정 건, 6호 1940년도 읍세 과율 등 결정 건, 7호 읍재산 토지와 건물 매각처분 건, 8호 통영읍 상수도 2차확장공사 계속비 설정과 연기간 및 각년도의 지출액 결정 건, 9호 통영읍 상수도 제2차확장공사비 기채 건, 10호 읍장전결처분사항 보고 건
문 서 번 호 (I D)	CJA0003507
철 명	읍면기채인가서
건 명	통영읍상수도확장공사비기채의건(회의록)
면 수	13
회의록시작페이지	546
회의록끝페이지	558
설 명 문	국가기록원 소장 '읍면기채인가서'철의 '통영읍상수도확장공사비기채의건(회의록)'건에 포함된 1940년 3월 25일 제58회 통영읍회 회의록 사본(제1일)

해 제

본 회의록(총 13면)은 국가기록원 소장 '읍면기채인가서'철의 '통영
읍상수도확장공사비기채의건(회의록)'건에 포함된 1940년 3월 25일 제
58회 통영읍회 회의록 사본(제1일)이다.

1940년도 통영읍 세입출예산을 심의하는 회의이다. 의장이 통영신
사의 신역 확장과, 읍 행정구역 확장, 상수도 사업, 항만 시설 조사계
획 수립, 시구개정, 공원시설 등에 대해 설명하는 인사를 하고 나서
예산 편성의 개요를 설명했다. 의원들은 서해안 도로 호안 수리를 시
급히 할 것과, 시구개정 사업은 도심에만 국한하지 말고 격리병사 개
축과 도살장 이전 공사에도 부에서 힘을 써줄 것을 요청하고 있다. 또
한 어업조합 설치, 해수욕장 설치, 공동우물 수리, 철도 문제 해결 등
을 주문하고 있다.

내 용

오가와 마스타로(小川增太郎) 통영읍장 : 지금부터 제58회 통영읍회를
　개회하겠습니다. 의사에 들어가기 전에 인사 올립니다. 의원 여러
　분께서 본 읍 사업 수행에 관해 항상 절대적인 원조와 지도를 해주
　셔서 각종 사업 착착 진척되어가고 있어 기쁘게 생각합니다. 이에
　충심으로 감사의 뜻을 표합니다.
(1) 본 읍에서 가장 중요한 곳이고 또 통영군의 가장 중요한 곳인 통
　영신사의 신역 확장과 조영은, 읍민 여러분의 절대적인 협력과
　지원에 의해 작년 가을 기공을 시작하여 착착 진행하고 있습니
　다. 국체명징, 일본정신 앙양은 물론 국민정신총동원운동의 철

저한 강화 등 민심에 미치는 효과가 실로 심대하리라 믿고 경하스럽게 생각하며, 그 준공을 위해 협력을 원합니다.

(2) 읍 행정구역 확장은 여러분의 협력에 의해 1939년 4월 1일부터 원 산양면의 지역인 평림, 인평, 당동, 미수, 봉평, 도남 등 6개 리를 본 읍에 편입한 결과, 면적이 0.366방리였던 것이 1,143방리로 되어 일약 3배 증대되고, 인구도 2만 4,000명이 3만 1,000명으로 증가했습니다. 대통영 건설의 제1단계로서 진실로 경하할 일이라 생각합니다.

(3) 본 읍의 상수도는 1922년도에 총공사비 18만 8,000원으로써 부설하여 그 후 1933년, 1934년도에 걸쳐 총 공사비 10만 원으로 제1차 확장공사를 했습니다. 그러나 인구 증가와 시가지 발전에 따라 급수 호수도 점차 증대하여, 1926년 이후 매년 겨울철에는 극도의 제한 급수를 시행하는 곤궁한 상황에 있어서, 상수도 확장은 실로 본 읍의 사활적인 문제입니다. 그래서 국고 및 도비 보조를 청해 2개년 계속사업으로서 실현하려고 합니다.

(4) 항만시설에 대해서는, 달리 비교할 바 없이 천연의 항구를 가졌으나 통영항은 항만으로서의 시설이 보잘 것 없습니다. 대통영 건설과 가까운 장래에 이항을 겸한 반도의 상공업 도시를 형성하는 데 항만시설은 가장 중요한 사항이라고 믿습니다. 1939년도에 읍회의 협찬을 거쳐 조사비 1,000원을 예산에 계상하고 기본조사계획을 수립하고 총독부에 기술관 파견을 신청 중입니다. 3월 1일부터 기술관 4명이 파견되어 현재 조사 중이므로, 조사가 완성되면 그 실현에 매진해야 한다고 생각합니다.

(5) 시구개정은 당연히 도시의 발전을 위해 필수 불가결한 요소이므로, 가급적 빨리 근본적인 조사를 하여 개정 계획을 수립하고 실

현하고자 합니다.

(6) 공원 시설을 만들어 읍민의 보건과 위안에 이바지하기 위해 남
망산공원을 조성하고자 합니다. 총독부에 공원 설계에 권위 있
는 기술관 파견을 요청했습니다. 지난번 실지조사를 마치고 계
획 수립을 기다려 그 실현을 기하려고 합니다. 또 기타 철도 부
설문제, 공장 유치 문제, 읍영 주택 문제, 수산학교 승격, 고등여
학교 신설 등 중요 문제는 산적해 있습니다. 결국 이들 문제를
해결하고 실현하려면 읍민의 일치 협력이 절대 필요합니다. 3만
1천 읍민을 대표하는 읍회의원 여러분에게 더 한층 지도와 원조
를 원하는 이유입니다. 이상으로 인사를 드립니다.

의장(오가와 마스타로(小川增太郎) 통영읍장) : 그러면 지금부터 의사
에 들어가겠습니다.

이번 회의록 서명자를 결정하겠습니다. 전례에 의해 의장이 지명하
고자 합니다. 이의 없습니까?

(전원 "이의 없음"이라고 말함)

의장(오가와 마스타로(小川增太郎) 통영읍장) : 전원 이의 없으시니 11
번, 12번 의원에게 부탁드립니다.

오가와 마스타로(小川增太郎) 통영읍장 : 1940년도 본 읍 세입출예산
편성에 대해서 간단히 그 개요를 말씀드리고 여러분의 심의에 참고
로 제공하고자 합니다.

1940년도 예산 편성은 현재 비상 중대 시국에 비추어 정부에서도
어쩔 수 없는 것 외에 기채에 의한 사업은 이제 인정하지 않는 방침
입니다. 사업의 성격과 완급을 고려해서 이미 정한 사업 수행에 필
요한 경비를 계상했습니다. 그리고 신규 사업 소요경비 중 중요한
것을 들면 다음과 같습니다. 본 읍 발전상 가장 긴요하고 불가결한

상수도 제2차 확장계획을 수립하여, 총공사비 20만 원 중 국고보조 4만 원, 도(道) 보조 2만 6,000원, 합계 6만 6,000원의 보조를 청하고 13만 4,000원을 읍 기채로 하여 1940년과 1941년 2개년 계속사업으로서 시공하기로 하여, 1940년도 지출액 10만 원을 계상했습니다. 시구개정의 일부로서 신정(新町) 읍사무소 뒤부터 명정리(明井里) 충렬사(忠烈祠) 앞까지의 도로 개축공사비 7,500여 원을 계상하고, 경방단 훈련과 장비를 위해 약 6,000여 원을 새로 계상했습니다. 위생비에서는 종래의 현안인 격리병사 개축 소요경비 4,898원, 도살장 이전 신축비 4,000원을 계상했습니다. 본년도에 완성하여 읍민의 보건과 위안에 이바지하기 위해 남망산공원비 1,050원을 계상하여 본년도에 우선 등산도로를 축조하기로 하고, 1940년도 제2회 국세조사실시 때 소요경비 1,110원을 계상했습니다.

1940년도 세입출 총계 예산액은 26만 9,200원이며 전년도 예산액에 비해 14만 2,158원이 증가했습니다. 그 이유는 첫째, 예산액의 비교 증감은 산양면 6개리 편입 후 즉 작년 4월 읍회에서 추가경정한 예산액을 전년도 예산액으로서 게재하지 않은 것입니다. 이는 제도상 전년도 예산액은 연초의 예산액을 게재하는 것으로 되어 있어서, 전년도 실행 예산액과 실제의 비교가 불가능하기 때문에, 예를 들면 세입에서 지세, 호별세, 가옥세, 각 부가세의 증가, 세출에서 사무비 같은 것은 크게 증가되었으니 이 점을 미리 이해해주시기 바랍니다. 관별(款別)로 증감 내용을 말씀드리면, 우선 세입에서는 재산 수입에서 옛 통영병원 자리의 건물 및 토지를 매각했기 때문에 221원이 감소하고, 작년도 수입에서 작년도 읍세 미납액이 감소한 결과 163원이 감소하고, 기부금에서 지정 기부 3,472원 감소하여, 합계 3,856원이 감소했습니다. 그러나 경상부 사용료 및 수수료에서 자연 증수(增收) 2,953원, 잡수입에서 자연 증수 186원, 읍세에서 앞서 설명한 외 지방세제 개정에 따른 증수 2만 6,619원, 임시부 조월금에서 1,690원, 보조금에서 2만 8,370원이 증가하고, 새로 재정조사 보급금 3,440원을 교부하게 되었습니다. 재산매각대에서는 옛 통영병원 자리 부지 건물 및 도살장 부지 건물을 매각할 예정이라 그 대금 5,694원을 예상하고, 상수도 제2차 확장의 읍채 본년도 차입액 7만 4,000원을 계상했기 때문에, 증가액 합계 14만 6,014원이 되므로 차액 14만 2,258원이 증가한 것으로 됩니다.

세출에서는 경상부 방공비에서 경방단 설치 결과 수용비 절약과, 방공감시소비는 본년도부터 읍비에 계상하지 않기로 해서 345원이 감소했습니다. 재산관리비에서 각 정리(町里)에 있는 읍 소유 건물 수리비를 줄였기 때문에 100원이 감소했습니다. 선거비에서 본년도에는 각종 선거를 시행하지 않을 예정이라 그 경비를 명목만 남겨두었기 때문에 80원이 감소했습니다. 공원비에서는 조사비를 임시부로 옮겼기 때문에 112원이 감소했습니다. 임시부 임시조사비에서 항만조사 및 수원지 조사의 대부분은 1939년도에 수행했으므로 본년도에는 그 일부 경비를 계상한 관계상 550원이 감소했습니다. 임시수도비에서 미륵산 수원지 준설공사는 1939년도에 준공을 마쳐 이 경비를 삭감했기 때문에 886원이 감소했습니다. 임시부 임시국세조사비 신영비(新營費)를 삭감해서 740원이 감소했습니다. 합계 3,813원이 감소했습니다.

그러나 신사비에서 공진금(供進金)을 230원 증액하고 사무비에서 위에 말씀드린 것 외에 시국관계의 사무가 현저히 증가함에 따라 서기 1명, 고원 1명을 증원하고 이원 대우개선과 물가등귀 때문에 그 소요경비의 증가를 예상하여 7,995원이 증가했습니다. 토목비에서 도로 수리 공사인부 1명을 감소하여 인건비를 절감하고, 살수비를 폐지하고 그 경비를 도로수선비 기타로 돌렸으나, 모래구입비와 인부 임금이 현저히 앙등한 점에 비추어 또 272원이 증가합니다. 위생비에서 물가등귀 때문에 658원이 증가하고, 수도비에서 이원 대우 개선 물가 등귀로 802원이 증가하고, 청년훈련소비에서 본년도에 다시 제3소학교에 청년훈련소를 증설하는 것으로 되어 그 경비를 계상하여 930원이 증가하고, 사회사업비에서 사회 교화 시설을 강화하기 위해 580원이 증가하고, 권업비에서 산미증수 및 식량대책비, 면작 및 잠업장려비 등 신규 경비 319원이 증가하고, 경비비를 경방단비로 고쳐 새롭게 단원 훈련을 강화하기 위해 전년도 경비비에 비해 1,429원이 증가하고, 기본재산 조성비에서 규정에 기반한 축적금 74원이 증가하고, 조성금에서 군인분회 및 청년단 읍면사무연구회 조성금을 증액 신실하여 190원이 증가하고, 공설운동장비를 임시부에서 경상부로 옮겨서 150원을 계상하고, 잡지출에서 조체금(繰替金)과 납세장려비 등을 증액하여 372원이 증가하고, 임시부 기부 및 보조에서 감나무 식재장려 보조금과 국민정신총동원 운동 강화를 꾀하기 위해 그 보조금을 각각 증액하여 398원 증가하고, 읍채비에서 3,685원이 증가하고, 국세조사비에서 본년 10월 시행한 제2회 국세조사 소요경비를 계상하여 1,110원이 증가하고, 위생비에서 격리병사 개축 수리비 4,898원과 도살장 이전 개축비 4,000원을 새롭게 계상하고, 토목비에서 신정리·명정리 사이와 그 외 1개소의 시구개정 소요경비를 계상하여 1만 5,000원이 증가하고, 경방단비 5,778원을 새로 계상하고, 상수도 제2차 확장 공사비 본년도 지출액 10만 원을 신규로 계상하고, 남방산공원비 1,050원을 신규 계상하여, 합계 14만 4,940원을 증액해서 차에 14만 2,158원이 증가했습니다.

이상이 예산 편성의 개요입니다. 상세한 것은 독회 때 설명하기로 하겠습니다. 충분히 심의하여 협찬해주시길 원합니다.

의장(오가와 마스타로(小川增太郎) 통영읍장) : 그러면 일정에 들어가서, 제1호 의안 1940년도 통영읍 세입출예산 건, 제4호 의안 통영읍 조흥세규칙 폐지 건, 제5호 의안 통영읍 부가세규칙 중 개정 건, 제6호 의안 1940년도 읍세 과율 등 결정 건, 제7호 의안 읍 재산 토지와 건물 매각 처분 건, 제8호 의안 통영읍 상수도 2차 확장공사 계속비 설정과 연기간 및 각 연도의 지출액 결정 건, 제9호 의안 통영읍 상수도 제2차 확장공사비 기채 건, 10호 읍장 전결처분 사항 보고 건. 위에서 제4호, 5호, 6호, 7호, 8호, 9호 의안은 제1호 의안과 관련있는 의안이므로 일괄해서 부의하고 제1독회를 열겠습니다. 의안 낭독을 생략하려는데 이의 없습니까?

2번(고다마 시카이치(兒玉鹿一))·3번(시마무라 신페이(島村新平))·4번(다니모토 도라키치(谷本寅吉)) : 이의 없습니다.

(전원 "이의 없음"이라고 말함)

의장(오가와 마스타로(小川增太郎) 통영읍장): 전원 이의 없으시니 의안 낭독을 생략합니다.

4번(다니모토 도라키치(谷本寅吉)) : 지금 이사자의 인사와 장래 대통영 건설에 대한 포부를 잘 들었습니다. 또 1940년도 통영읍 세입출예산 편성 개요 설명을 듣고, 저는 이 비상시국에 예산편성에 큰 고충과 수완이 나타나 있다고 생각합니다. 한도가 있는 재원으로 한도가 없는 사업을 하려고하니 매우 쉽지 않을 뿐 아니라, 최소의 경비로써 최대의 효과를 거두는 것은, 가장 필요하면서도 곤란한 일이라 생각합니다. 본 예산 내용을 보면 각 관에 걸쳐 충분한 고려를 기울인 점이 보이고 경의를 표합니다. 특히 격리병사 개축 및 도로 축조 문제는 몇 년간의 현안이었는데 비로소 본 예산에 계상되어 읍민으로서 매우 기쁩니다. 본 읍의 사활문제인 상수도 확장은 다년간 현안이었을 뿐 아니라 시국이 시국인 만큼 국고 및 도비 보조 기타 여러 관계상 실현 불가능에 빠졌던 것을, 이사자의 노력에 의해서 1940년, 1941년 2개년 계속사업으로서 실현되도록 한 것은 우리 3만 읍민 일동이 가장 기뻐할 바이며 이 석상에서 읍장의 노고에 크게 감사를 드립니다.

단지 유감으로 생각하는 점은 1933년 대폭풍으로 인해 서해안의 호안(護岸)이 상당히 파괴되어 있는데, 당시부터 지금까지 7년이 흘렀으나 지금 그 도로에 대해 어떤 계획이 없이 버려둔 것은 매우 유감을 금치 못하겠습니다. 현재도 교통량이 많은 곳이어서 특히 여름이면 내만(內灣)으로부터 서해안으로 통행하는 사람도 많아 선박으로 상당히 번잡하므로 하루라도 빨리 수축을 희망합니다. 이에 대해 이사자의 소견을 듣고 싶습니다. 수년전부터 문제가 되어온 청과시장은 현재 하루라도 속히 실현시켜 시민의 일상식에 결손이 없도록 청과 공급에 불편을 해소했으면 합니다. 읍에서 직영하든가 혹은 위임 경영하든가 해서 빨리 실현되길 희망합니다. 사무비는 1할 증가이고 이는 당연하다고 생각합니다. 1할 증액해도 그 평균액은 다른 도시 예산에 비하면 매우 적은 느낌이 있습니다. 저는 다른 곳과 비교해서 좀 증액해서 읍 이원의 대우 개선을 도모할 필요가 있다고 믿습니다. 인사에 대해서 일부 시민에게서 여러 이야기를 들었는데 저는 이사자를 전대 신뢰하지만, 인사는 적재적소에 공평하게 시행되길 바랍니다. 상수도 수입은 작년보다는 증수(增收)한 예정인 것 같은데 이는 오해가 아닌까 생각됩니다. 현재는 수도의 새한 급수를 하고 있으므로 증수는 생각할 수 없습니다. 확장공사의 처음이라면 모르지만 지금 상태로는 증수는 예상하기 어렵습니다. 재산 매각에 대해서는 옛 통영병원과 현 도살장의 토지와 건물 매각대는 어떻게 산출해서 예산에 계상한 것입니까? 또 매각 방법을 듣고 싶습니다. 상수도 제2차 확장공사는 도에서 감독을 하도록 의뢰했는데, 이 사업의 감독은 읍에서 하는 쪽이 좋지 않을까 생각합니다. 공원 관련해서는 겨우 1,050원의 예산으로 어떻게 시설이 가능합니까? 이상을 묻습니다.

오가와 마스타로(小川增太郞) 통영읍장 : 서해안 호안의 파괴된 곳의 수리에 대해서 여러 번 도에 요청했지만 지금은 실현 불가능합니다. 이후에도 기회 있을 때마다 요청해서 가급적 빨리 수리하고자 합니다. 청과시장 설치 문제는 곧 읍에서 시장 설치 허가를 받아 대행회사에게 경영시키기로 현재 계획을 진행하고 있으므로 머지않아 읍회에 부의할 예정입니다. 사무비에 대한 의견은 매우 감사합니다. 이것도 적당한 시기를 보아 증액하여 읍 이원의 대우 개선을 하고자 합니다. 인사 문제에 대해서는 가장 신중하게 고려하여 공평무사를 모토로 하고 있으므로 안심하시기 바랍니다. 상수도 사용료 증수에 대해서는, 수년간 실적에 비추어 자연 증수를 예상하고 1939년도에 양수기 장치를 하고 현재 증수하고 있는 확실한 수입을 계상한 것입니다. 옛 통영병원 및 현 도살장의 토지와 건물 매각대는 부근 매매 상장을 참작하여 계상한 것이고, 매각 방법은 경쟁입찰에 의해 매각합니다. 상수도 제2차 확장공사 감독은 가급적 도(道)에 의뢰하려고 하지만, 아직 확정되지 않았습니다. 읍에서 하면 적당한 기술자가 필요한데 현재 적임자를 물색하기가 사실 곤란합니다. 공원 시설에 대해서는 재정 관계상 겨우 1,050원 계상했는데 이는 본년도에는 우선 등산 도로 축조비만 계상한 것입니다. 이후 매년 점차 완비하려고 합니다.

4번(다니모토 도라키치(谷本寅吉)) : 서해안 도로 호안은 당연히 도에서 수리하는 것이지만 여하튼 하루라도 빨리 실현해주시기 바랍니다.

오가와 마스타로(小川增太郎) 통영읍장 : 알겠습니다.

3번(시마무라 신페이(島村新平)) : 부의된 안건의 대체로 중요한 점은 읍장의 설명으로 잘 알겠습니다만, 저도 희망하는 것은 시구개정 건입니다. 물론 시국 관계로 뜻대로 되지 않는 것은 압니다. 그러나 국부적으로 신정(新町)부터 명정리(明井里) 사이의 일부 시구개정 은 1940년도에 계획되어 있지만 그 외 지역의 시구개정은 언제 계획합니까? 격리병사 건물 개축과 도로 축조는 현재 장소에 합니까, 아니면 다른 곳으로 이전합니까? 도살장은 현재 통영공립심상고등 소학교 부근에 있고 이를 현재 이전하기로 된 것은 매우 좋은데, 이전할 곳은 정해졌습니까? 지난번 상수도 제2차 확장지에서 수원(水源)을 시험한 것 같은데 만약 공사 후 또 상수도 부족 등이 일어나면 이사자 측은 물론 3만 읍민을 대표하는 우리 의원도 그 책임이 실로 중대하다고 생각합니다. 공사 착수 전에 수원 조사를 철저하게 해주시길 희망합니다.

오가와 마스타로(小川增太郎) 통영읍장 : 시구개정은 기본조사를 하여 근본 계획을 수립해야 해서, 지금까지 수회에 걸쳐 기술관 파견을 도(道)에 요구했으나, 작년 말 한해(旱害) 대책 토목공사 때문에 아직 기술관 파견이 되지 않았습니다. 1940년도에는 특별히 파견을 청하여 근본 계획을 세워서 속히 실현하고자 합니다. 현재 격리병사 위치는 남쪽으로 조망도 좋고 북쪽은 산을 배후로 두어 통풍과 채광이 좋은 곳이라고 생각합니다. 단 유감인 것은 화사를 옮길 사동차 도로가 없어서, 현재 위치의 남쪽에 면하여 건물을 개축하고 자동차가 통하는 도로를 축조하고자 합니다. 도살장 위치는 아직 정해진 것은 없지만 북신리(北新里) 해안 지대를 예상하고 있습니다. 상수도 제2차 확장공사의 수원 조사에 대해서는 저도 동감입니다. 충분한 조사를 마친 후 공사에 착수할 것이고 그 시험을 위해 최근 도에 기술관 파견을 의뢰했으니 양지해주시기 바랍니다.

2번(고다마 시카이치(兒玉鹿一)) : 본년도 예산에 살수비가 삭제되어 있는데 그러면 자동차 통행 부근의 가옥은 매우 곤란해질 것입니다. 작년과 마찬가지로 자동차부와 상담하여 살수를 하는 게 어떨까 생각합니다. 간선도로에는 아스팔트 등을 보강할 계획은 없습니까? 서해안 매축 허가 조건에는 해산회사 앞길부터 곧장 매축한다고 되어 있는데, 기업가들은 허가 조건대로 매축하고 있지 않습니다. 본건과 같이 매축 허가는 대통영 건설 계획과 관계가 있으니 중요한 것이라 생각합니다. 이를 허가하기 전에 일단 읍장의 의견을 듣고 허가를 하도록 미리 계획해두면 어떨까 생각합니다. 송수관은 흄관입니까 아니면 대용품입니까?

오가와 마스타로(小川增太郎) 통영읍장 : 1939년도에는 살수차는 자동차 도로 옆에 있는 주민의 기부를 받아 실시했는데 작년의 실례가 빠졌습니다. 이 기부가 예정과 같이 집행되지 않고, 살수차도 고장이 많고, 또 가솔린 통제 관계상 공급도 뜻대로 되지 않는 등, 여러 이유로 1940년도에는 이에 관한 경비를 삭제한 것입니다. 도로 포장에 대해서는 본 예산에 1,800원을 계상했고 간선도로에 실시할 예정입니다. 해면 매축에 대해서는 매축 허가 전에 일단 읍장의 의견을 듣도록 희망을 하셨는데, 서해안 매축 허가 당시에는 읍장의 의견은 반영되지 않았습니다. 송수관은 철관을 부설할 예정입니다.

6번(지홍규(池弘圭)) : 물 기근으로 곤란한 본 읍에 상수도 제2차 확장 공사를 1940년도 및 1941년도 2개년간 공사하기로 되어 저는 이사 자 측의 노력이 크다고 생각합니다. 그러나 이 공사가 완료되어도 모든 읍민이 그것을 음용하게 되지는 않습니다. 여하튼 우물물을 사용하는 게 여전히 많다고 생각합니다. 보건 위생의 견지에서 이 우물의 수질 검사를 하는 방법을 강구해주십시오. 동해안도 1933년 대폭풍우에 의해 호안이 파괴되고 올해 여름에 만약 대폭풍우가 습래하면 부근 주민의 생명 재산을 위협받게 되는 것은 아시리라 생각합니다. 읍 당국의 의견을 듣고 싶습니다. 본 예산 사회사업비에 경로회비가 계상된 것은 매우 기쁘게 생각하지만 그 액수가 너무 적은 듯합니다. 가능하면 좀 더 계상되길 희망합니다. 소방탱크 2개 소 신설경비가 계상되어 있는데 제가 바라기는 작년 불이 난 조일 정(朝日町)의 고개와 대화정(大和町)의 높은 곳에 신설하면 어떨까 생각합니다.

오가와 마스타로(小川增太郎) 통영읍장 : 공동우물의 수질검사는 경찰 서에 의뢰하여 실시하겠습니다. 동해안 매축은 서정(曙町)의 구원 영(具源永)이라는 사람에게 허가되었는데 아직 매축에 착수하지 않 았습니다. 6번 의원의 말대로 올 여름 대폭풍우가 습래하면 매우 곤란하므로, 최근 위 매축 허가를 받은 사람에게 읍에 방문하도록 통지를 했는데, 지금 자신이 경성에 있어서 통영에 돌아오면 읍에 방문하겠다고 하여 그렇게 처리하려고 합니다. 경로회비에 대해서 는 말씀하신 의견을 잘 알겠습니다. 소방 탱크 설치에 관해서는 소 방단과의 관계가 있으니 말씀하신 희망만으로 들어두겠습니다.

3번(시마무라 신페이(島村新平)) : 잠시 휴식을 바랍니다.

4번(다니모토 토라기치(谷本寅吉))·10번(박동조(朴同朝)) : 3번 의원 말에 찬성합니다.

(전원 "찬성 찬성"이라 말함)

의장(오가와 마스타로(小川增太郎) 통영읍장): 10분간 휴식을 선포합
니다.

(오후 3시 10분부터 3시 20분까지 휴식)

의장(오가와 마스타로(小川增太郎) 통영읍장) : 회의를 열겠습니다.

9번(야마네 사이키치(山根才吉)) : 토목비의 도로교량비는 전년도 예
산에 비해 895원 증가했으나 해안도로 기타 시내 도로면 손상이 심
하고 모래대금을 비롯한 기타 물가가 등귀했는데 이 경비로써 전부
수리가 가능합니까? 상수도가 결국 없어지면 어떻게 할 예정입니
까? 현재 항만시설 기본조사는 매우 잘된 일이라 생각하지만 개인
매축 허가원에 대해 읍과 연락이 없으니 통영읍 발전상 실로 유감
이라 생각합니다. 이런 것에 대해서는 적당한 방법을 강구하여 바
다가 생명선인 통영의 장래를 충분히 고려해서 이후에는 관계당국
에 꼭 연락이 닿도록 해주시길 희망합니다.

오가와 마스타로(小川增太郎) 통영읍장 : 도로교량비는 충분하다고 생
각하지는 않지만 여러 재정을 고려해서 계상한 것입니다. 1940년도
에는 시구개정의 일부를 시공해서 토목비에서는 전년도 예산에 비
해 상당히 증액하고 있으니 양해 부탁드립니다. 상수도가 결국 없
어지면 어떻게 하냐는 질문이신데 지금은 생각하고 있지 않습니다.
개인 매축 문제는 저도 동감입니다. 이후에 적당한 방법을 강구하
여 기대에 부응하도록 하겠습니다.

의장(오가와 마스타로(小川增太郎) 통영읍장) : 시간 연장을 선포합니

다.(오후 4시)

11번(하라다 초지로(原田長次郎)) : 저는 신입인데 본 예산을 봐도 또 평소 읍장이 대통영 건설을 위해 부단히 노력하고 있는 데 대해 감사의 뜻을 표합니다. 단 제가 희망하는 것을 말씀드립니다. 통영의 생명선이 수산이라는 점은 말할 필요도 없습니다. 전 조선 첫째의 어항인 이 통영은 실로 아름다운 곳이고 또 기후도 온화하고 풍치도 좋고 물가는 다른 데에 비해 쌉니다. 이 점에서 수산도시로서 손색없으나 매우 유감으로 생각하는 것은 어업자와 수산과 관련한 기관이 대단히 적다는 것입니다. 장래에는 생산 기구 또는 제품 통제 등에 대해 뭔가 시설이 만들어지길 희망합니다. 또 본 예산의 권업비 5,278원 중 수산에 관한 경비가 하나도 계상되어 있지 않음은 수산도시로서 매우 유감입니다. 그리고 바다가 생명선인 통영에 해수욕장 하나 정도의 설비는 읍민 보건 위생의 견지에서 보아도 필요하지 않을까 생각합니다. 다음으로는 음료수 문제인데, 이사자의 노력에 의해서 다년간 현안인 상수도 제2차 확장공사가 총공비 20만 원으로 2개년 계속사업으로 실현된 것은 매우 기쁘게 생각합니다만, 국고 및 도 보조금을 공제한 읍채 13만 4,000원의 상환 재원은 확실성이 있습니까?

다음은 교통운수기관의 불비 문제인데 통영의 발전책에는 무엇보다도 철도 문제 해결이 필요합니다. 본 문제는 일찍이 기성회가 조직되었으니 빨리 그 실현에 노력해주시기 바랍니다. 공동 우물 수리비 120원, 6개소로 나누어 계상되어 있는데 이는 옛 통영 구의 내의 우물을 수리하는 것입니까?

오가와 마스타로(小川增太郞) 통영읍장 : 수산도시 통영으로서 어업자와 수산에 대한 기관이 없는 점은, 시도 부임했을 때 어업조합이 없는 것을 알고 유감으로 생각했습니다. 그러나 다행히 지난번 수산 관계자들이 어업조합 설치 인가를 신청해서, 속히 인가가 되길 희망하고 있습니다. 설치 후에는 연락을 긴밀하게 해서 어업자의 복리 증진에 노력하겠습니다. 권업비에 수산에 관한 경비는 계상되지 않았는데 상공조사비 200원을 계상하여 수산에 관한 조사를 하고 장래 시설 참고에 이바지할 계획이니 양해 바랍니다. 해수욕장 설치는 11번 의원 말처럼 저도 동감입니다. 사실 적당한 곳을 물색 중인데 좋은 장소가 있으면 실현하고 싶습니다. 상수도 제2차 확장공사비 읍채 상환 재원은 수도를 수입함으로써 충분히 상환이 가능하다고 예상하니 안심하시기 바랍니다. 철도 문제도 동감입니다. 읍민의 협력에 의해 가급적 빨리 실현하도록 노력하겠습니다. 공동우물 수리는 읍내 전반에 걸쳐 순차적으로 집행할 터이니 양해 바랍니다.

11번(하라다 초지로(原田長次郎)) : 앞서 4번 의원이 청과시장 설치 이야기를 했는데, 현재 수원지 아래 지역은 상수도가 부설된 이후 매년 흐르던 시냇물이 없어져서 논농사에 타격이 크고 작년 가뭄에는 전부 고사했습니다. 그 대책으로서 생과시장 설치와 비슷하게 공정가격의 유지 방법 등을 가구하여 위 지역 전체 면에 소채 재배를 장려하면 어떨까 생각합니다.

오가와 마스타로(小川增太郎) 통영읍장 : 저도 동감입니다. 이 지역에 벼농사는 수원 관계로 매년 곤란합니다. 읍 외로부터 매년 청과 이입고를 조사해보면 연액 20만 원을 넘고, 실은 작년 우량 소채종자를 구입하여 장려하는 의미에서 무상으로 배부했을 뿐 아니라 군(郡)농회에서도 이 지역 내에 채소밭을 설치하여 해당 지역 내의 지주에게 소채 재배 장려를 했는데 금후도 부단한 노력을 계속하여 장려할 예정입니다.

4번(다니모토 도라키치(谷本寅吉)) : 오늘은 이걸로 폐회하자는 동의를 제출합니다.

3번(시마무라 신페이(島村新平)), 10번(탁동조(卓同朝)) : 4번 의원 말에 찬성합니다.

(전원 "찬성 찬성"이라 말함)

의장(오가와 마스타로(小川增太郞) 통영읍장) : 전원이 4번 의원 말에 찬성하니 오늘은 이것으로 폐회하겠습니다. 내일은 오전 10시부터 개회하겠습니다.

(오후 4시 20분)

7) 제58회 통영읍회 회의록(제2일, 1940년 3월 26일)

항 목	내 용
문 서 제 목	第五十八回統營邑會會議錄 寫
회 의 일	19400326
의 장	小川增太郎(통영읍장)
출 석 의 원	서병두(徐炳斗)(1), 兒玉鹿一(2), 島村新平(3), 谷本寅吉(4), 김인수(金仁洙)(5), 지홍규(池弘圭)(6), 장주한(張柱漢)(7), 탁동조(卓同朝)(10), 原田長次郎(11), 김영훈(金英壎)(12), 하상문(河尙文)(13), 嘉戸孫十(14)
결 석 의 원	藤田利實(8), 山根才吉(9)
참 여 직 원	兵本銀次郎(부읍장), 若竹繁(서기), 永山初太郎(서기), 加納勝(서기), 遠藤薫(서기), 박성기(朴性琪)(서기)
회 의 서 기	
회 의 서 명 자 (검 수 자)	小川增太郎(통영읍장), 原田長次郎(11), 김영훈(金英壎)(12)
의 안	의안 1호 1940년도 통영읍 세입출예산, 2호 1940년도 통영읍 농량대부사업비 특별회계 세입출예산, 3호 1940년도 통영읍 소농생업자금대부사업비 특별회계 세입출예산, 4호 통영읍 조흥세규칙 폐지 건, 5호 통영읍 부가세규칙 중 개정 건, 6호 1940년도 읍세 과율 등 결정 건, 7호 읍재산 토지와 건물 매각처분 건, 8호 통영읍 상수도 2차확장공사 계속비 설정과 연기간 및 각년도의 지출액 결정 건, 9호 통영읍 상수도 제2차확장공사비 기채 건, 10호 읍장전결처분사항 보고 건
문 서 번 호 (I D)	CJA0003507
철 명	읍면기채인가서
건 명	통영읍상수도확장공사비기채의건(회의록)
면 수	8
회의록시작페이지	559
회의록끝페이지	566
설 명 문	국가기록원 소장 '읍면기채인가서'철의 '통영읍상수도확장공사비기채의건(회의록)'건에 포함된 1940년 3월 26일 제58회 통영읍회 회의록 사(제2일)

해 제

본 회의록(총 8면)은 국가기록원 소장 '읍면기채인가서'철의 '통영읍 상수도확장공사비기채의건(회의록)'건에 포함된 1940년 3월 26일 제58회 통영읍회 회의록 사(제2일)이다.

전날에 이어 6개 의안의 1독회를 진행하고 있다. 11번 하라다 초지로(原田長次郎)의 발언이 눈에 띄는데, 하라다는 이 전 해인 1939년 통영에 산양면의 6개 리가 편입되기 전 산양면협의회원이었다가, 곧바로 이어진 1939년 5월 통영읍회 선거에서 당선되었고 이 회의에 읍회의원으로서 처음 참가했다. 그는 편입된 도남리의 이른바 오카야마촌 출신으로, 편입된 산양면 지역의 이익을 통영읍회에서 적극적으로 피력하고 있다. 즉 편입된 지역 주민이 해저도로 통행료를 부담하고 있는데 이를 폐지해달라는 것, 편입된 지역의 어업조합을 통영읍 어업조합에 이관시켜달라는 것 등이다. 이에 대해 읍장은 편입된 지역 주민이 내는 통행료는 극히 소액이며, 해저도로 특별세는 이미 통영읍과 산양면이 협정하고 총독 인가를 받은 것이니 변경할 수 없다고 설명하고, 어업조합에 대해서는 고려하겠다고 답하고 있다.

내 용

의장(오가와 마스타로(小川增太郎) 통영읍장) : 지금부터 어제에 이어 제1호 의안 외 6개 의안의 제1독회를 속행하겠습니다.

10번(탁동조(卓悳祚)) : 작년은 옛 산양면의 6개 리가 편입되어 인약 시역이 배가 되고 본 예산에서도 거의 배 가까이 26만 9,200원이 계

상되었습니다. 상수도 근본대책으로서 상수도 제2차 확장공사를 총
공비 20만 원으로써 2개년 계속사업으로 시행하게 되어 다년간 읍
민의 골치였던 상수도 문제가 해결된 것에 대해서는 진실로 3만 부
민과 함께 경하하지 않을 수 없습니다. 이번 제58회 읍회에서 읍장
이 인사 말씀에서 장래 통영 발전의 포부를 말씀하신 데 대해 읍민
과 의원의 한 사람으로서 경의를 표하지만, 다른 읍과 비교하면 안
심할 수 없다고 저는 생각합니다. 현재 통영은 전진인가 퇴보인가
의 갈림길입니다. 진주에서는 통계상으로 봐도 큰 차이가 없는데도
착착 시설을 하고 작년에는 부로 승격하고 경남 일류의 도시가 되
었습니다. 여수도 발전 정도를 보면 본 읍 아래였는데 착착 발전 과
정에 있고 오히려 통영은 늦어지는 현황에 있음은 유감입니다. 본
예산 전액은 전년도에 비해 약 2배가 되어 상수도 확장공사비를 공
제하면 신규 사업비는 약 2만 5,000원 정도이고 다른 도시에 비해
근본적 사업이 없어서 유감입니다. 저는 통영 발전을 위해 도살장
이전 개축, 격리병사 개축, 도로 축조 등의 사업을 연기한다 해도
적극적 사업을 하는 게 어떨까 생각합니다. 본 예산을 보면 좀 소극
적이라는 생각이 듭니다. 위 사업은 물론 필요한 것이지만 좀 적극
적 정책을 취하는 쪽이 좋지 않을까 생각합니다. 시구개정의 일부
인 신정부터 충렬사 앞까지의 시구개정비가 읍장의 배려에 의해 계
상된 것은 충심으로 감사합니다. 이 견지에서 될 수 있는 대로 원조
를 하고 싶은데, 지장 없는 정도에서 그 내용을 알고 싶습니다. 또
이 도로가 만들어지면 수익세를 부과합니까? 그 다음은 일반 시구
개정 문제입니다. 1941년도부터는 가령 국고 및 도 보조가 없어도
다른 방법에 의해 실현된다는 생각입니까? 공원시설비에 대해서는
여러분들의 말씀이 있었습니다만 겨우 1,050원 경비로 어떻게 공원

시설이 가능합니까. 통영은 풍광이 수려한 한려수도이고 운하 및 지하도가 있고 기후도 좋으며 전 조선 제일의 양항이므로 오히려 널리 유람지로서 적극적 시설을 강구하는 것이 좋다고 생각합니다. 어제 읍장의 답변으로는 공원 계획은 아직 세워져있지 않다고 말씀했는데, 찬성하지 않는 것은 아니지만 본 예산에서는 삭제하고 계획에 세워지면 철저하게 하는 것으로 하면 어떨까 생각합니다.

오가와 마스타로(小川增太郎) 통영읍장 : 본 예산 편성 내용은 소극적이니 더 적극적으로 하면 어떠냐는 의견이신데 이는 10번 의원의 견해와 다르고 읍장으로서는 적극적이라고 생각합니다. 신정-명정리 간의 시구개정은 도로 부지 약 909평, 건물 소유자는 22명입니다. 읍의 방침은 도로 부지는 관계 지주의 양해에 의해 기부를 바라고, 건물 보상비와 공사비는 읍에서 지불하는 것으로 하고 수익세는 부과하지 않을 예정입니다. 일반 시구개정에 대해서는 재정계획이 중요하므로 우선 계획을 수립하기 위한 기본 조사를 하여 가급적 속히 실시하고자 합니다. 1941년도부터 실시하는지 아닌지는 확답은 불가능합니다. 공원비에 대해서는 제 답변을 오해하신 듯해서 다시 답변 드립니다. 지난번 총독부 기술관이 통영에 와서 공원 계획 조사를 하고 현재 계획서 작성 중입니다. 동산도로 축조에 관해서는 실지조사 때 대체적인 예정액을 결정하고 계획은 읍에서 세우는 것으로 협정했는데, 1940년도에는 우선 그 정비로서 1,050원을 계상한 것이고, 기타 시설은 총독부 기술관의 설계를 보고 순차적으로 읍 재정의 범위에서 실시할 예정입니다. 읍장이 아무 생각 없이 계상한 것은 아닙니다.

12번(김영훈(金英勳)) : 세입경상부 제2관 제3항 제2목 수도 수입 중 급수재료검사 수수료 5원이 계상되어 있는데 언제 갚는 것입니까?

인사문제에서, 읍 직원이 임명되거나 혹은 퇴직할 때 가능하면 서로 연락을 하면 어떨까 생각합니다. 읍장의 권한을 무시하는 것이 아니라, 일례를 들면 의원이면서도 읍 직원 출장을 알지 못하는 경우가 있습니다.

오가와 마스타로(小川增太郎) 통영읍장 : 급수재료검사 수수료는 공사 때 그 재료를 공사의뢰자가 직접 구입할 때는 그 재료가 적합한지 아닌지를 읍이 검사를 합니다. 검사를 할 때는 통영읍 상수도 급수 규칙에 의해 수수료를 징수하는 것으로 되어 있습니다. 인사 문제는 읍장이 신중히 고려해서 공평무사하게 행하고 있습니다. 읍 이원 채용 때 의원과 연락하지 않으면 불합리하지 않는가 하는 것은 인정하지 않습니다. 주임급 이상의 사람이 취임한 경우는 반드시 의원 여러분의 집을 돌며 인사하고 있습니다.

1번(서병두(徐炳斗)) : 어제 이후 거의 전부에 대해 논의를 다 했습니다만, 본 예산 편성 내용을 보면 4번 의원이 어제 찬사를 보낸 것에 저도 동의합니다. 사회비에 경로비가 처음으로 계상되고 전년도 예산에는 운동장비가 임시부에 계상되어 있었던 것이 본 예산에는 경상부에 계상되어 있는 것을 보면, 이사자가 본 예산 편성에 상당한 고심과 고려를 했다고 생각합니다. 이 점에 대해 감사의 뜻을 표합니다. 통영의 사활문제인 상수도 제2차 확장문제가 이번에 이사자의 노력에 의해서 2개년 계속사업으로서 국고 및 도비 보조를 청해 실현되었습니다. 통영 발전에는 물론이고, 가뭄으로 음료수가 부족하여 죽느냐 사느냐의 이때 본 사업이 실현되게 되어 우리 3만 읍민 모두 더 이상 기쁠 일이 없다고 생각합니다. 수원조사비가 상당히 필요하나 확실한 수량 용출의 시험을 충분히 조사해주시기를 특별히 바랍니다. 그리고 상수도 제2차 확장공사가 완료되어도 수도의 편리를 얻지 못하는 부락에 대해서는, 공동우물 수리비를 보조하기보다 오히려 읍에서 우물을 새로 굴착하면 어떨까 생각합니다. 가로등 문제는 시중에는 요소에 가로등이 있지만 고지대에는 없어서 야간 교통에 불편이 극히 심할 뿐 아니라 화재 등이 있을 때에도 꼭 필요하다고 생각하니 읍에서 조사해서 필요한 곳에는 가로등을 세워주길 원합니다.

오가와 마스타로(小川增太郎) 통영읍장 : 수원에 대해서는 충분히 조사를 하겠습니다. 공동우물을 새로 굴착하는 것은 별로 고려하고 있지 않습니다. 장래는 수도를 가급적 완비하고자 합니다. 가로등은 조사를 해서 기대에 부응하도록 노력하겠습니다.

11번(하라다 초지로(原田長次郎)) : 해저도로 통행료는 읍행정구역 변경에 의해 편입된 미수리, 봉평리, 도남리에 주거하는 원격지에 있는 자가 주로 부담하고 있습니다. 대통영 건설을 위해 합병을 했으니 이제 이를 폐지할 의사는 없습니까? 봉평리와 도남리에 있는 논은 원래 수도 부설 전에는 수원이 풍부했는데 수도가 부설되고서부터는 매년 물 부족을 겪고 농사에 고통이 심하고 작년에는 한해 때문에 경작하지 못했습니다. 그런데 한편으로는 해저도로 특별세 부담을 지고 있는 것은 타당성이 결여되어 있다고 생각합니다. 뭔가 방법이 없습니까? 소득조사 때 어업수입과 기타 수입은 어떤 식으로 되어 있습니까? 어업조합 지역의 일이지만 본 읍에 편입된 원 산양면 6개 리는 산양면 어업조합의 지역으로 되어있는데 읍에 편입된 이 지역은 이제 통영읍 어업조합에 이관되도록 읍장이 노력해주시기 바랍니다.

오가와 마스타로(小川增太郎) 통영읍장 : 해저도로 통행료 부담은 자동차, 우차, 화물차 등에 대한 것이 대부분이고, 주로 구 통영 쪽 구역의 자입니다. 미수, 봉평, 도남리 주민으로부터 징수하는 액수는 극히 소액입니다. 통행료 징수규칙에는 공무에 의한 것과, 농경을 위한 비료 운반 등에 대해 통행료를 징수하지 않는 것으로 되어 있습니다. 해저도로 특별세는 당시 본 읍과 산양면이 협정하여 각 읍회와 면협의회에 자문하고 총독 인가를 얻어 정했으므로, 지금 다시 이를 변경하는 것은 타당하지 않다고 생각합니다. 또 부과액도 원 산양면에 부과되었던 정도입니다. 봉평리와 도남리에 있는 논에 대해서는, 야채 재배가 가장 적당하다고 생각하여 장려 중입니다. 어업 수입과 기타 수입 표준에 대해서는 참여원 나가야마(永山) 서기가 설명하겠습니다.

번외 나가야마 하쓰타로(永山初太郞) 서기 : 어업 수입은 그 해의 어획고와 단가 등을 참작하여 여러 경비를 뺀 잔액을 수입으로 하고, 단 신규경영자에 대해서는 이들 경비를 고려합니다. 기타 수입에 대해서는 여러 방법이 있습니다만, 농작에 의한 수입은 지금까지 5개년 평균 수확고와 평균 단가 등을 참작하여 경비 등을 뺀 수입을 결정합니다.

오가와 마스타로(小川增太郞) 통영읍장 : 어업조합 구역에 대해서는 잘 들었습니다. 가능한 데까지 원조하겠습니다.

13번(하상문(河尙文)) : 우리 통영의 가장 급무는 시구개정이라고 저는 생각합니다. 시구개정의 필요는 지금 다시 말씀드릴 것도 없지만, 문명국은 교통에서부터라고 말하고 있습니다. 국고 및 도 보조가 없어도 뭔가 방법을 강구해주시길 원합니다. 진주 마산 등에서는 현재 착착 시공하고 있습니다. 통영도 본년도부터 실행하는 것을 고려하시지 않겠습니까? 원 통영병원의 매각에 대해서는 금후 도립병원이라도 설치하는 게 필요하지 않겠습니까?

오가와 마스타로(小川增太郞) 통영읍장 : 시구개정은 근본계획을 수립해서 가급적 빨리 실현하고자 합니다. 원 통영병원 매각 문제는 가령 도립병원이 설치될 경우라도 이 장소는 부적당하므로 다른 적지를 선정해야 한다고 생각합니다. 또 본 건에 대해서는 지난번 읍회 의원 여러분의 의향을 물어 계획한 적이 있습니다.

13번(하상문(河尙文)) : 잘 알겠습니다.

2번(고다마 시카이치(兒玉鹿一)) : 어제 이후 상당히 질문도 있고 또 시간 관계도 있으니 제1독회를 종료하고 제2독회로 넘어가자는 동의를 제출합니다.

3번(시마무라 신페이(島村新平))·4번(다니모토 도라키치(谷本寅吉)) : 2번 의원 말에 찬성합니다.

(전원 "찬성, 찬성"이라 말함)

의장(오가와 마스타로(小川增太郞) 통영읍장) : 전원이 2번 의원 말에 찬성하니 제1독회를 종료하고 제2독회로 넘어가겠습니다. 잠시 휴식하겠습니다.

(오후 0시 15분부터 0시 55분까지 휴식)

의장(오가와 마스타로(小川增太郞) 통영읍장) : 그러면 지금부터 계속해서 제2독회를 열겠습니다.

2번(고다마 시카이치(兒玉鹿一)) : 매년 제2독회는 전원위원회에서 심의했으니 이번에도 예년대로 전원위원회에 부탁하자는 동의를 제출합니다.

3번(시마무라 신페이(島村新平))·10번(탁동조(卓同朝)) : 2번 의원 말에 찬성합니다.

(전원 "찬성 찬성"이라 말함)

의장(오가와 마스타로(小川增太郎) 통영읍장) : 전원이 2번 의원 말에
찬성하니 제1호 의안 1940년도 통영읍 세입출예산 건 및 이에 관련
한 제4호부터 9호 의안은 전원위원회에 부탁하는 것으로 결정합니
다. 그러면 본 회의는 전원위원회 종료 후 곧장 열기로 하고 위원회
로 넘어가겠습니다.

(오후 1시 15분 폐회, 3시 50분 개회)

의장(오가와 마스타로(小川增太郎) 통영읍장) : 지금부터 본회로 넘어
가 계속 논의하겠습니다. 그러면 전원위원회의 위원장이 전원위원
회 결과를 보고해주십시오.

2번(고다마 시카이치(兒玉鹿一) 전원위원회 위원장) : 전원위원회 결
과를 보고 드립니다. 전원위원회에서 이사자도 열석하여 제1호 의
안 및 제4호 의안부터 제9호 의안까지를 심의한 결과, 읍회는 원안
대로 가결하기로 결정했습니다. 이상 간단하지만 보고 드립니다.

의장 : 지금 위원장 보고에 이의 없습니까?

11번(하라다 초지로(原田長次郎))·13번(하상문(河尙文)) : 이의 없습니
다.

(전원 "이의 없음"이라고 말함)

의장(오가와 마스타로(小川增太郎) 통영읍장) : 전원 이의 없으니 위
원장 보고대로 결정하고 제2독회를 종료합니다.

4번(다니모토 도라키치(谷本寅吉)) : 제3독회 생략하고 원안 찬성하자
는 동의를 제출합니다.

6번(지홍규(池弘圭))·14번(가도(嘉戶孫十)) : 4번 의원 말에 찬성합니다.

(전원 "찬성"이라고 말함)

의장(오가와 마스타로(小川增太郎) 통영읍장) : 전원이 4번 의원 말에 찬성하니 제1호 의안 제4,5,6,7,8,9호 의안 이상 7개 의안은 제3독회를 생략하고 원안대로 가결 확정하겠습니다.

시간 연장을 선포합니다. 다음은 제2호 의안 1940년도 통영읍 농량대부사업비 특별회계 세입출예산 건을 부의하겠습니다. 의안이 간단하니 낭독 및 독회를 생략하고자 합니다. 이의 없습니까?

3번(시마무라 신페이(島村新平))·4번(다니모토 도라키치(谷本寅吉)) : 이의 없습니다.

(전원 "이의 없음"이라고 말함)

의장(오가와 마스타로(小川增太郎) 통영읍장) : 전원 이의 없으니 낭독 및 독회를 생략합니다. 그리고 세입출을 일괄해서 심의를 원합니다.

2번(고다마 시카이치(兒玉鹿一)) : 원안에 찬성하는 동의를 제출합니다.

6번(지홍규(池弘圭))·11번(하라다 초지로(原田長次郎)) : 2번 의원 말에 찬성합니다.

(전원 "찬성"이라고 말함)

의장(오가와 마스타로(小川增太郎) 통영읍장) : 전원이 2번 의원 말에 찬성하니 제2호 의안 1940년도 통영읍 농량대부사업비 특별회계 세입출예산 건은 원안대로 가결 확정합니다. 다음은 제3호 의안 1940년도 통영읍 소농생업자금 대부사업비 특별회계 세입출예산 건을 부의하겠습니다. 의안이 간단하니 낭독과 독회를 생략하고자 합니다. 이의 없습니까?

1번(서병부(徐炳斗))·2번(고다마 시카이치(兒玉鹿一)) : 이의 없습니다.

(전원 "이의 없음"이라고 말함)

의장(오가와 마스타로(小川增太郎) 통영읍장) : 전원 이의 없으시니 낭독과 독회를 생략합니다. 그리고 세입출 일괄해서 심의를 원합니다.

3번(시마무라 신페이(島村新平)) : 원안에 찬성하는 동의를 제출합니다.

4번(다니모토 도라키치(谷本寅吉))·13번(하상문(河尚文)) : 3번 의원 말에 찬성합니다.

(전원 "찬성"이라고 말함)

의장(오가와 마스타로(小川增太郎) 통영읍장) : 전원이 3번 의원 말에 찬성하니 제3호 의안 1940년도 통영읍 소농생업자금대부사업 특별회계 세입출예산의 건은 원안대로 가결 확정합니다.

제10호 의안 읍장 전결처분 사항을 보고하겠습니다.

오가와 마스타로(小川增太郎) 통영읍장 : 읍면제 제31조와 통영읍장 전결처분사항의 건을 별지와 같이 추가했습니다. 식량대책 사무 종사 직원 증치, 촉탁 수당 및 잡비에 충당하기 위해 도(道) 보조가 있어서 이것을 추가한 것을 보고합니다.

의장(오가와 마스타로(小川增太郎) 통영읍장) : 질문 없습니까?

2번(고다마 시카이치(兒玉鹿一))·3번(시마무라 신페이(島村新平)) : 이의 없습니다.

(전원 "이의 없음"이라고 말함)

의장(오가와 마스타로(小川增太郎) 통영읍장) : 이의 없으시니 이것으로 의사를 마치겠습니다.

오가와 마스타로(小川增太郎) 통영읍장 : 의원 여러분이 어제 이후 열심히 심의해주셔서서 깊이 감사드립니다. 특히 제출 의안 전부를 신중 심의한 결과 수정 없이 원안대로 가결해주셔서 감사합니다. 이사자로서 책임이 자못 중대함을 느낍니다. 여러분의 의견을 받아 기대에 부합하도록 노력할 예정입니다. 장래 일층 지도 편달을 부탁드립니다. 제58회 읍회를 이것으로 폐회합니다.

(오후 4시 10분)

8) 제60회 통영읍회 회의록(제1일, 1940년 7월 23일)

항 목	내 용
문 서 제 목	第六十回統營邑會會議錄 寫
회 의 일	19400723
의 장	小川增太郎(통영읍장)
출 석 의 원	島村新平(3), 谷本寅吉(4), 김인수(金仁洙)(5), 지홍규(池弘圭)(6), 藤田利實(8), 탁동조(卓同朝)(10), 原田長次郎(11), 김영훈(金英壎)(12), 하상문(河尙文)(13), 嘉戶孫十(14)
결 석 의 원	서병두(徐炳斗)(1), 兒玉鹿一(2), 장주한(張柱漢)(7), 山根才吉(9)
참 여 직 원	兵本銀次郎(부읍장), 若竹繁(서기), 加納勝(서기), 長谷川唯一(서기), 박성기(朴性琪)(서기)
회 의 書 記	
회 의 서 명 자 (검 수 자)	
의 안	의안 1호 1940년도 통영읍 세입출 추가경정예산, 2호 1939년도 통영읍 세입출 결산보고 건, 3호 1939년도 통영읍 농량대부사업비 특별회계 세입출결산보고 건, 4호 1939년도 통영읍 소농생업자금 대부사업비 특별회계 세입출 결산보고 건, 5호 통영읍 부가세규칙 중 개정 건, 6호 통영읍 청과시장 설치 건, 7호 통영읍 청과시장 사용규칙 제정 건, 8호 읍장 전결처분사항 보고 건
문서번호(ID)	CJA0003455
철 명	경상남도특별회계결산서
건 명	소화14년도통영읍소농생업자금대부사업비특별회계세입출결산(제60회통영읍회회의록)
면 수	7
회의록시작페이지	155
회의록끝페이지	161
설 명 문	국가기록원 소장 '경상남도특별회계결산서'철의 '소화14년도통영읍소농생업자금대부사업비특별회계세입출결산(제60회통영읍회회의록)'건에 포함된 1940년 7월 23일 제60회 통영읍회 회의록 사(제1일)

해 제

본 회의록(총 7면)은 국가기록원 소장 '경상남도특별회계결산서'철의
'소화14년도통영읍소농생업자금대부사업비특별회계세입출결산(제60회
통영읍회회의록)'건에 포함된 1940년 7월 23일 제60회 통영읍회 회의
록(제1일)이다. 1940년도 통영읍 세입출추가경정예산, 청과시장 설치,
청과시장 사용규칙 제정 건을 1독회만 하고 2,3독회 없이 원안대로 가
결 확정하고, 부가세규칙 개정 건 등 나머지 의안은 독회 생략하고 채
결하고 있다.

내 용

오가와 마스타로(小川增太郎) 통영읍장 : 지금부터 제60회 통영읍회를
　　개회하겠습니다.
의장(오가와 마스타로(小川增太郎) 통영읍장) : 그러면 지금부터 의사
　　일정에 들어가겠습니다. 금회 회의록 서명자를 결정하겠습니다. 전
　　례에 의해 의장이 지명하고자 하는데 이의 없습니까?
(전원 "이의 없음")
의장(오가와 마스타로(小川增太郎) 통영읍장) : 전원 이의 없으니 3번
　　의원과 13번 의원에게 의뢰하겠습니다. 제1호 의안 1940년도 통영
　　읍 세입출 추가경정예산 건을 부의하겠습니다. 의안이 간단하니 세
　　입출 모두 제1독회 심의를 위합니다. 낭독은 생략하고자 합니다. 이
　　의 없습니까?
3번(시마무라 신페이(島村新平))·4번(다니모토 도라기치(谷本寅吉))·8번
　　(후지다(藤田利實)) : 이의 없습니다.

(전원 "이의 없음")

의장(오가와 마스타로(小川增太郎) 통영읍장) : 전원 이의 없으시니 낭독을 생략하고 추가경정예산의 개요를 설명하겠습니다.

(읍장이 추가경정예산에 대해 각 관항목에 걸쳐 상세히 설명함)

14번(가도(嘉戶孫十)) : 세출경상부 제4관 토목비 제5항 제6목 수선비에, 기정 예산액의 일약 10배인 400원을 추가함은 무슨 이유입니까? 세출임시부 제7관 토목비는 예산 편성 후 겨우 4개월 정도 지났는데 이 역시 4,120원 증액을 했고 기타는 주로 인건비가 증액된 것으로 보입니다. 생각건대 예산에 여유가 있으니 모두 할당한 것 같습니다. 그리고 이번 이사자 측의 추가경정예산은 엉성하다고 생각합니다.

오가와 마스타로(小川增太郎) 통영읍장 : 14번 의원과 이사자 사이의 견해 차이가 있습니다. 제4관 토목비 제5항 제6목 수선비에 300원 추가한 것은, 해저도로 남측 입구에 콘크리트의 벌어진 틈에서 물이 새서 항상 교통이 불편하므로 지난번 이를 도청 토목기술원에게 봐달라고 했더니 약 300원이 필요하다고 예상하여 이를 추가 계상한 것입니다. 또 임시토목비에 4,120원 추가한 것은 전년도에 준공 예정이었던 길야정 마루산(丸三) 앞 도로 축조공사가 여러 이유로 준공하지 못하여 본년도로 넘어온 것이기 때문에 그 조월 추가를 한 것입니다. 그리고 동 노선으로 이미 되어 있던 마루산(丸三) 앞 십자로에서부터 남쪽으로 이미 만들어진 도로 측구 개량 공사비를 추가 계상한 것입니다.

또 인건비 증가는, 원래 읍 직원은 일반적으로 급료가 적어서 현재 물가 등귀의 시기에 매우 고통스럽습니다. 특히 최근 다른 곳으로 전직하는 자가 속출하는 상황이고 이제 다소라도 대우 개선을 하기 위해 소요액을 추가한 것입니다.

14번(가도(嘉戶孫十)) : 세출임시부 제2관 읍채비 제1항 원금상환금 2,000원은 여하튼 기채를 한 것이므로 다른 사업비에 충당하면 어떻습니까.

오가와 마스타로(小川增太郞) 통영읍장 : 이는 수원저수지 준설공사비 충당의 목적으로 20,000원을 기채하여 시공한 결과 1,590원의 잉여금이 생긴 것으로, 전년도의 일반 수도비의 잉여금을 합해 상환하기로 한 것입니다. 또 기채 잔액을 목적 이외에 사용하는 것은 절대 불가합니다.

6번(지홍규(池弘圭)) : 세출임시부 제13관 권업비 심의에 대해서는 제6호 의안, 제7호 의안과 서로 관계있으니 일괄해서 부의하고 심의하면 어떻습니까?

의장(오가와 마스타로(小川增太郞) 통영읍장) : 6번 의원 말씀처럼 제6호와 7호 의안은 관련이 있으니 일괄해서 심의하는 게 편하다고 생각되니 그렇게 하기로 하고 참여원이 원안을 낭독하겠습니다.

(번외 가노 마사루(加納勝) 서기가 원안 낭독)

의장(오가와 마스타로(小川增太郞) 통영읍장) : 종래 본 읍에서는 청과시장은 개인 경영이었는데, 원래 시장은 공공단체가 경영하는 게 원칙일 뿐 아니라 개인 경영에 위탁하면 취인이 원활하지 못한 우려가 있으니, 이제 읍에서 청과시장을 설치 경영하여 싼 값에 신선한 청과를 일반 읍민에게 공급하고자 합니다.

6번(지홍규(池弘圭)) : 세출임시부 제13관 권업비 제1항 제1목 건물 배수비로서 4,500원 계상했는데, 부지에 대해서는 예산을 계상한 것이 없습니다. 부지에 대해서는 차지료를 지불해야 할 것으로 생각되는데 이것이 계상되어 있지 않습니다. 그리고 나중에 다른 곳으로 이전할 생각은 없습니까?

오가와 마스타로(小川增太郎) 통영읍장 : 시장부지 차지료는 시장에 관한 일체의 수속이 완료되길 기다려 추가하려고 합니다. 이전에 대해서는 지금 고려하고 있지 않습니다.

11번(하라다 초지로(原田長次郎)) : 아까 14번 의원이 인건비에 대해 말씀하셨는데, 아시는 것처럼 통영읍은 이제부터 대통영 건설 발전상 많은 신규 사업이 가로놓여 있습니다. 그런데 몇해 전부터 지금까지, 산업이 발달하고 각 회사에 근무하는 자는 물가등귀에 따라 상당한 대우를 받고 있습니다. 또 관리들은 은급 제도도 있어서 좋은 대우를 받고 있습니다. 그런데 읍 직원은 그런 제도도 없고 또 다른 곳보다 대우도 좋지 않아서, 현재 봉급으로 전직을 말릴 수 있을지 저는 실로 고려해봐야 한다고 생각합니다. 따라서 저는 적극적 주의로써 예산에 여유가 있다면 다른 곳과 마찬가지로 상당히 대우를 해주길 원합니다. 다른 의원과는 생각이 다를지도 모르겠지만 통영읍 직원 중에는 상당한 사람도 있는데 현재의 봉급으로 만족할 수 있겠습니까.

오가와 마스타로(小川增太郎) 통영읍장 : 대우에 관해서는 저도 다른 곳에 비해 매우 읍 직원이 힘들다고 생각합니다. 읍면제 시행규칙에 의하면 읍 서기의 임면이나 증봉은 읍장에게 권한을 부여하고 있습니다. 그러나 실제는 군(郡)의 내규로써 군수의 승인을 얻어 집행하고 있고, 또 승급을 할 때도 일정한 한도가 있어서 상당히 어렵게 되어 있습니다. 임시 수당 지급액은 1할 예정입니다. 이번 추가예산액으로써 다른 곳으로 전직하는 자를 붙잡을 수 있을지 어떨지는 저도 단언할 수 없습니다. 그러나 읍 재정관계도 있으니 점차 대우를 높여가고자 합니다.

4번(다니모토 도라키치(谷本寅吉)) : 방공특수모범지구 설치장려비가 신규로 계상되었는데 어디에 시설하는지 듣고 싶습니다.

오가와 마스타로(小川增太郎) 통영읍장 : 현재 경찰서와 협의 중인데 대체로 길야정의 한 곳에 두고자 합니다. 여하튼 등화관제 정비가 급무이므로 비교적 여러 상점이 있는 지대를 선택하려고 합니다.

3번(시마무라 신페이(島村新平)) : 격리병사 도로 축조의 토지는 기부에 의하는 것 같은데 교섭이 끝났습니까? 또 도장 신축 장소는 어디로 정했습니까?

오가와 마스타로(小川增太郎) 통영읍장 : 격리병사 도로 부지는 아직 교섭하지 않았습니다. 도장 신축 예정지는 북신리(北新里) 간척지 부근에 적당한 장소가 있으니 이를 매수하려고 합니다. 옛 통영병원 및 도장 매각처분 신청 중인데 이것이 인가되어 이제 교섭을 진행하고자 합니다.

6번(지홍규(池弘圭)) : 제1독회에서 상당히 질문도 있고 이유도 충분히 들었으니 제2독회와 제3독회를 생략하고 원안에 찬성하는 동의를 제출합니다.

4번(다니모토 도라키치(谷本寅吉))·14번(가도(嘉戸孫十)) : 6번 의원의 말에 찬성합니다.

(전원 "찬성"이라 말함)

의장(오가와 마스타로(小川增太郎) 통영읍장) : 전원이 6번 의원 말에 찬성하니 제2독회를 생략하고 제3독회에 넘어가 재결하겠습니다. 이의 없습니까?

(전원 "이의 없음"이라 말함)

의장(오가와 마스타로(小川增太郎) 통영읍장) : 제1호 의안 1940년도 통영읍 세입출 추가경정예산 건, 제6호 의안 통영읍 청과시장 설치

건, 제7호 의안 통영읍 청과시장 사용규칙 제정 건, 이상 3건은 이의 없다고 인정하여 원안대로 가결 확정합니다. 다음은 일정을 변경해서, 제5호 의안 통영읍 부가세규칙 중 개정 건을 부의하겠습니다. 일단 원안을 낭독시키겠습니다.

(번외 가노 마사루(加納勝) 서기, 원안 낭독)

오가와 마스타로(小川增太郎) 통영읍장 : 본건은 1940년 4월 10일 부령 제97호로써 읍면제 시행규칙이 개정되었는데, 이는 자작농에 대한 지세 면제 때문에 도, 부, 읍, 면에서 지세부가세 감수인 것을 보전하기 위해 도에 지세부가세율에 상당하는 특별지세를 신설하고 부, 읍, 면으로 하여금 지세부가세 상당액의 부가세를 부과할 수 있도록 한 것입니다. 이를 개정하려고 하는 것입니다. 요점은 자작농 중 지가 50원 미만의 자에 대해서는 지세를 면제해주는 것입니다.

6번(지홍규(池弘圭)) : 본건은 지시에 기초하여 개정하는 것이니 독회를 생략하고 원안에 찬성하자는 동의를 제출합니다.

3번(시마무라 신페이(島村新平))·4번(다니모토 도라키치(谷本寅吉))·11번(하라다 초지로(原田長次郎)) : 6번 의원 말에 찬성합니다.

의장(오가와 마스타로(小川增太郎) 통영읍장) : 전원이 6번 의원 말에 찬성하니 본안은 독회 생략하고 곧장 채결하고자 합니다. 이의 없습니까?

(전원 "이의 없음")

의장(오가와 마스타로(小川增太郎) 통영읍장) : 전원 이의 없으니 제5호 의안 통영읍 부가세규칙 중 개정 건은 원안대로 가결 확정했습니다. 다음은 제8호 의안 읍장 전결처분사항을 보고하겠습니다.

오가와 마스타로(小川增太郎) 통영읍장 : 읍면제 제31조와 통영읍장 전결처분사항에 의해 1940년 5월 28일 읍회에서 의결한 제2호 의안

1940년도 호별세 등급결정 건에 대해, 그 후 소득액을 잘못 계산했거나 또는 중복 산정한 것을 발견해서, 별지와 같이 등급을 수정했습니다. 번외 참여원이 낭독하겠습니다.

(번외 가노 마사루(加納勝) 서기 별지 낭독)

의장(오가와 마스타로(小川增太郎) 통영읍장) : 질문 없습니까?

3번(시마무라 신페이(島村新平))·4번(다니모토 도라키치(谷本寅吉)) : 이의 없습니다.

(전원 "이의 없음")

의장(오가와 마스타로(小川增太郎) 통영읍장) : 이의 없으시니 다음으로 넘어가겠습니다. 제3호 의안 1939년도 통영읍 농량대부사업비 특별회계 세입출결산보고의 건 및 제4호 의안 1939년도 통영읍 소농생업자금 대부사업비 특별회계 세입출결산 보고 건을 일괄해서 부의하겠습니다. 의안이 간단하니 세입출을 합해서 심의해주시기 바라고 낭독은 생략하려고 합니다. 이의 없습니까?

4번(다니모토 도라키치(谷本寅吉))·6번(지홍규(池弘圭)) : 이의 없습니다.

(전원 "이의 없음")

의장(오가와 마스타로(小川增太郎) 통영읍장) : 전원 이의 없으시니 낭독을 생략하겠습니다.

4번(다니모토 도라키치(谷本寅吉)) : 본건의 내용을 보면 잘못된 게 없으니 독회를 생략하고 원안에 찬성하는 동의를 제출합니다.

3번(시마무라 신페이(島村新平))·11번(하라다 조지로(原田長次郎)) : 4번 의원 말에 찬성합니다.

(전원 "찬성")

의장(오가와 마스타로(小川增太郎) 통영읍장) : 전원이 4번 의원 말에 찬성하니 독회를 생략하고 곧장 채결하겠습니다. 이의 없습니까?

(전원 "이의 없음")

의장(오가와 마스터로(小川增太郞) 통영읍장) : 제3호 의안 1939년도 통영읍 농량대부사업비 특별회계 세입출결산보고의 건 및 제4호 의안 1939년도 통영읍 소농생업자금 대부사업비 특별회계 세입출결산보고 건은 원안대로 가결 확정합니다.

제2호 의안 1939년도 통영읍 세입출 결산보고 건을 부의하니 심의를 원합니다. 저번 회의에서는 출석의원이 전원위원회에서 조사를 마치고 그 결과를 위원장이 본회에 보고했는데 이번에는 어떻게 할까요.

4번(다니모토 도라키치(谷本寅吉)) : 의장 말씀대로 전원위원회에서 검사를 하길 희망합니다.

3번(시마무라 신페이(島村新平))·13번(하종문(河尙文)) : 4번 의원 말에 찬성합니다.

(전원 "찬성")

의장(오가와 마스타로(小川增太郞) 통영읍장) : 전원이 4번 의원 말에 찬성하니 지금부터 전원위원회로 넘어가겠습니다.

(오후 3시 15분 폐회)

김윤정

전북대학교 고려인연구센터 학술연구교수

숙명여자대학교 문학박사. 주요 논저로 「1920년대 조선 사회주의 정치세력의 의회정치와 '지방의회' 인식」(『사림』 69, 2019), 「일본 제국/식민지 체제와 전체주의 담론의 긴장: 『조광』의 텍스트를 중심으로」(『역사연구』 47, 2023) 등이 있다.